福建省优秀出版项目

家庭教育指导丛书

丛书主编 / 连榕

家庭教育原理与操作指导手册
（高中版）

孟迎芳 主编

海峡出版发行集团
福建教育出版社

图书在版编目（CIP）数据

家庭教育原理与操作指导手册：高中版/孟迎芳主编.—福州：福建教育出版社，2024.4
（家庭教育指导丛书/连榕主编）
ISBN 978-7-5334-9612-8

Ⅰ.①家… Ⅱ.①孟… Ⅲ.①高中生－家庭教育－手册 Ⅳ.①G782-62

中国国家版本馆CIP数据核字（2023）第021991号

家庭教育指导丛书
丛书主编 连榕

Jiating Jiaoyu Yuanli Yu Caozuo Zhidao Shouce（Gaozhong Ban）

家庭教育原理与操作指导手册（高中版）
孟迎芳 主编

出版发行	福建教育出版社
	（福州市梦山路27号 邮编：350025 网址：www.fep.com.cn
	编辑部电话：0591-83763162
	发行部电话：0591-83721876 87115073 010-62024258）
出 版 人	江金辉
印　　刷	福州报业鸿升印刷有限责任公司
	（福州市仓山区建新镇建新北路151号 邮编：350082）
开　　本	787毫米×1092毫米 1/16
印　　张	18.25
字　　数	348千字
插　　页	1
版　　次	2024年4月第1版 2024年4月第1次印刷
书　　号	ISBN 978-7-5334-9612-8
定　　价	48.00元

如发现本书印装质量问题，请向本社出版科（电话：0591-83726019）调换。

编 委 会

丛书主编： 连　榕
丛书副主编： 孟迎芳　林荣茂　缪佩君

本册主编： 孟迎芳
本册副主编： 白利莉　陈顺森　程　奇

编者名单（按姓氏拼音排列）：

白利莉　蔡莉莉　车　洁　陈顺森　程　奇
邓小芬　葛婷珊　黄丽燕　蓝珍珍　李伟波
刘　毓　刘建榕　孟迎芳　潘珊红　彭晓君
施　姆　夏丽雪　肖　云　许世梅　许奕蓉
玄婉婷　张民青　张媛婷　郑　青　周成进

前　言

　　党和政府非常重视和强调家庭教育工作。习近平总书记强调，家庭是人生的第一所学校，家长是孩子的第一任老师，要给孩子讲好"人生第一课"，帮助扣好人生第一粒扣子；要重视家庭建设，注重家庭、注重家教、注重家风，全社会都要担负起青少年成长成才的责任。2022年1月1日起，《中华人民共和国家庭教育促进法》开始施行，这既是大力弘扬中华民族家庭美德的法治体现，也是促进未成年人健康成长和全面发展的法治保障。

　　父母可能是唯一不需要持证上岗且受鼓励的"职业"。随着我国社会主要矛盾转化为人民日益增长的美好生活需要和不平衡不充分的发展之间的矛盾，社会和家庭对高质量教育的需求更为迫切，如何做一个合格的、胜任的父母成为每一位家长的必修课。但是，由于我国现代化家庭教育指导工作刚刚起步，家庭教育指导资源和专业人员非常匮乏，家长们"自然"获得了这一身份和职业，但缺乏相应的家庭教育知识和技能，在教育孩子时遇到困惑和烦恼无处咨询、无法有效解决等问题已凸显。

　　为进一步普及家庭教育知识，提升家庭教育的科学性、有效性和可操作性，在福建省委教育工委的指导下，我们组织编写了这套"家庭教育指导丛书"。该套丛书具有两个特点：一是注重差异性和针对性。我们首先根据不同年龄阶段孩子的发展特点和家庭教育的不同侧重点，将丛书各册分为幼儿版、小学版、初中版和高中版，以期更好地反映不同年龄阶段孩子的差异性，提高家庭教育的针对性。二是注重理论性与实操性。各册分为原理篇和操作篇两部分：原理篇结合具体实例，通过通俗易懂的语言描述不同年龄段孩子心理发展的特点、规律，提出家庭教育的基本要领，以期帮助家长快速建构家庭教育的基本知识和认知结构；操作篇搜集了家庭教育中的常见问题，以问题形式，通过具体案例，简述案例背后的原因，给予具体的操作指导和教育提升。本套丛书既可以作为家庭教育的指导用书，也可以作为家庭教育指导师培训的教学用书或参考资料。

本分册原理篇参编人员：孟迎芳、刘建榕、许世梅、张媛婷、许奕蓉。操作篇参编人员：第一章，蓝珍珍、潘姗红；第二章，郑青、施姆；第三章，刘毓、彭晓君；第四章，夏丽雪、蔡莉莉；第五章，肖云、李伟波；第六章，邓小芬、张民青。

全册由孟迎芳、白利莉、陈顺森、程奇审阅和修改，由周成进、黄丽燕、车洁、葛婷姗、玄婉婷、林季文、张佳莹、肖家琪、张艳芳整理核对。丛书主编连榕审校了最终稿。

本书在编写过程中参阅了相关文献，在此向原作者致以诚挚的谢意。由于时间和精力有限，书中可能尚存一些纰漏，敬请广大读者批评指正。

编者

2024 年 4 月

目 录

第一部分 原理篇

第一章 心理与心理发展

第一节 心理与生活 …………………………………………………… 3
第二节 心理发展的实质 ……………………………………………… 9
第三节 心理发展的理论 ……………………………………………… 15

第二章 认知发展与学习

第一节 高中生的认知发展 …………………………………………… 22
第二节 高中生的学习 ………………………………………………… 29
第三节 高中生的理想 ………………………………………………… 33

第三章 个性与社会性发展

第一节 情绪与自我意识的发展 ……………………………………… 37
第二节 道德与人格的发展 …………………………………………… 44
第三节 人际关系的发展 ……………………………………………… 49
第四节 高中生性心理的发展 ………………………………………… 52

第四章　家庭教育的作用

第一节　家庭教育概述 …………………………………………… 55
第二节　家庭教育对高中生的影响 ……………………………… 60
第三节　高中生家庭教育的重点 ………………………………… 66

第二部分　操作篇

主题一　生命与生活

问题1：孩子透露出厌世想法，怎么办？ ……………………… 77
问题2：孩子有自伤自残行为，怎么办？ ……………………… 80
问题3：孩子得了抑郁症，怎么办？ …………………………… 83
问题4：孩子总觉得自己身体有毛病，怎么办？ ……………… 86
问题5：孩子常出现重复性的想法或动作，怎么办？ ………… 88
问题6：发现孩子有自慰行为，怎么办？ ……………………… 91
问题7：亲人去世，怎么帮孩子度过哀伤时期？ ……………… 94
问题8：孩子因生活习惯不好常与舍友吵架，怎么办？ ……… 96
问题9：孩子因为童年经历留下心灵创伤，怎么办？ ………… 99
问题10：亲人患有精神疾病，怎么引导孩子与之相处？ …… 103
问题11：孩子太宅不愿与外界交往，怎么办？ ……………… 105
问题12：孩子遭遇校园欺凌，怎么办？ ……………………… 108

主题二　亲子关系与沟通

问题1：孩子总嫌父母唠叨，怎么办？ ………………………… 111
问题2：孩子高考志愿选择与家长不一致，怎么沟通？ ……… 113
问题3：孩子为什么不喜欢家长拿邻居孩子做榜样？ ………… 115
问题4：孩子不爱跟家长说话，怎么办？ ……………………… 118
问题5：想过问孩子学习但又怕孩子反感，怎么办？ ………… 119

问题6：孩子沉迷手机影响成绩，怎么沟通？ ……………… 121
问题7：孩子喜欢看同性恋主题小说，怎么沟通？ ……………… 124
问题8：怀疑孩子是同性恋，怎么办？ ……………… 127
问题9：孩子怨恨甚至仇恨父母，怎么办？ ……………… 129
问题10：父母在外地工作，如何与孩子沟通交流？ ……………… 131
问题11：孩子进入青春期，如何做好家长？ ……………… 135
问题12：想生二孩，但孩子很排斥有弟弟妹妹，怎么办？ ……………… 138

主题三 学习与成长

问题1：高中竞争激烈，孩子自信心下降，怎么办？ ……………… 141
问题2：孩子学习很努力，但成绩没有提高，怎么办？ ……………… 144
问题3：孩子学习效率低，经常完不成作业，怎么办？ ……………… 146
问题4：孩子学习时注意力不集中，怎么办？ ……………… 148
问题5：孩子学习基础差，想学却学不进去，怎么办？ ……………… 151
问题6：孩子对成绩好坏无所谓，怎么办？ ……………… 154
问题7：孩子进入高三压力大，怎么办？ ……………… 156
问题8：孩子一到大考就发挥失常，怎么办？ ……………… 158
问题9：孩子高考前成绩波动较大，怎么办？ ……………… 161
问题10：如何帮助孩子调整好高考考场心态？ ……………… 164
问题11：孩子高考成绩不理想，要不要复读？ ……………… 167
问题12：如何引导孩子作好生涯规划？ ……………… 171

主题四 品德与个性

问题1：孩子喜欢穿奇装异服，怎么办？ ……………… 174
问题2：孩子爱撒谎的不良行为习惯如何纠正？ ……………… 177
问题3：孩子性格内向不太会交朋友，怎么办？ ……………… 179
问题4：孩子过于自卑，觉得自己一无是处，怎么办？ ……………… 183
问题5：孩子不太会说话，经常得罪人，怎么办？ ……………… 186

问题6：孩子的自控力很差，怎么办？ …………………………………… 189

问题7：孩子害怕当众发言，怎么办？ …………………………………… 192

问题8：孩子听不进去别人的意见，怎么办？ …………………………… 196

问题9：孩子过于在意别人的评价，怎么办？ …………………………… 199

问题10：双胞胎之间个性差异很大，怎么办？ ………………………… 202

问题11：孩子常因一些小事控制不住情绪，怎么办？ ………………… 203

问题12：孩子缺乏人生奋斗目标，怎么办？ …………………………… 206

主题五　家教与家风

问题1：离异或单亲家庭，教育孩子需要注意什么？ ………………… 210

问题2：父母感情破裂，要等孩子高考完再离婚吗？ ………………… 214

问题3：如何减轻父母离婚对孩子的影响？ ……………………………… 217

问题4：爷爷奶奶重男轻女，对孙女冷漠，怎么办？ ………………… 220

问题5：家人有暴力倾向，如何减少对孩子的伤害？ ………………… 222

问题6：孩子恋爱了，如何正确引导？ …………………………………… 225

问题7：孩子很会花钱，怎么办？ ………………………………………… 228

问题8：孩子怕被同学嘲笑，不想申请困难补助，怎么办？ ………… 231

问题9：孩子对两性关系的态度很随意，怎么办？ …………………… 233

问题10：教育孩子时，如何合理使用奖励？ …………………………… 236

问题11：孩子爱攀比炫耀，怎么办？ …………………………………… 240

问题12：孩子越大越不服管教，怎么办？ ……………………………… 242

主题六　家长自我提升与家校合作

问题1：孩子上课总担心被老师提问，乃至无法听课，怎么办？ …… 247

问题2：孩子常说老师偏心，不喜欢自己，怎么办？ ………………… 249

问题3：孩子不敢问老师问题，怎么办？ ………………………………… 252

问题4：孩子嫌弃家长知道的新东西太少，怎么办？ ………………… 254

问题5：与孩子交流时常忍不住发火，怎么办？ ……………………… 257

问题6：老师爱跟家长告状，怎么办？ ………………………………… 260

问题7：孩子不喜欢学校或老师的某些做法，怎么办？ …………… 262

问题8：家长如何帮助孩子合理选科？ ………………………………… 265

问题9：孩子在学校容易被欺负，怎么办？ …………………………… 268

问题10：孩子犯错被老师批评处分后心理不平衡，怎么办？ ……… 271

问题11：孩子转入新班级被人排挤，怎么办？ ……………………… 273

问题12：高中家长学习家庭教育知识，还有用吗？ ………………… 276

第一部分　原理篇

第一章　心理与心理发展

◇ 心理学是一门怎样的科学？
◇ 什么是心理发展？个体心理发展有哪些特点？
◇ 个体心理发展的进程是怎样的？
◇ 个体心理发展受哪些因素的制约？
◇ 有哪些经典理论可以解释个体的心理发展？

说到心理学，许多人会说："挺深奥的，不太懂。"很多人觉得心理学神秘莫测，看不见又摸不着。其实，心理实质上是人脑的一种功能，也就是人脑对客观事物的主观反应，如一朵花的颜色、形状，这些信息储藏在脑海里就变成了记忆。而心理学就是研究心理现象的一门科学。人们对心理的研究历史悠久，但直到1879年德国心理学家冯特在莱比锡大学建立了世界上第一个心理学实验室，心理学才从哲学中脱离出来，成为一门真正独立的科学。从1879年至今，这短暂的百余年发展历程中，心理学不仅在不断地自我发展，在人们生活中的地位也逐渐提高。呼唤健康心灵、注重个体自我实现，不仅是心理学研究的目的，也是孩子成长的目标。

第一节　心理与生活

▶心理实验

1968年的一天，美国心理学家罗森塔尔和他的伙伴们一起来到了一所普通中学，他们先对小学一至六年级学生进行了一次预测未来发展的智力测验，之后，在各班随机抽取20%的学生作为实验组，并告诉各班级的老师

> 这些学生智商得分很高，未来肯定大有成就。实验者将"最有发展前途者"的名单交给了班级老师，并叮嘱他们务必要保密，以免影响实验的准确性。其实，罗森塔尔撒了一个"权威性谎言"，因为名单上的学生是随便挑选出来的。八个月后，罗森塔尔和助手们对这些学生又做了一次智力测验，结果奇迹出现了：名单上的同学成绩都有了显著进步，他们的智力得分也上升了！且个个性格活泼开朗，自信心强，求知欲旺盛，更乐于和别人打交道。

上述例子中，在罗森塔尔和老师等人的热切期待下，那些学生的成绩真的显著进步了。心理学上把这种现象称为罗森塔尔效应，也叫期待效应。那么，这种神奇作用是如何发生的呢？其实，这就是一种心理暗示。研究人员给老师暗示哪些学生会有优异的发展，左右了老师对这些学生的评价，使老师在日常教学中无意间对这些学生传递出热爱和期待，学生们感觉被肯定，感到鼓舞和振奋，从而在之后的学习中朝着被期待的方向努力。这就是心理学在生活中发挥作用的经典例子。不需要高深的技巧，也不是什么神奇的窥视人心，仅仅是一句赞美、一个肯定，就能满足他人被信任的需要，就会激发和影响一个人的行为。所以，心理学不是电影中高深莫测的领域和学科，相反，它就像我们每天呼吸的空气、喝的水一样，深深地存在于我们的日常生活中，却又常常被人们忽略。心理学就是研究人的行为和心理活动规律的一门科学。

一、生活中的心理现象

生活中，你是否担忧孩子的成长问题？是否经常疑虑如何让他们身心健康成长，如何帮助他们面对生活带来的问题和情绪，如何帮助他们养成好习惯、形成规则感？小朋友逐渐长大，心理活动日渐丰富，和父母的冲突也逐渐增多，父母该如何和孩子形成良好联结，达到有效沟通呢？是否有方法能让孩子提高学习效率、提升学习兴趣呢？网络诱惑那么多，生活环境复杂，要如何教养孩子才不会"长歪"？诸如此类的烦恼和困惑相信是每个父母都要面临的问题。其实，无论是情绪的处理、行为的养成，还是沟通的风格、学习的动力，抑或是道德品质的养成，都属于心理学的研究范畴。每个发展阶段的个体都有特定的心理特点，父母可以通过心理学知识了解孩子的内心、知晓他们的需求，如此"对症下药"，才能建立良好的亲子关系，让孩子们身心健康发展。下面，我们通过一个小现象来看看心理学在生活中的表现吧！

> ▶ **心理实验**
>
> 心理学家们做过这样一个实验，把一群孩子分为两批，让他们在不同的条件下完成两个相同的具有吸引力的绘画游戏。第一种条件是让孩子们按照顺序依次完成两个活动；第二种条件下，孩子们被告知他们如果想要做其中的一种，必须先做另一种。研究者在暗处观察孩子们在每个活动上各花了多少时间。结果发现，那些被要求按顺序完成两个活动的孩子在两个活动上花的时间相当；而那些先要完成一个活动来达到参与后一个活动目的的孩子会倾向于避开前一个活动，他们对前一个活动的兴趣已经被破坏了。

为什么会发生上述情况呢？奖励怎么起反作用了呢？其实，在心理学中，我们为了得到其他东西而实施了某个行为，那么这个行为的价值会被我们低估，这种现象被称为过度辩护效应。本来孩子们做绘画游戏是出于对活动的兴趣，但当这种活动变成达到目的的手段，该行为的动机就从内部原因转为外部原因，从而让孩子们忽略了本身对活动的兴趣和动机。在生活中，家长经常会为了孩子取得好成绩或有其他好表现而奖励他们，在有些情况下，甚至会用某种外部的奖励来"诱惑"孩子们努力达成自己的目标。但是家长们渐渐会发现，有时候当撤销奖励时，孩子们学习的动力就减弱甚至消失了。当孩子们出于兴趣做某件事时，父母如果给予过多的奖励，就会弱化兴趣对孩子的激励作用，孩子就不再因为"我喜欢数学""我觉得钢琴很有趣"去学习，而是"我学了就能得到很多零花钱"。渐渐地，孩子就会变成被奖励推动的被动学习者。

二、心理学的起源与发展

心理学作为一门真正独立的学科，到现在虽然只有百余年的历史，但在这短暂的时光中获得了惊人的发展，整个心理学界出现了前所未有的学术探讨的繁荣局面，其研究的深度和广度也是史无前例的。在这一百多年的历史发展中，心理学家们各立门派，每个学派都在这段历史的某个节点中大放光彩，客观而深刻地影响着心理学的发展进程。下面就让我们来了解一下各学派的理论。

（一）刺激与反应的联结——行为主义

1913年，华生为心理学界带来了行为主义，该学派的代表人物还有斯金纳等。该理论树立之初，华生就高举两面反对大旗：反对研究意识、反对内省。他主张用客观方法来研究那些可以被观察、预见，最终可以被科学工作者控制的行为。华生提出了心理研究的基本公式：S-R（刺激—反应），心理学研究行为的任务就是查明刺激和反应之间的规律性关系。行为主义心理学发现的行为习得的规律有经典条件反射、操作性条件反射、社会观察学习。同时，行为主义在心理发展上的观点是典型的环境决定论，认为个体的行为完全是由环境控制和决定的。行为主义强调用客观方法研究行为的观点对心理学的发展具有积极作用，但是该流派过于强调环境对行为的塑造作用，忽视了遗传和意识的影响。

▶心理实验

斯金纳箱

斯金纳设计了一个箱子，箱壁的一边有一个可供按压的控制杆，杆下面有个小孔和外面的食物传送器连接。只要箱内的小白鼠按动控制杆，食物就会通过通道落在食槽里。刚开始时，小白鼠只是无意间碰到控制杆而吃到食物，经过不断重复后，逐渐发现了按压控制杆与得到食物之间的联结。这只是最初的学习行为。之后，斯金纳对小白鼠进行了更加复杂的训练，如灯亮时按压控制杆才可以得到食物，灯灭则没有。渐渐地，小白鼠也学会了在灯亮时按压控制杆。

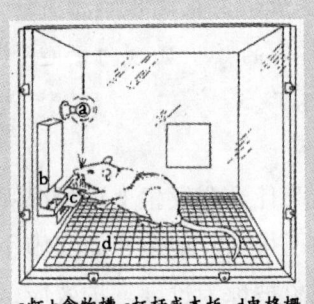

a 灯 b 食物槽 c 杠杆或木板 d 电格栅

斯金纳箱

（二）探讨无意识——精神分析学派

精神分析学派代表人物有弗洛伊德、荣格、阿德勒等。弗洛伊德将人格分为潜意识、前意识和意识三个部分，提出了心理冰山模型。他认为性的欲望是人类最基本的行为动力，而这些欲望都藏在人的潜意识当中。在他看来，露出海面的是可见的意识，在水下的大部分是潜意识，也叫无意识，包括人的原始冲动、各种本能和出生后形成的各种欲望。潜意识是意识的基础，决定着人的大部分行为，而前意识是两者之间的"检察官"，防止潜意识随意进入意识当中。

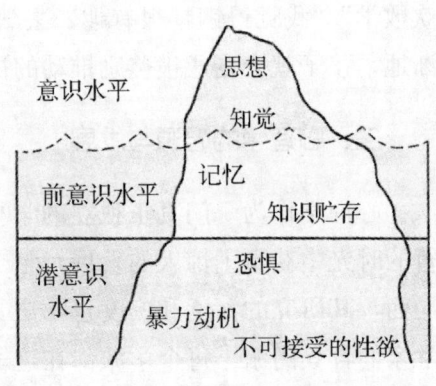

> **知识拓展**
>
> 人具有免疫系统来保护我们的身体健康,同样,心理也具有自我防御机制来避免精神疾病,弗洛伊德提出了9种自我防御机制,一起来看看主要的几种吧!
>
> | | |
> |---|---|
> | 压抑 | 主动地将超我不允许的欲望和动机驱逐入潜意识中 |
> | 投射 | 个体将潜意识存在的,但承认引起焦虑的事转嫁到别人身上 |
> | 反向形成 | 将合乎自己态度的感受用相反的方式显现出来 |
> | 转移或替代 | 将敌意等强烈的情感从最初唤起的对象转移到另一个比较不具有威胁的对象上 |
> | 合理化 | 用自我能接受的理由来代替自己行为的真正理由 |
> | 否认 | 扭曲现实,从而避免面对那些无法解决的问题和无法实现的愿望,来降低焦虑 |
> | 升华 | 将具有威胁性的潜意识冲动转化为可被社会接受的社会性行为 |

(三)信息处理器——认知主义

1967年,美国心理学家奈塞尔发表的《认知心理学》标志着现代认知心理学的诞生。认知主义心理学家认为心理学应该研究认知过程中表现出的各种心理活动,具体包括人的注意、感知觉、记忆、想象、思维、智力和创造力等。奈塞尔指出,认知是感觉输入受到转换、简约、加工、存储、提取和使用的全部过程。认知主义认为人本身就具有丰富的内在资源,并且能够利用这些资源和周围环境发生相互作用。在该理论中,人就像一个信息加工者,接受外来的信息,开始考虑各种可能性,找到最合适的方案,最后付诸行动。

> **知识拓展**
>
> **认知风格**
>
> 认知风格反映了个体在信息加工方式上的偏好。下面是一些常见认知风格的对比,看看你更偏向于哪种认知风格吧!
>
> 1. 场独立型与场依存型。场独立型的个体在判断客观事物时以自己作为参照标准,不容易受外来因素的影响和干扰;相反,场依存型的个体在判断客观事物时以外部作为参照依据,更容易受环境因素的影响,特别容易受权威人士的影响。

2. 沉思型与冲动型。沉思型的个体遇到问题时，往往会先深思熟虑一番，用充足的时间审视各种解决问题的方法，再从中挑选出最佳方案，错误较少；冲动型的个体往往不假思索就对问题迅速作出反应，容易发生错误。

3. 整体型与系列型。整体型个体在解决问题时，倾向于从整体入手，先对问题进行总体分析；系列型个体则常常把重点放在解决系列子问题上，按顺序一个一个解决，直至最后才形成对问题比较完整的看法。

（四）相信你自己——人本主义

人本主义心理学家倡导以人为本，强调个体的个人价值和潜在力量。他们认为个体行为的动机都是在需要发展的基础上才被激发起来的，按需求性质由低到高可以分为七个层次：生理需要（满足基本生存与种族延续的需要），安全需要（避免遭受威胁，获得安全感的需要），归属与爱的需要（被他人接纳、关爱的需要），尊重需要（获得他人尊敬、认可的需要），认知需要（获取知识、理解未知的需要），审美需要（追求和享受美好事物的需要）以及自我实现需要（个人理想全部实现的需要）。

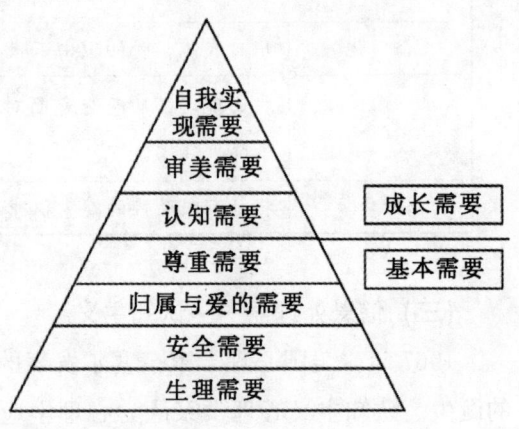

在这七种需要中，前四种需要属于基本需要，是个体成熟发展所必需的；后三种属于成长需要。当基本需要被满足后，个体就更多表现出对成长需要的追求。因此，家长和教师在对儿童进行教育时，要充分满足儿童成长的基本需要，给予他们充分的安全感与归属感，保护他们的自尊心，以激发他们对成长需要的追求，达到自我实现的理想境界。

三、心理学的研究领域

心理学的应用领域非常广泛，小到一个表情、一个动作，大到人际交往、学习工作，都涉及心理学。随着心理学的不断发展，心理学研究领域也逐渐细化。下表是一些主要的心理学研究领域及其主要研究内容。

主要研究领域	主要研究内容
发展心理学	研究个体从受精卵开始直至生命结束各方面发展的全过程
人格心理学	研究个体特有的行为模式,包括气质、性格、动机等方面
认知心理学	以个体的认知过程为主要研究对象,如记忆、思维、创造力等方面
变态心理学	研究个体心理与行为的异常表现,包括焦虑障碍、抑郁障碍、睡眠障碍等
教育心理学	研究教育教学情境中学与教的基本心理规律,并应用于教育教学之中
社会心理学	研究个体和群体在社会相互作用中的心理和行为的发生及变化规律
工业心理学	研究工业劳作过程中人的心理特点和行为方式,可分为消费心理学、管理心理学等
医学心理学	研究心理因素在疾病的发生、诊断、治疗及预防中的作用
军事心理学	研究军事人员的选择和培训,军事职业的特点,军队中的人际关系和组织、士气等
咨询心理学	研究心理咨询的过程、原则、技巧和方法,增进身心健康

第二节 心理发展的实质

一、心理发展的内涵

(一) 心理发展的含义

所谓心理发展,是指个体从受精卵开始到出生、成熟直至衰老、死亡整个生命过程中的连续性和稳定性的心理变化。一方面,心理发展是毕生持续,贯穿于生命全过程的。心理发展可以是积极的变化,表现为心理机能的改善;也可能是消极的,表现为心理机能的衰退。另一方面,这些变化是有序的、模式化的、相对持久的、稳定的,而一些短暂的变化,比如说平日里沉默寡言的个体由于喝醉酒而性情大变,则不能称为心理发展。

人类个体的心理发展,是一个随着年龄增长,在相应环境的作用下,整个反应活动不断得以改进,日趋完善、复杂化的过程,大致体现为:反应活动从混沌未分化向分化、专门化演变;反应活动从不随意、被动向随意、主动演变;从认识客体的外部现象向认识事物的内部本质演变;对周围事物的态度从不稳定向稳定演变。这一系列的变化使人类个体对环境更有适应性,能够表现出更有组织、更高效和更为复杂的行为,这一过程在青少年期最为典型。

(二)心理发展的特点

1. 连续性与阶段性。

发展的连续性强调心理发展过程中量的积累。儿童心理发展随着量的不断积累,在某些特定时刻会发生质的飞跃,表现出一些带有本质性的重要差异,使儿童的心理发展呈现出阶段性。在发展的不同阶段,个体会表现出不同的年龄特征及主要的矛盾,也面临着不同的发展任务。家长和教师在教育孩子的过程中,也要时刻关注每个阶段儿童的特殊性,从实际情况出发,进行有针对性的教育。

2. 定向性与顺序性。

正常情况下,心理发展遵循一般规律,具有一定的方向性和先后顺序。尽管个体发展的速度可能存在个别差异,但总体不可逆向发展,发展顺序也不能逾越。例如:婴儿总是先学会抬头,再到坐、爬、站,最后才是行走。这也提示我们在对儿童进行教育时,要遵循儿童身心发展的规律,注重循序渐进,由浅入深,切忌过于超前地灌输。

3. 个体差异性。

人类发展具有一定的共性和一般规律。但由于个体的遗传素质、接触的环境以及主观能动性的不同,个体的发展优势、发展速度、发展高度往往是千差万别的。比如有人善于记忆,有人善于逻辑推理;有人早慧,有人大器晚成;有人善于交际,有人安静内敛。因此,我们在对儿童进行引导教育的过程中,要对他们进行全面深入的了解,针对儿童的不同发展水平、个性、爱好等,因材施教,促使个体充分发挥潜能。

4. 不平衡性。

个体的发展不是按照一个模式进行的,也不是匀速直线发展的,而是表现出不平衡性。具体表现为以下两个方面:一方面,不同系统的发展速度、起始时间、达到的成熟水平是不同的。比如说:婴幼儿时期,个体的神经系统的发育显著快于生殖系统。另一方面,同一个机能系统在不同的发展时期也具有不同的发展速度。例如:个体身高的发育存在两个高峰期,即婴儿期与青春期。因此,把握儿童发展的关键期,不失时机施以教育,才能更好地促进儿童的发展。

▶**知识拓展**

发展的关键期

人的某些行为与能力的发展有一定的特殊时期,如果在这些特殊时期给予儿童良性刺激,会促使其行为与能力得到更好的发展,反之则会阻碍其发展甚至导致行为与能力的缺失,也就是所谓的发展的"关键期"。心理学家所

> 津津乐道的是一则印度狼孩的报道：狼孩卡玛拉从小就离开人类社会，在狼群中生活了 8 年，深深地打上了狼的烙印，后来虽然被救回并经过教育与训练，但到 17 岁时她的智力仅仅只有 3 岁儿童的水平，学会 50 个词，讲简单的话。这间接说明了，个体确实会在特定时期对某些刺激特别敏感，过了这一时期，同样的刺激影响很小或没有影响。

（三）生命的毕生发展观

1. 毕生发展观的提出。

早在 19 世纪之前就已经出现了一系列儿童心理学的思想，如柏拉图、夸美纽斯等杰出的思想家都提出了有价值的教育思想。之后达尔文又从进化的角度来探讨儿童心理发展。但直到 1882 年普莱尔的《儿童心理》出版，才标志着科学的儿童心理学的诞生。之后儿童心理学的研究范围也在不断拓展，不但涉及早期儿童的心理发展问题，20 世纪六七十年代以后还逐渐扩展到人的一生的发展。可以说，发展心理学是由儿童心理学逐渐演化而来的。

20 世纪初，"美国儿童心理学之父"霍尔将儿童心理学的研究范围拓展到青少年，埃里克森直接将心理发展的年龄范围拓展为人的一生，提出了人格发展八阶段。1927 年，第一本发展心理学著作《发展心理学概论》问世。1957 年，美国《心理学年鉴》正式将"发展心理学"代替"儿童心理学"作为章名，发展心理学的学科概念逐渐确立。由于社会老龄化问题和发展心理学本身研究范围的拓展，毕生发展问题引起广泛注意。20 世纪六七十年代，以德国的巴尔特斯为代表的一批心理学家提出了毕生发展的思想，注重对生命全程的研究。

毕生发展观认为：毕生发展心理学是关于从妊娠到死亡的整个生命过程中行为的成长、稳定和变化规律的科学。它的核心假设是个体心理和行为的发展并没有到成年期就结束了，而是拓展到整个生命全程，它是动态的、多维度的、多功能的和非线性的，心理结构和功能在一生中都有获得、保持、转换和衰退的过程。

2. 毕生发展观的基本观点。

（1）个体发展是整个生命发展的过程。

生命是一个不断发展变化的过程，从婴儿迈向老年，我们经历了分不同阶段但又连续的一生，每一个阶段我们都要面临新的问题和挑战，或许还要解决上个阶段遗留的问题，不停地开始又不停地结束。

传统的心理发展观认为，个体自出生后不断发展，直至成年期时到达顶点并保持稳定，之后夕阳西下，心理衰退也就成为老年阶段的主旋律。可以看出，传统心理发展观注重个体前期的发展，认为儿童青少年期是发展的主要年龄阶段。

同时，传统心理发展观也强调早期发展对后续发展的重要性，认为后续的发展由早期经验所决定。毕生发展观则不然。它认为个体发展是整个生命发展的过程，不仅青少年期在不断发展，老年期也有发展。毕生发展观也注重每个阶段特定的社会背景等因素的影响，而不是单纯地主张心理发展取决于上个阶段，因此，每个阶段对个体的发展都有着十分重要的意义，不存在一个年龄阶段对发展的本质特别重要。

（2）个体的发展是多方面、多层次的。

在人的发展过程中，心理和行为发展的各个方面，甚至同一方面的不同成分和特征，它们的发展进程和速率都各不相同。

传统发展理论认为个体的发展在成年期达到顶峰，而老年期则进入衰退模式。按照这一观点，成年期应该是个体智力发展水平最高、最具智慧的时期，但为什么无论中西方通常智慧的代表都是老人呢？卡特尔提出了流体智力和晶体智力的概念来解释，之后巴尔特斯提出的认知机械和认知实用的概念也与卡特尔的概念两相对应。其中，认知机械反映了认知的神经生理结构特征，随着生物进化和成熟不断发展，在个体成年期之后开始衰退；认知实用主要与知识的获得和文化作用密切相关，包括言语、技能等，其中以才智为典型指标，即使中年后也可以保持增长。可见，个体的发展是多方面的，老年期的个体虽然其他方面开始衰退，但智慧却在持续发展。

（3）个体的发展是由多种因素共同决定的。

个体随着年龄增加，生理和心理都在发生不断的变化，但毕生发展观强调社会文化环境等因素，因此，年龄只是影响心理发展的因素之一。整体来看，主要有三类影响系统决定个体的发展。

①年龄阶段的影响，主要指生物性上的成熟和与年龄相关的社会文化时间，包括接受教育的年龄、女性更年期、职业事件（如退休）等。

②历史阶段的影响，指与历史时期有关的生物和环境因素，如战争、经济状况等。

③非规范事件的影响，指对某些特定个体发生作用的生物与环境因素，包括疾病、离异、职业变化等。这类突发事件无论在哪个年龄阶段都会对个体的心理产生影响。

二、人类心理发展的进程

从精子与卵子在母亲体内相遇结合形成受精卵的那一刻开始，生命也就随之开始了。胎儿的发育阶段为人一生的生理与心理发育奠定了基础，之后个体会经历婴儿期、幼儿期、学童期、青少年期、成年期等若干个发展时期。

(一) 婴儿期 (0～3岁)

婴儿期指的就是个体 0～3 岁的时期。这个时期的儿童处在生理与心理发展最快速的时期。婴儿大脑和身体在形态、结构以及功能上的生长发育，为其认知、语言、情绪以及社会性发展等方面奠定了基础。研究发现，婴儿在感知觉、注意、记忆等认知方面有着飞跃性的发展；这一时期也是言语发展的关键期，19～21 个月的婴儿会出现"语词爆炸"的现象。同时，婴儿在与主要监护人和同伴的早期交往中不断社会化。

(二) 幼儿期 (3～6岁)

幼儿期的生理与心理相较于婴儿期有了更进一步的发展。到幼儿末期，其神经系统的发育已经接近成人水平。在语言发展方面，这时期的儿童能够与成人进行更为有效的沟通。在社会性发展方面，儿童能初步评价自己的行为，能与成人和同伴相处，个性倾向性开始形成。

(三) 学童期 (6～12岁)

这一时期的儿童开始进入小学学习，这是儿童生活中具有重大意义的转折点。小学时期，儿童的脑和神经系统的发育表现出均匀和平稳的特点，心理则处于快速、协调发展的时期。在新的社会生活中，儿童自我认识的内容不断丰富，对他人的认识也更为深刻，自我中心成分逐渐减少；社会交往能力不断提高，品德发展表现出协调性的特点。因此，小学时期是促进儿童智力发展、形成和谐个性、培养良好心理品质与行为习惯的好时机。

(四) 青少年期 (12～18岁)

青少年期是童年期向成年期过渡的时期，也是个体身心发展的加速期。青少年身体外形的变化、体内机能的增加以及性的发育和成熟，是其生理发育的三个主要标志。在认知方面，思维由形式逻辑思维占主导向辩证逻辑思维发展。基于个体生理与认知的发展，个性发展也表现出新的特点，例如：情绪上表现出一系列矛盾共存的特性；自我意识的发展迎来第二个飞跃期；与父母、同伴的相处模式发生改变；性的成熟使个体产生异性意识等。

(五) 成年早期 (18～35岁)

这一时期是个体获得经济和独立的时期。与青少年时期相比，职业发展代替学业发展成为这一时期的主要发展主题。在个人事务方面，个体也面临着选择配偶、成家立业、开始家庭生活等新挑战。

(六) 成年中期 (35～60岁)

成年中期相比于其他人生发展阶段来说，是心理的相对稳定期。中年期的个体往往表现出既成熟又精力旺盛的一面，工作状态达到一生中的最高峰。当然，中年期也是一个从成年到老年的过渡时期，面临着各种各样的转折和冲突。来自生理的、家庭生活的、事业上的变化和压力更容易给中年人带来所谓的"中年危机"。

(七) 成年晚期（60 岁以上）

个体 60 岁之后就进入了人生发展的最后一个时期——成年晚期。这一时期是人生中一个重要的适应与调整时期。个体要适应健康状况的下降、退休、收入减少以及社会角色转变等一系列问题。诚然，这一时期个体主要表现出退行性变化，但毕生发展观认为人的心理机能一生都在发展，因而这一时期是衰退与获得性发展并行的时期。

三、影响个体心理发展的因素

(一) 生物遗传因素

遗传指双亲的身体结构和功能的各种特征通过遗传基因传递给下一代的现象，是儿童心理发展必要的物质前提。我们可以知道，最高等的动物，就算它长期和人类一起生活并接受专门的训练，也不可能具有人的心理发展水平，这就是基因限制了它们的发展。可见，遗传是儿童心理发展的物质前提。

(二) 家庭环境因素

家庭是社会的小单元，家庭成员间不仅有自然方面的遗传因素，也有社会方面的"遗传因素"，主要表现为家庭的教养问题。俗话说"有其父必有其子"，父母按照自己的意愿和方式来教育孩子，使他们具有某些特定的心理特征。不同的家庭教养方式会形成不同的个体特征。如专制型的教养方式，表现为过于支配和控制孩子，会造成孩子消极、被动、依赖的性格特征；放纵型的教养方式，表现为过于溺爱孩子，会导致孩子形成放纵、随心所欲、缺乏规则等特点；民主型的教养方式，表现为尊重孩子，和孩子处于一个平等的位置，会促进孩子主动、积极等性格特点。所以在对孩子的教育中，家长要注意自己的教养方式，不可过于严格，也不可过于溺爱。

(三) 社会文化因素

你是否有这样的观念，觉得东北人性格直爽，南方人性格细腻？为什么对不同地区的人，我们会有不同的印象呢？那是因为我们生活的社会环境不同。我们说南北中西有差异，不仅因为地理环境不同，更是因为每个地方的社会文化不同，人在不同的社会文化中成长，受到社会环境的影响，自然会形成不同的心理特点。

(四) 学校教育因素

学校是一种有目的、有计划地向学生施加影响的教育场所。教育确定了对个体发展的期待，教师在教育的过程中让孩子朝被期待的方向发展，因此，教师对学生的心理发展具有指导定向的作用。教师的教育风格和言传身教、学校的风气以及学校同伴的交往都会影响学生的个性发展。

（五）早期童年经历

心理学家阿德勒有句至理名言："幸福的人用童年治愈一生，不幸的人用一生治愈童年。"弗洛伊德也认为，个体各种心理疾病都和早期童年经验相关。也就是说，早期童年经历确实会对个体未来的发展产生深远影响，但不幸的童年就会注定一生的不幸吗？答案是否定的。我们时常听闻童年时期历经苦痛最终成才的故事。可见，早期童年经历不能单独对个体起决定作用，它与其他因素一起影响个体心理发展。

（六）主观能动性

上述因素都是外部因素，内部因素也会影响孩子的心理发展。主观能动性指人的主观意识和行动对于客观世界的反作用，它是人身心发展的动力。外部环境的客观要求只有转化为个体身心需要才能发挥环境与教育的影响力。教育环境再好，孩子自己缺乏主观能动性，不愿意学，那也是徒劳。因此，在教育中，培养孩子的主观能动性、提升孩子学习生活的积极性是非常有必要的。

综上所述，个体心理的发展是先天和后天的合金，是遗传和环境相互作用的结果。遗传决定了个体发展的可能性，环境决定了发展的现实性，其中教育起到了关键的作用，自我能动性是个体发展的内部决定因素。

第三节　心理发展的理论

在上一节当中，我们了解了心理发展的含义、特点以及影响因素，那是什么推动个体的心理发展呢？在人一生的发展中具体有哪些发展阶段，每个阶段又有着怎样的特点呢？个体的发展进程都是一样的吗？对于这些问题，每个流派都有着不同的理论观点。接下来，就让我们一起看看心理发展的经典理论是怎样回答这些问题的。

一、精神分析的心理发展观

（一）弗洛伊德的心理发展学说

精神分析学派产生于 20 世纪 20 年代，代表人物是奥地利精神病医生弗洛伊德。在他看来，人的所有行为，不仅受到外部的社会伦理规范的约束，更受到内部的生物方面的原始本能的驱动。他把这些不能被意识到的欲望和冲动称为潜意识，之后又将"潜意识""意识"细分为本我（id）、自我（ego）和超我（superego）。本我遵循"快乐原则"，主要是为了满足生理上的欲望和需求；自我遵循

"现实原则",根据社会环境的现实性来限制本我的满足;超我遵循"道德原则",通过道德标准来指导自我对本我的限制。正常情况下,三者处于相互平衡的状态。

弗洛伊德认为人的所有行为都是为了需求的满足,有些需求从根本上是人的本能,而其中性本能的力量最为强大。因此,他把性本能(力比多)看作是驱动人行为的基本动力。这里的性本能不仅指性欲,还包括满足快乐的需求。在心理发展的不同阶段,性本能的投射点也不同,而这些投射点被称为性感区。根据不同的性感区,弗洛伊德把心理发展分为五个阶段,创建了独特的心理性欲发展阶段理论。

1. 口唇期(0~1岁)。

这一阶段性本能投射在口、唇和舌上。婴儿通过吮吸、咀嚼和咬等行为来获得快感。如果这一阶段的发展不良,可能会形成不良的口腔型人格。如果需求没有得到满足,会形成口腔性依赖,表现为不成熟,过分依赖他人;若过分满足,则可能会出现口欲施虐的现象,表现为苛求、退缩等负面人格特征。

2. 肛门期(1~3岁)。

在这个阶段,性感区域转到肛门、直肠和膀胱,大小便的排泄是儿童获得快感的主要来源。这个时期父母会对儿童进行排泄行为的训练。但如果要求过于严格,与儿童发生冲突,则会形成所谓的肛门型人格。过于严格会形成肛门便秘型人格,表现为过分干净、固执、小气、忍耐等;过于宽容,则会出现肛门排泄型性格,表现为邋遢、缺乏条理、放肆、凶残等。因此对于儿童大小便的训练不宜过严。

3. 性器期(3~6岁)。

这个时期儿童通过抚摸和暴露生殖器来获得满足。这个阶段,男孩会出现"恋母情结",表现为男孩爱恋自己的母亲而敌视自己的父亲,同时由于害怕受到惩罚而产生一种"阉割恐惧",于是转而模仿自己的父亲。女孩出现"恋父情结",情况和男孩相反。

4. 潜伏期(6~11岁)。

本阶段儿童的性冲动受到压抑,处于潜伏状态。儿童进入校园,注意力被社会活动所吸引,男女之间界限分明,对性缺乏兴趣。

5. 生殖期(11或13岁开始)。

这一时期儿童进入青春期。潜伏期被压抑的恋父恋母情结在这一阶段转移到同龄的异性身上,表现为乐于接受他人,寻求与他人建立长期的异性关系。

虽然之后弗洛伊德的"泛性论"受到批评和反对,且研究对象主要集中在儿童期而忽略了成人期,但在20世纪初,这套理论一经提出,在当时的心理学界很快掀起轩然大波,更是在心理学百余年历史发展中经久不衰。

(二) 埃里克森的心理社会发展理论

埃里克森继承了弗洛伊德的人格结构说，但是他反对弗洛伊德关于性本能的说法，更加注重社会文化背景对心理发展的作用。他认为，每个人在成长过程中，都普遍经历着生物的、生理的、社会的发展顺序，按照一定的成熟程度分阶段地向前发展。在精神分析理论的基础上，埃里克森提出了自己的人生发展阶段理论。他把人的一生划分为八个阶段。

1. 信任对怀疑（0~1岁）：这一阶段婴儿的发展任务是培养信任感，克服不信任感，经历着信任的实现。如果婴儿的需求能得到很好的满足并与父母建立了良好的亲子关系，婴儿就会形成健康的依恋关系。

2. 自主对羞怯（1~3岁）：这一阶段儿童的发展任务是发展自主性，克服羞怯感，体验能力的实现。这一时期儿童的自我意识高涨，有着强烈的自我控制意识。他们能够凭自己的力量做越来越多的事，自主感提升。

3. 主动感对内疚感（3~6岁）：这一时期的发展任务是形成主动感，克服内疚感，获得良心和性别角色，体验着目的的实现。这一阶段儿童表现出对世界的好奇，表现出主动性和创造性。如果这一阶段他们的自我娱乐活动受到成人的禁止，会降低他们的自信心和主动性。

4. 勤奋感对自卑感（6~12岁）：这一阶段的任务是获得勤奋感，克服自卑感，体验着能力的实现。这一阶段获得良好发展有助于以后学习工作的勤奋和积极性。

5. 自我同一性对角色混乱（12~18岁）：这一阶段的主要任务是获得自我同一性，防止角色混乱，体验着忠诚的实现。所谓的自我同一性就是关于自己是谁、在社会上有何种地位、将来会怎样等稳定的自我形象和自我历程的体验。青年期是新的自我同一性形成的关键时期。

6. 亲密感对孤独感（18~25岁）：这一阶段的主要任务是获得亲密感，避免孤独感，体验着爱情的实现。这个时期个体感受到情感和家庭的需求，希望能在工作和家庭中获得别人更多的认可，并与异性建立亲密关系，避免过分孤独。

7. 繁殖感对停滞感（25~50岁）：这一时期的发展任务是获得繁殖感，避免停滞感，体验着关怀的实现。繁殖不仅指生育和照料孩子，而且指在工作中创造出新的事物，缺乏这种经验的人难免会有停滞颓废的感觉。

8. 完美感对沮丧感（50岁之后）：最后一个阶段是从老年期到死亡，主要发展任务是获得完美感，避免绝望和对人生的厌倦，体会着智慧的实现。

二、行为主义的心理发展观

(一) 华生的心理发展理论

1913年，华生开创了行为主义新学派。他认为心理的本质是行为，主张心理学研究的对象是行为而不是意识和精神等。他提出了著名的刺激—反应公式（S-R），即环境中的刺激，包括体内的和体外的各种刺激，可以直接引起有机体的任何反应。基于这种理论，华生成为环境决定论的代表人物之一，认为环境和教育决定了儿童的一切发展。主要体现在以下两方面。

1. 否认遗传的作用：（1）导致行为的刺激来自客观而不是遗传，所以行为不可能取决于遗传；（2）生理上的遗传作用并不引起心理上的差异；（3）行为主义者研究心理学的目的是提高行为的可控性，而遗传是不可控的，否认遗传就能提高行为的可控性。

2. 夸大了教育和环境的作用：（1）构造上不同只导致简单反应的不同，复杂的行为都是后天形成的；（2）鼓吹教育万能论；（3）刺激塑造行为，只要呈现的刺激适当，无论多复杂的行为都能形成。

（二）斯金纳的心理发展理论

斯金纳是新行为主义的代表人物。他在华生的理论基础上提出了操作性条件作用来解释行为的获得。斯金纳的操作条件反射强调塑造、强化与消退、及时强化等原则。斯金纳认为强化作用是塑造行为的基础。如果一种行为得到了满意的结果，这种结果就会提高该行为出现的概率。这种通过施加个体想要的刺激，或撤销个体不想要的刺激，来增加某种行为出现的概率的过程就是强化。同样，如果行为没有得到强化就会逐渐消退。同时，斯金纳还强调及时强化，他认为强化不及时是不利于人的行为发展的。因此，教育者要及时强化希望在儿童身上看到的行为。

> ▶知识拓展
>
> ### 强化和惩罚的区别
>
> 强化包括正强化和负强化，正强化是指通过施加给儿童一个喜欢的刺激（如糖果），来使他的某种行为更可能发生；负强化是指撤销一个儿童讨厌的刺激（如做家务）导致行为概率的增加。但是，惩罚是通过给儿童一个他不想要的刺激（如罚款），来使某种行为出现的概率降低，它和强化刚好相反。例如，一个孩子和别人打架受到老师的斥责，这个小孩的打架行为以后就减少了，其中，斥责就构成了惩罚。虽然强化和惩罚都可以用来塑造儿童的行为，但斯金纳更强调强化的作用。
>
> | | 愉快刺激 | 厌恶刺激 |
> | --- | --- | --- |
> | 给予 | 正强化 | 正惩罚 |
> | 撤除 | 负惩罚 | 负强化 |
>
> 强化和惩罚的类型

(三) 班杜拉的心理发展理论

观察学习是班杜拉心理发展理论的一个基本概念。他认为个体不必亲自体验强化，只需观察他人（榜样）的行为表现及其结果就能进行学习。例如：班上有同学做好人好事得到了学校的肯定和表扬，其他同学观察到了这一行为的积极结果，也强化了他们乐于助人的行为表现。

> ▶心理实验
>
> 在班杜拉著名的波波玩偶实验中，研究者让一些儿童观看男子攻击人形玩偶；另一些儿童则未看到攻击行为。之后，将这些儿童带到有人形玩偶的房间中，暗中观察他们的行为表现。那些看到过攻击行为的儿童比未看到过攻击行为的儿童对玩偶表现出更多的攻击性。班杜拉认为，许多社会行为通过观察、模仿即可习得，不需强化。也就是说，在日常生活当中，家长和教师要给学生树立积极正面的形象，提供给学生良好的学习榜样，注重榜样的教育力量。

三、皮亚杰的心理发展观

皮亚杰是建构主义的代表人物，他认为人生来就有如抓握反射、吮吸反射等先天的图式，个体为了应付周围的世界，逐渐丰富和完善自己的认知结构以达到与环境的平衡，获得发展。在这个发展过程中，认知结构在与环境的相互作用下不断重构，从而表现出具有不同质的不同阶段，具体包括以下四个阶段。

1. 感知运动阶段（0~2岁）。

此阶段为儿童思维的萌芽期，这个阶段的儿童还不能用语言和抽象符号为事物命名。儿童主要通过探索感知觉与运动之间的关系来获得动作经验。其中，手的抓取和嘴的吮吸是他们探索世界的主要手段。

2. 前运算阶段（2~7岁）。

这一时期是儿童的表象思维阶段。在这一阶段，儿童开始能运用语言或较为抽象的符号来代表他们经历过的事物，但这一阶段的儿童还不能很好地掌握概念的概括性和一般性。个体思维具有刻板性、不可逆性、不守恒性、以自我为中心的特点。

3. 具体运算阶段（7~11岁）。

这一阶段儿童的认知结构已发生了重组和改善，思维可逆，并获得了关于长度、体积、重量和面积等方面的守恒概念，能凭借具体事物进行逻辑思维和运算。但这阶段儿童的思维仍离不开具体事物的支持。

4. 形式运算阶段（11 岁以上）。

这一阶段儿童的思维已超越了对具体的可感知事物的依赖，即这时期儿童可以不依赖具体事物进行思考，可以进行纯逻辑的推理、演绎、归纳；能理解符号的意义、隐喻和直喻；能做一定的概括，其思维发展水平已接近成人的水平。

四、维果茨基的心理发展观

维果茨基从种系和个体发展的角度分析了心理发展实质，提出了文化历史发展理论。他区别了两种心理机能：一种是作为动物进化结果的低级心理机能，如基本的知觉加工和自动化过程；另一种是作为历史发展结果的高级心理机能，即以符号系统为中介的心理机能，如记忆的精细加工。维果茨基认为，心理发展是个体的心理自出生到成年，在环境与教育的影响下，在低级心理机能的基础上，逐渐向高级心理机能转化的过程。

▶ **知识拓展**

最近发展区

在探讨认知发展与教学的关系时，维果茨基提出了"最近发展区"的概念。最近发展区指的是儿童独立活动时所达到的解决问题的水平（现有水平）与在有指导的情况下儿童所达到的解决问题的水平（潜在水平）之间的差异。根据最近发展区的思想，维果茨基提出教学应当走在发展的前面。教师应当创造最近发展区，为学生提供有一定难度的内容，调动学生的积极性，发挥其潜能，以促进学生在其现有的水平上获得更进一步的发展。

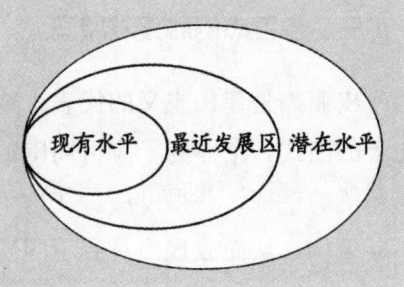

五、生态系统发展观

生态系统理论是由布朗芬布伦纳提出的个体发展模型，强调发展个体嵌套于相互影响的一系列环境系统之中，系统与个体相互作用并影响着个体发展。

1. 微观系统。

布朗芬布伦纳认为，环境层次的最里层是微观系统，指的是个体活动和交往的直接环境。对于大多数的婴幼儿来说，家庭就是他们生活发展的最主要的微观环境。当然，随着个体成长发展，进入幼儿园、学前班，他们与老师、同伴等有了更为密切的接触，此系统也就变得越来越复杂。

2. 中间系统。

布朗芬布伦纳认为，第二个环境层是中间系统，指的是微观系统中的家庭、学校和同伴群体等之间的联系或相互关系。若微观系统之间有较强的支持性和一致性关系，那么个体更有可能实现最优化发展。例如：家长对孩子的要求若与教师对学生的要求是协调一致的，个体更能够将这些要求内化为自己的行为准则，也就更有利于学生的发展。

3. 外层系统。

布朗芬布伦纳认为，第三个环境层是外层系统，指的是那些儿童未直接参与但却对他们的发展产生重要影响的系统。例如：父母的工作状况、教师的教学风格、同伴的家庭条件等。因此，在对儿童进行教养的过程中，不应忽视这些潜在因素对儿童的影响。

4. 宏观系统。

布朗芬布伦纳强调发展也出现在宏观系统中。宏观系统实际上是一个广阔的意识形态，包括文化、亚文化、价值观等。它规定如何对待儿童、教给儿童什么，以及儿童应该为之努力的目标。在不同的文化中这些观念不同，间接地影响儿童知识经验的获得。

5. 历时系统。

布朗芬布伦纳的模型还包括了时间维度，或者称作历时系统，将时间和环境相结合来考察儿童发展的动态过程。随着时间的推移，儿童生存的环境不断发生变化，布朗芬布伦纳将这种环境的变化称为"生态转变"，每次转变都是个体人生发展的一个阶段，比如，升学、结婚、退休等。

第二章 认知发展与学习

◇ 高中生是如何认识这个世界的？
◇ 高中生的思维发展与初中相比有什么不同？
◇ 高中生的创造性思维发展有什么特点？
◇ 高中生的学习有什么特点？
◇ 高中生的价值观发展处于什么阶段？

人一生的发展一共会经历 6 个时期，包括胎儿期、婴儿期、幼儿期、儿童期、青少年期和成人期。青少年期又被称为发展过渡期，因为这一阶段处在儿童期向成年期过渡的阶段，这一阶段漫长且重要，因为在这一阶段青少年的身心会发生重大改变，为他们步入成年期做好生理、认知及社会性等方面的准备。

青少年期从 11、12 岁到 17、18 岁，这个时期又可以分为少年期和青春早期，其中高中生所处的阶段为青春早期，也就是从 14、15 岁开始，至 17、18 岁结束。较之少年期的初中阶段，高中生在各方面的能力都有了进一步的飞跃，其中，认知能力作为人际交往、情感发展等诸多方面的基础和前提，经过这一时期的发展已经逐渐接近成人水平，甚至在某些方面超过成人。

第一节 高中生的认知发展

▶案例

凤凰是百鸟的领袖，碰到它的生日，百鸟都来祝寿，只有蝙蝠没来，事后凤凰责问蝙蝠为什么没来祝寿。蝙蝠说："我有脚，能走，是兽，不属你管，所以我不必来祝寿。"

> 接着是麒麟的生日,麒麟是百兽之王,百兽都来祝寿,蝙蝠还是没去,事后麒麟问蝙蝠为什么没来祝寿。蝙蝠说:"我有翼,能飞,是鸟,不属你管,所以我不必来祝寿。"
>
> 请你思考一下这道逻辑题中蝙蝠的话对不对,如果不对,请简要说明理由。

这是一位心理学家在研究青少年运用逻辑法则能力发展趋势时所采用的一道题目。研究发现,高中生回答这类问题的平均正确率会高于初中水平(初一 68.26%,初三 72.78%,高二 76.8%),说明高中生掌握和运用逻辑法则的能力稳定地随着年龄增长而发展,到高二时已日趋成熟。

一、高中生脑和神经系统的发育

我们的大脑和神经系统从出生开始,便一直在发育,直到 20~25 岁才能达到完全成人化。在这个过程中,大脑重量和容积的生长在 12 岁左右基本接近成人水平,随后脑皮层细胞在 13~14 岁左右达到机能上的成熟,从这时起一直到 20 岁左右,脑细胞的内部结构和机能开始分化,神经纤维在数量上大大增加。

而高中生正处于这一阶段,其神经元结构和脑皮层细胞的结构机能迅速发展,为联想、概括、抽象思维等能力的发展提供了物质基础,为在高中阶段能够系统地、深入地掌握高难度知识提供了有利条件。不仅如此,大脑机能进一步发展,并在整体上趋于成熟。到了 16、17 岁以后,人体内的抑制机制发展,使得兴奋和抑制机能协调统一,这就解释了为什么高中生相较于初中生能够更好地控制自己的行为。但高中生仍处于青春期,体内的激素水平较高,这些激素促进了大脑和神经系统兴奋,表现为高中生的情绪仍较容易波动、不稳定,神经系统也容易疲劳。

概括而言,脑和神经系统在高中阶段达到了基本成熟,为高中生面对更为复杂的学习、生活和工作提供了可能性,但仍具有一定的不成熟性,要注意合理地安排作息时间、劳逸结合。

二、高中生记忆发展的特点

记忆是过去感知过、思考过、体验过、做过的动作在人脑中留下的痕迹。拥有记忆,我们才得以积累丰富的经验,而高中阶段正是人生记忆的最佳时期。具体特点如下。

1. 有意记忆占主导地位。有意记忆是有目的、有计划、需要意志努力的识记。我们学习完整的系统的知识和技能主要靠的正是有意记忆。高中生背诵古文课文便是个典型例子。高中生能够自觉地、独立地提出较为长远的记忆任务，选择相应的记忆方法，自我检查记忆效果，总结经验提高记忆水平。以英语为例，在英语老师较少组织小测的情况下，高中生仍然能够跟着课程进度自行完成单词背诵的任务。与此同时，无意记忆仍是不可缺少的。

2. 意义记忆法成为主要的记忆方法。意义记忆是在理解事物意义和本质的基础上进行的识记。有研究表明，高中生的意义记忆达到了中学阶段的最高水平，其意义记忆效果较之初中生有明显增加，但与此同时，机械记忆呈下降趋势。

3. 抽象记忆占优势。抽象记忆是对词语或抽象概念、公式、原理的记忆。从小学至高中，随着学习内容难度的提高，学生的抽象记忆也随之发展起来，并在高中阶段居于优势地位，使得高中生的记忆效率大幅提高。但抽象记忆仍需要具体形象记忆的支持。比如对于高中物理中安培定律的学习，便主要依赖于抽象记忆。

三、高中生的思维发展特点

思维是人脑对于客观事物概括的间接的反应。经过高中三年的发展，高中生思维的完整结构基本形成，各结构间的内部关系如分析与综合、抽象与概括、归纳与演绎、形式逻辑与辩证逻辑、认知与非认知因素等协调发展，思维的功能更加完善，效率更高。

具体来说，有如下特点：其形象思维已完全发展成熟，到了高二年级时，基本完成了从经验型思维到理论型思维的转变，这意味着抽象逻辑思维也进入了成熟期。

（一）抽象逻辑思维发展

抽象逻辑思维是一种假设的、形式的、反思的思维。高中生能够撇开具体事物，运用抽象概念进行思维活动，能按照提出问题、明确问题、提出假设、检验假设的途径解决问题。

高一、高二年级学生的思维正在从初中的经验型逐渐向理论型转化发展，并在高三年级时完成这一转变，高中生能够在头脑中进行完全基于抽象符号的推导，能够用理论来指导、分析、综合各种材料，从而扩大自己的知识领域并解决问题。以化学题为例（见下图）。

A. CH_3N：H—C(H)(H)—N—H   B. $HClO$：H—O—Cl

C. CH_4S：H—C(H)(H)—S—H   D. CH_4Si：H(H)C=Si(H)H

这道题需要学生判断各结构式的成键情况，选出不合理的选项，那么这就需要高中生依托于已学的化学键的成键规律，以选项左侧的化学式为基准，假设其正确成键后的结构式应该是怎样的，并将之与选项右侧的结构式进行对比、匹配，从而选出答案。在上述的思维过程中，学生不曾也无法亲眼看到这些化学物质的分子结构，但其抽象逻辑思维的发展使得他们能够通过对各化学元素符号、化学键的知识掌握，进行推导并解决问题。

基于思维假设性的发展，高中生能够对事物之间的规律联系提出猜想及假设，这使得他们能够着眼未来，在解决问题之前就已经制订计划、方案以及策略等。

另外，高中生思维活动的自我意识和监控能力显著增强，他们能够意识到自己思维活动的过程，并据此进行自我调控，确保思维的正确性和高效率。

经过这一阶段的发展，高中生的抽象逻辑思维进入成熟期，主要表现在三个方面：一、各思维成分基本趋于稳定状态，基本上达到了理论型抽象逻辑思维的水平；二、个体在思维品质和思维类型上的差异已基本趋于定型；三、思维的可塑性已大大减少，基本与成人水平保持一致，甚至在某些方面的思维能力还高于成人。

（二）形式逻辑思维发展

形式逻辑思维是抽象逻辑思维发展的初级形式，主要体现在对概念、推理和逻辑法则的运用能力三个方面。

1. 概念掌握的发展。

高中生比初中生更加能够理解概念的本质定义，掌握数量也更多；能够对其所理解的概念作出较为全面的、反映事物本质特征和属性的、合乎逻辑的定义。另外，高中生在对概念进行分类时能够揭露事物的本质，逐步摆脱了零散、片段的现象，日益成为有系统的、完整的概念体系。比如对于物理中"平均速度、瞬时速度、加速度"三个概念的辨析与分类，高中生能够清楚地认识到"平均速度、瞬时速度"是从不同的角度对速度的快慢进行描述，应属于同一分类，而"加速度"描述的是物体速度改变的快慢，和"平均速度、瞬时速度"是不一样的。

2. 推理能力的发展。

推理是由已知判断推出未知判断的思维过程。高中生的推理能力进一步发展，高二学生的推理能力已基本成熟；在推理种类上，高中生的归纳推理与演绎推理的发展都随着年级升高而提高，在发展速度上，演绎推理更快，但发展水平略低于归纳推理。有一道题是"下面算式中每个字母分别代表 0—9，已知 D=5，求其他几个字母分别代表什么数字？"在这道
$$\begin{array}{r}\text{DONALD}\\+\text{GERALD}\\\hline\text{ROBERT}\end{array}$$
题中，高中生需要对不同字

母的数字提出假设，反复进行推理，直到问题解决。

另一方面，有研究数据表明，高中生推理能力发展的个别差异增大，这意味着在思维教育中要更加注重因材施教。

3. 逻辑法则运用能力的发展。

逻辑法则主要有矛盾律、排中律和同一律三种，示例如下。

矛盾律指的是在同一思维过程中，两个矛盾或相对的思想不能同时是真的。比如世界上最坚硬的矛是否能够击破世界上最坚硬的盾？二者构成了一对矛盾。

排中律指的是在同一思维过程中，两个互相矛盾的思想不能同时为假，必定有一条是真的。比如同学乙指着宿舍里的一双跑鞋说："这双鞋要么是我的，要么不是我的。"

同一律指的是在同一思维过程中，每一个概念或判断都有其确定的内容，不能随意变换。比如："鲁迅的作品不是一天能读完的，《孔乙己》是鲁迅的作品，所以《孔乙己》不是一天能读完的。"这句话中将《孔乙己》这篇文章等同于鲁迅的所有作品，犯了"偷换概念"的逻辑错误。

高中生掌握和运用逻辑法则的能力已基本成熟，面对类似上述的问题能够作出正确的辨析和解释，其能力随着年龄增长在稳定而扎实地提高；但其发展存在一定的不平衡性，表现在这三类逻辑法则的掌握中，矛盾律掌握最好，其次是同一律，排中律最差。

(三) 辩证逻辑思维发展

辩证逻辑思维是抽象逻辑思维发展的高级形式，指的是主体自觉或不自觉地按照辩证法进行的思维，即能够对两种相反的观点进行整合，提出综合性的论点，其思维的批判性开始体现。

高中生的辩证逻辑思维快速发展，相较于初中生而言有了质的飞跃，开始占据优势地位。研究发现有85%的高二学生已经能够正确或基本正确地进行辩证逻辑思维，其主导水平较高，但其发展水平要低于形式逻辑思维发展。这说明辩证逻辑思维是思维发展的最高形态，难度最大，成熟较晚。当辩证逻辑思维体现在人际关系中时，则代表着既能看到他人的优点，又能看到他人的缺点，二者共存在一个人身上，能更加全面地评价他人。

(四) 思维监控发展

思维监控指的是为了保证达到预期的目的，在思维过程中将思维个体作为意识的对象，不断地对其进行积极主动的定向、控制、调节的能力。这是高中生思维发展趋于成熟的重要标志。

思维监控能力从初中阶段开始快速发展，高中生能对自己的思维进行自我反省、自我调控，确保思维的正确性和高效率。到了高二年级以后，高中生在解决问题过程中的即时监控表现已接近成人水平,与成人表现差异不大。比如在面对错题时,高中生能够回顾自己当初答题时的思路,并将其与正确答案的思路对比并进行修正,以便下次答对题目。回顾思路便是对思维进行定向的过程,寻找与标准答案不一致的地方,修正便是对思维进行控制调节的过程。

四、高中生的创造性思维发展

(一)高中生想象发展的特点

想象指的是在头脑中将原有的形象进行加工。想象在高中阶段也迅速发展起来,高中生的想象发展主要有以下几点。

1. 有意想象迅速发展。高中生开始能够自主地确定想象的目标,并围绕这一目标展开想象。比如,高中生在进行命题作文时,能根据主题进行完整的构思,逻辑清晰,写作速度快。另外,高中生还能根据社会、生活的需要,进行具有实际意义的发明、创造。

2. 创造性想象日益占优势。高中阶段有志于发明创造且成功做出成果的人数较之初中明显增多,也有不少人在文艺创造方面显露出才华。由此可见,高中生进行创造性活动的兴趣、能力、成果相较于初中生而言都有着显著发展。

3. 想象的现实性增强。尽管高中生的想象丰富多彩,但其正在逐渐摆脱天马行空的虚构性,变得更加现实、概括、抽象。

(二)高中生创造性思维的发展

创造性思维是指重新组织已有的知识经验,提出新的方案或程序,并创造出新的思维成果的思维活动。创造性思维是多种思维的综合表现,如发散思维和辐合思维、直觉思维和分析思维等。

高中生的创造性思维正处于高度发展阶段,其创造性思维的发展随着年龄的增长总体上是不断向前的,年级越高,其创造性思维成绩越好,但发展速度是不均匀的,表现在:高二是创造性思维发展的高潮,但到了高三却是创造性思维的低潮期。

其中,发散思维有三个特性,分别是:流畅性、变通性和独创性。高中生思维的流畅性和变通性有了很大发展,能够从不同方面、运用多种方法思考问题,迁移能力增强,触类旁通,产生新点子的数量多;独创性是创造性思维最本质的特征,高中生的独创性有明显发展,能够进行一定的发明创造,同时其独立意识增强,思维的深刻性和批判性也有了很大发展。另一方面,这三个特性具有不同的发展速度,表现在:思维的流畅性难度较小,发展速度较快,在高中三年期间发展呈下降趋势;变通性较难,发展较慢,在高中三年呈平稳发展;独创性难度最大,发展最慢,高中三年中逐渐提高。这三个特性存在明显的个体差异,其差异大小随着独创性、变通性、流畅性难度的降低而减小。

五、高中生的认知风格差异

认知风格指的是个人所偏爱使用的信息加工方式,也叫认知方式。其形成主要在儿童时期,形成后具有一定的稳定性,个体在儿童时期所表现出来的某种认知风格可能会持续保持到成年,并对其认知行为产生影响。根据不同的分类依据,将认知风格分为以下几类。

1. 场独立型和场依存型。

场独立型的个体在判断客观事物时往往以自己作为参照标准,能够独立对事物进行判断,不容易受到外界因素的干扰与影响。比如当高中生面临选科或高考志愿填报的选择时,有的学生能够独立地根据自身兴趣与能力进行选科,不受父母或他人的影响。场依存型的高中生在判断客观事物时以外部参照作为依据,容易受到环境因素的影响,在人际上容易受到权威的影响,这一认知风格的高中生在考虑选科或高考志愿填报时,会受到父母、老师的影响而摇摆不定。

需要注意的是,场独立型和场依存型并不存在好坏之分,而是有着各自不同的特点和优势。场独立型的高中生更擅长自然科学学科,如物化生;其学习独立性更好,学习动机主要受内部动机支配,更偏好结构不严密的教学方式,他们往往善于抓住问题的关键因素,能够灵活地运用已有的知识经验来解决问题,其对于知识概括化的程度也会更高。而场依存型的高中生则更偏向社会科学,如政史地;其学习主动性欠佳,易受影响和暗示,其学习动机主要受外部动机支配,更偏好结构严密的教学,在人际交往中具有优势,在与别人交往时较能考虑对方的感受。

2. 沉思型与冲动型。

沉思型的个体在面对问题时,往往会谨慎、全面地用充足的时间把问题思虑周全后再做反应,看重的是解决问题的质量,而不在于速度,因此其答案的正确率更高。反之,冲动型的个体总是急于给出答案,不能全面细致地分析问题的各种可能性,盲目追求速度,虽然其所用时间较少,但错误率高。因此,沉思型的高中生往往取得更好的成绩。

第二节　高中生的学习

> ▶ 案例
>
> 　　小力自打上了高中以后，每天都学习到很晚，熬夜是家常便饭，但还是经常完不成作业，她很烦恼。课堂上讲的内容，写作业的时候很多都不记得了，因此总要翻书，写作业速度很慢。背书也很慢，总要背上好几遍才能记住。小力很困惑：是自己太笨吗？
> 　　小力的父母留意到，小力每天晚上学习的时候似乎都不是很专心，总是时不时从房间出来喝个水、上个厕所、吃点东西。还经常看到小力在看手机，当父母问起时，小力都说在查资料或者请教同学题目怎么做。看小力经常学到深夜，人很憔悴，父母十分心疼，就劝她先睡，第二天早上起来后再做。小力说作业没做完睡不着，因此宁可边打瞌睡边写作业也不去睡觉。时间长了，小力白天的精神状态也不好，上课时经常走神。

在这个案例中，小力的学习效率低下，作业完不成，这有可能与其缺乏学习动机、学习目标不明确、学习方法不恰当有关。

一、高中生的学习特点

学习指的是由后天获得的经验所引起的心理和行为持久变化的过程。学生的学习是有目的、有计划、有组织、有指导地掌握间接经验，引起心理和行为持久变化的过程，经历了由简单到复杂、由低级到高级、由被动到主动的过程。不同年龄阶段的学生，其学习活动具有不同的特点，高中生的学习特点具体表现为以下几点。

1. 高中生学习以掌握系统的、理性的间接经验为主。间接经验指的是别人或前人所积累的经验与知识，比如牛顿定律。高中生所掌握的间接经验大多来自课堂和书本，是更加系统化、更加接近科学文化知识的完整体系，却又不同于大学本科阶段的专业化。与此同时，正是由于其间接性，使得高中生在学习过程中难免出现理解不深刻的情况，因此在教育过程中应适当组织一些社会实践活动，增加高中生的直接经验，比如在教室的"实践角"养几只蝌蚪并观察其发育的过程，有助于理解相关的生物知识。

2. 高中生学习的主动性增强。具体表现在：高中生的学习目的更明确，学习动机更加强烈，学习的社会责任感增强；学习计划性增强，能较科学地安排自己的学习活动，自主学习的能力明显提高。有的高中生在考入高中后，便订下了一定的目标，如"考取年段前十"，为了达到这个目标，他们会主动放弃课余的打球娱乐，一心扑在学习上。

3. 高中生的学习目的更为明确。比如"学习是自己的事情，不是为了别人，是为了自己以后能够有更好的工作和未来"，并且擅长制订学习计划，能够统筹考虑各学习要素，如自身能力、学习内容及其与学习各环节之间的关系，根据学校的考试安排，将其拆分成月计划、周计划，甚至每日计划并执行。前述案例中，小力的学习目标模糊，在学习时没有事先拟定计划或是对自己的计划没有信心，导致她在做作业时三心二意。

4. 高中生的学习策略和技巧更加完善。高中生的记忆策略侧重及时复习，会有选择地对重点进行重复记忆。对于复杂的学习材料，能够用类比、分类、思维导图等方法进行学习记忆。高中生的元认知能力逐步发展起来，常常思考要如何调整学习策略才能更高效地学习，在学习过程中能够不断地评价自己达标的情况，并根据反馈信息对学习策略进行修正，不断地总结学习经验。

5. 高中生的学习途径、方式和方法更加多样化。现代的高中生除了课堂上的课本知识，他们与网络、与社会的接触也在快速增多，这些都是他们获取知识的途径，比如案例中的小力在遇到难题时可以通过手机查阅资料或者向其他同学请教。不仅如此，高中生逐渐重视把书本知识与生活实践相结合，形成知识、能力和个性的协调发展，比如将书本知识应用在发明上，进行创造性探索。另外，高中生快速阅读、快速作文、快速解题的能力也在迅速发展，有助于高中生更好地适应课业考核。以小力为反例，她在写作业前没有先复习，而是边写边翻课本，不但导致效率低下，还影响对知识结构的学习和掌握。

二、高中生的学习动机

学习动机是推动学生进行学习活动的内部原因或内在动力，对学习有着激发、定向、维持和调节作用。以小力为例，她借由各种借口（如口渴、肚子饿）和其他活动（如看手机）来取代学习，占用了学习时间，这是学习动机弱的表现，其学习自觉性差，难以付出真正有实效的努力。

高中生学习动机的特点具体表现为：

1. 内在动机占优势。根据引起学习行为的动力来源不同，可将学习动机分为外在动机和内在动机，其中，外在动机最典型的表现便是奖惩、家长老师的监督，还有学习成绩反馈等，俗话说"家长老师抽一鞭子，学生动一下"，是比较被动的。内在动机则往往来自于学生或者学习活动本身，比如某些擅长竞赛的同学往往对某学科有着浓厚的学习兴趣、好奇心和求知欲。二者相较而言，内在动机的作用更为持久，更为主动。对高中生而言，内外动机共存，但是从高二开始，内在动机逐步占优势地位，起主导作用。

2. 间接动机起主要作用。根据学习动机的指向性不同，可将学习动机分为直接动机和间接动机。直接动机往往在小学阶段占主导地位，新奇有趣的内容能够很快吸引学生的注意。但到了高中阶段，除了直接动机之外，由于高中的学习内容较为抽象、枯燥，缺乏趣味性，高中生往往需要借助间接动机来坚持学习，比如"读书是为了考好大学、找好工作"的念头，指向的是学习活动的结果，对高中生的影响时间更长。

3. 长期动机占主导地位。根据动机指向的目标大小不同，可将学习动机分为长期动机和短期动机。高中生的短期动机仍占一定比例，比如这一周的小测或者每月的月考，但大多数学生已经逐渐形成了长期动机，比如在高一时便定下高考的目标院校并为之奋斗三年。尽管如此，真正树立远大崇高奋斗目标如"为实现中国梦而奋斗"的人还是少数。

事实上，每个高中生的学习动机都是由上述多种动机内容构成的动态系统，我们应对其持发展变化的眼光。目前高中生学习动机中存在的问题主要表现为两个方面：（1）学习动机不明确。这类动机的学生多认为"是家长老师让我学我才学的，学习就是为了父母老师"，往往需要家长老师的检查督促才被动地学习，缺乏学习目的和兴趣；（2）学习是为了履行社会义务。这类动机的学生有的是为了"给家里争口气"，有的是为了"不想挨老师骂"，等等，其动机来源于他人。

三、高中生的自学能力

作为大学的"预备役"，高中生除了完成日常的学习任务，同时还需要培养自己的自学能力。自学能力强的高中生学习动机更为强烈，即使离开老师的指导也能坚持学习。

高中生自学能力比小学生、初中生都要更加复杂，需要具备如下要素。

1. 独立确立自学目标和计划的能力。高中生应具备确定目标难度的能力，能够将大目标分解为具体的小目标，并能够在实际学习中进行灵活调整。

2. 独立选择自学材料的能力。高中生要对自身原有的知识结构和能力有清晰的认识，能够根据自学目标确定自学内容的深度、广度和难度，并选择相关材料，比如高中生根据自己的学习情况自行挑选、购入教辅图书。

3. 把握自学过程的能力。高中生依托于其认知能力的快速发展，拥有独立完成自学过程的能力，掌握了科学的自学方法，包括如何有效听课，如何高效记笔记，如何快速回忆，如何应试，等等。

4. 自学活动的自我调控能力。高中生还要能够将这一系列能力熟练化，成为自动化的行为方式，这不仅有助于高中阶段的学习，还将在大学本科阶段继续发挥作用。最后，仍要坚持对自学活动不断自我评估与调节，使自学活动始终保持有序、高效。

总体来说，高中生的自学能力随着年级升高而提高，但整体上还处于较低水平，其完整的自学能力结构还没有形成，不同种类的自学能力的发展也是不平衡的。比如高中生的应考能力表现较好，但对于学习的准备、撰写读书报告等能力发展居中，侧面说明了高中生的能力发展仍然在一定程度上受到应试教育的影响。另一方面，重点中学高中生的自学能力往往要优于一般中学高中生，这说明了高中生的自学能力有着巨大的潜力，能够通过训练与教育得到提高。

四、高中生的考试心理

对于高中生而言，考试始终是绕不过去的一个话题，尤其是高考，对高中生的人生有着重大的影响，了解高中生的考试心理，有助于帮助高中生及其家长正确地看待考试，为顺利通过考试做好充足的准备。

（一）考试心理的内容

1. 考试动机。对考试持不同的态度会影响高中生对于考试的准备程度。例如，当学生重视考试和成绩时，会积极主动地寻找解决办法（找老师，上补习班）；但如果对考试不在乎，可能就会消极应对。

2. 考试前的心理准备。良好的考前心理和考前复习是非常重要的。要坚持有目的、有计划地展开复习工作，保证良好的生活节奏和稳定的心态。有的学生经常会在考试前熬夜突击，结果身心俱疲，反而影响考试。

3. 考试中的心理。有的学生平时成绩不错，但一到大考就容易犯些"本不应该"的错误，比如题目看错、计算出错，甚至是涂错答题卡。这类学生往往是因为特别希望能够考好，但又对自己的实力不自信，就很容易在考试过程中出现紧张情绪，在慌乱中出错，严重时甚至会脑子一片空白，什么都想不起来。

4. 考试后的心理。试卷发下后如何看待分数、如何处理错题，也是考试很重要的一个环节。例如，原本成绩一直名列前茅的学生突然某次考试失利，由于过于在意分数，不由产生了自责、无助等情绪，开始怀疑自己的学习能力，这种情绪可能会影响下一次考试。因此在高考前应适当淡化对分数的关注，更多地关注在知识点的查缺补漏上，才能为下一次考试作好准备。

（二）考试焦虑

考试焦虑是由考试评价情境所引起的焦虑。比如有的同学在考试前吃也吃不下，睡也睡不好，学习也无法专心，一边不想学习的情绪挥之不去，另一边又担心不学习会更考不好，就是考试焦虑情绪使然。

高中生在考前和考试过程中，尤其是高考时，容易出现考试焦虑现象。处于考试焦虑状态中的高中生会开始怀疑自己的能力，出现忧虑、紧张、不安、失望的消极情绪，感觉脑子记不住东西，出现放空的状态，并伴随出现一系列的生理反应，如心跳加快、面色苍白、出汗、呼吸加快、总想上厕所等，这些情况都会影响考试发挥。如果这样的状态持续时间过长，会出现坐立不安、食欲不振、失眠等情况，严重影响高中生的身心健康。

影响考试焦虑的因素主要有：（1）能力高低。对于能力较强的考生而言，考试把握大，信心足，焦虑水平比较低；而能力较弱的考生则容易出现信心不足的情况，从而产生害怕、紧张、不安的情绪，焦虑水平高。（2）抱负水平。抱负水平高的考生目标定得也高，对自己要求严格，但当其实际能力较低时，与高抱负水平形成冲突，也会产生焦虑；有的考生容易高估自己，一旦受挫，面对难题就容易产生焦虑情绪。其他如考试经验是否丰富也会对焦虑产生影响，经验越丰富则越不容易产生焦虑。

但考试焦虑也有好的一面。适当的焦虑可以使高中生努力学习，沉着应考，从而提高考试成绩。如果完全没有焦虑，也会导致一定程度上的动力缺失，对成绩产生影响。

第三节　高中生的理想

▶案例

在一次班会课上，老师带着大家一起看了《长津湖》的电影片段，革命先烈们为了身后千万人民的安危，完全弃自身安危于不顾，誓死坚守的精神让不少同学都红了眼眶。

讨论中，小雅提了个问题："在那革命年代，先辈们的牺牲换来了国家的安宁，但我们现在已经是和平社会了，各方面生活条件都很好，国家需要我们这一代人做什么呢？"

张伟附和道："是啊，虽然老师家长总说读好高中以后考大学找好工作，可是我还是不明白，为什么一定要考大学找好工作？"

李阳率先回答了："我国在很多核心技术方面还有待突破，只有把核心技术掌握在我们自己手里，才能有真正的话语权，所以我一定要考个好的工程大学，以后为国家攻克工程问题。"

娜娜也举起了手："社区工作者在平日里看也只是非常普通的工作，平凡且琐碎，但是当疫情来临，也是他们扛起基层抗疫管理的大旗，把民众们护在身后，自己冲锋在前。还有那些不顾自身安危冲锋在前的白衣天使们，以后我也想当一名医生。"

……

最后老师总结道："人生的意义可以宏大，也可以平凡，每一代人都有每一代人的使命要完成，我们生活在和平年代，已经不需要我们大多数人再像革命先烈那样浴血奋战，但仍然有无数的军人、警察在我们看不到的地方保护着我们，而我们能做的，就是尽己所能，在相关领域里坚守、耕耘、做出成绩。"

在这个案例中，小雅和张伟对人生的意义、价值的取向提出了疑问，这意味着他们的人生观发展正处于探索阶段；而李阳和娜娜则对这一问题有了更为清晰的认识和看法，尤其是李阳，已经明确自己的理想是攻克工程核心难题，他们在人生观发展速度上要比小雅和张伟略快一些。

一、高中生的人生观和价值观发展

对于高中二、三年级的学生来说，他们已逐渐步入青年早期，这一时期的青年正处在人生观、价值观的形成和稳固时期，也是最为迫切、最为认真地关心人生态度、生活方式、生存价值等一系列问题的时期。

（一）高中生人生观的发展特点

人生观是对人生目的和意义的根本看法和态度，是一定的世界观在人生问题上的反映。对每个人来说，人生观是一个人做人的向导，是确定生活方向、选择生活道路的指南，从根本上决定了人生的追求和生命的价值。

高中生的人生观最早出现在个体意识中。个体在十五六岁时，开始思考人生问题，最初的标志是提出涉及社会生活及与自己的前途直接相关的种种疑问。如"人为什么活着""人活着的意义是什么""人应该怎样活着"等。但一开始对这些问题的思考还不是经常性的，遇到有关的事件时思考，离开有关事件就不思考，还没有达到经常且主动思考的程度。

到了高二、三年级即十七八岁时，由于生活方面的独立性显著增强，以及社会活动范围的日益扩大，逐渐开始承担一些社会义务，并接触升学就业的选择，个体对人生的思考就要主动和经常一些。个体对自己所接触的社会活动和事件，总喜欢从有没有社会意义这一角度来考虑。但这一时期个体对人生意义的思考，涉及的面还较为有限，看法还不稳定，一旦自己认为最有价值的目标难以达成，就容易产生悲观失望情绪，从而改变对人生意义的看法。此外，外界环境的变化，人际关系的变化，或者偶然接触一种思想体系、一本图书，都可能改变高中生对人生意义的看法。

因此，高中生人生观的发展暂时处于萌芽阶段，还将在青年中、后期继续发展与深化，直到青年晚期日趋稳定和巩固。

(二) 高中生价值观的发展特点

价值观是指人们对客观事物、现象以及自己行为结果的意义、作用、效果和重要性的评定标准或尺度。价值观是推动并指引人们作出决策和采取行动的核心因素。比如：当小英为了某个摆件可爱的外表而心动时，小雅却认为摆件是华而不实的。在这个例子中，小英认可了摆件可爱外表的价值，但小雅更看重物品的实用性。

高中生价值观的特点主要表现在以下几个方面。

1. 高中生开始能够作出理性的价值判断，逐步脱离了零碎、肤浅、表面的特点。

2. 高中生的价值观具有强烈的自我意识。高中生能够主动地、独立地借助自己对事物的认识作出价值判断和选择。

3. 高中生价值观的内容日益丰富。高中生有更多的社会需求，能够接触到更多的事物，其价值观范围也就日益扩大。

4. 高中生的价值取向具有突出的从众心理和明显的短暂性。高中生容易接受同辈人的影响，同辈中出现的新的价值规范与目标，往往较为容易相互影响和传播。一般来说，在高中阶段喜欢的许多事物，往往很快会显得陈旧与不讨喜，就会被抛弃与淘汰。

二、高中生的理想发展

理想是与个体现实生活密切相连的对未来的向往和憧憬。高中阶段是最富于理想的时期，高中生很快便要踏入青年早期，他们广泛关心着社会的发展和个人的前途。

(一) 高中生理想的内容及发展水平

在高中生的理想结构中，已经出现了成人所具有的四种理想，分别是：职业理想（"我以后想从事什么职业"）、生活理想（"我未来想过什么样的生活，拥有怎样的婚姻家庭"）、道德理想（"我希望自己成为什么样的人"）和社会理想（"我希望未来社会和国家是什么样的"）。

高中生的理想水平有四种，分别是：（1）无明确理想，或理想肤浅、模糊。

比如"我对未来没有什么想法，只想自由自在地过日子"或者"现在说这些问题还太早"。(2) 受到父母师长或英雄人物的影响而立下的理想，比如"我想成为像我父亲那样出色的警察"，但这一水平的理想还不稳定，容易动摇；(3) 认为理想就是职业；(4) 具有远大理想，比如女航天员王亚平在还是一名飞行员时，便立志要成为一名航天员以填补我国在这一领域的空白。

（二）高中生理想的发展特点

1. 高中生正处于理想的逐步确立阶段。理想的发展要经历理想萌发期—理想形成期—理想确立期。有一部分高中生的理想正处于开始形成到逐步确立的阶段，但大多数高中生的理想还未完全确立，仍需在未来逐步完善。比如有的高中生在选择高考志愿时，会基于自身的兴趣选择相关专业，在理想发展上已有了自己初步的方向，但还未真正确立。

2. 概括性理想越来越占有重要地位。理想受到认知能力的制约，其发展也经历三个水平：具体形象理想—综合形象理想—概括性理想。而高中生的理想虽然仍然是具体形象理想（如前述案例中的娜娜以白衣天使为榜样而树立的理想）为主，但随着对理想意义的认识深化，概括性成分逐渐增多，比如前述案例中的李阳基本达到概括性理想水平，他在考虑理想时充分联系了国家和民族的发展。

3. 理想具有较强的社会性和现实性。高中生在理想选择上，逐步学会把理想和自己的现实生活相联系，把远大理想和日常的学习、生活相联系，不仅憧憬未来，也越来越能够立足现实。

4. 理想开始更多地受内在心理因素的制约。人的理想是一个逐步内化的过程，到了高中阶段，高中生理想的内在性更强，其理想已与高中生的人生信念、社会信念紧密联系起来。

（三）高中生理想形成过程中的矛盾

1. 理想与现实的矛盾。高中生对实现理想具有十分强烈和紧迫的意向，他们往往把现实想象为完全符合自己的希望，但与此同时，高中生往往对理想的实现需要付出长期艰苦努力认识不足，出现了理想与现实的矛盾。一旦察觉这种矛盾，或理想的实现遇到了挫折，高中生容易感到理想破灭，从而悲观失望、迁就现实，或者追求当前的个人满足。

2. 理想与行动脱节的矛盾。高中生对未来的向往容易停留在愿望的层面，而缺乏扎实的实际行动，这会使得理想不稳定不稳固，难以发展。

3. 理想各方面不协调的矛盾。高中生的理想涵盖多个方面，是丰富多彩的，但在各个方面常常出现不协调的矛盾，尤其是个人理想与社会理想之间，只有少数高中生能将二者统一起来。

第三章 个性与社会性发展

◇ 高中生的情绪、自我意识、道德、人格、人际交往的表现及发展特点有哪些？
◇ 高中生有着什么样的情绪困扰？
◇ 高中生自我同一性包含哪几种类型？
◇ 高中生的不良人格特征有哪些？
◇ 高中生人际关系的发展有哪些特点？
◇ 高中生与父母、老师的关系较过去有何不同？

在人的一生中，童年期（6—12岁）的儿童正处于人生的成长阶段，还带有明显的幼稚特点；成年期（18岁以后）则意味着成熟的大人们要以更加独立且完善的人格行事。处于这两个时期之间的便是青少年期（12—18岁），是从儿童转变为大人、从幼稚走向成熟的重要过渡时期。这个阶段的个体已经经过了前几个时期的发展，因此他们的生理发育已经达到了成熟水平，而其智力水平也达到了成人的水平，不仅如此，与其社会性相关的情绪、自我意识等心理层面的因素较先前几个时期也更为丰富且稳定。

第一节 情绪与自我意识的发展

▶**案例**

小华今年高一，他从小性格外向，擅长与人交往，做事情主动。在小学期间，很愿意跟父母分享自己在学校的生活和趣事，但是自从小华进入青春期之后，原本让父母无比放心的他，变了。他开始因为一些小事情向父

> 母发火，有时候甚至无法控制住自己的情绪。前几天，小华和妈妈出去购物，经过一家运动品牌店时，小华看见了自己一直想购买的篮球鞋上架了，于是拉着妈妈进了商店，表达了自己想要拥有这双球鞋的想法，但是妈妈觉得家里鞋子已经很多，没必要再购买，于是转身离开，独留小华一人尴尬地站在店里。因此，小华内心的怒火立马被点燃，但由于还在品牌店中，所以他将怒火忍了一路。到了家中，小华立马爆发，不停地抱怨，而后他的怒火因父母没忍住"说了几句"被彻底点燃，他开始摔东西，并一气之下走出家门，到楼梯间的栏杆边大喊："你要是不给我买，我就跳下去！"父母见状，担心不已，最终答应了小华的请求，小华也因此平复了心情。

在上述例子里，我们可以看见小华表现出了青春期阶段青少年的情绪特点——情绪两极化，比如他们在家中就会选择暴露自己强烈且狂暴的情绪，而在外会掩饰自己的情绪，不会像孩童时期一样，一有不满就躺在地上打滚哭喊，而是选择压抑怒火，暂时性地控制住自己的情绪。可见，在这一阶段的青少年，他们较儿童期成熟，较成年期幼稚，较儿童期稳定，较成年期波动。因此，在这一时期，青少年的情绪具有矛盾性和两面性。

一、高中生的情绪表现及发展特点

谈及高中生情绪的发展，就需要了解这一阶段的他们在情绪上有着什么样的特点，以及有着什么样的情绪困扰。高中生所处阶段为青春期，因此高中生的情绪特点具有与初中生相似的部分。

（一）情绪表现方式的特点

情绪表现方式的特点主要表现在两极性和矛盾性。

1. 急风暴雨与温和细腻。

在我们看来，小华的故事里妈妈只不过是不给他买鞋罢了，为什么会引起他这么强烈的反应呢？因为这一时期的他们会将事件放大，而对事件的放大就会引起他们强烈的情绪波动，因此心理学家霍尔才会用"急风暴雨"来形容青少年的情绪特点。

但是通过小华的案例我们也可以知道，高中生虽然处在青春的"急风暴雨"期，但是由于他们的心智较初中生来说更为成熟，所以他们有时也会表现出温和的情绪特点，主要表现为青少年会将自己的情绪进行调整后以一种缓和的形式表现出来。例如，青少年在面对自己的观点被他人否定时，他们可能会因为被否定而感到不满，但他们不会因此就表现出自己的愤怒，而是选择降低"愤怒值"，让自己以更为缓和的语气与态度去与对方进行沟通。

不仅如此，这一时期青少年的情绪还具有细腻的特点，他们的细腻具体表现在他们的情绪表现更加丰富，情绪体验更加细致。简单来说，就是在儿童时期，他们的情绪体验更多来自于外部刺激，而现在的情绪体验加入了主观因素。举例来说，儿童时期的小华因为妈妈没有给他买玩具而生气，其生气的原因可能只是妈妈没有满足他的需求，而青少年时期的小华生气妈妈没有给他买鞋子，不仅是因为妈妈没有满足他的需求，还因为他加入了自己对妈妈不给他买鞋这件事的认知，比如妈妈不买鞋是在责怪他浪费钱或者妈妈转身离开是不给他"面子"等，一系列他对"不买鞋"事件的认知，使他"生气值"提高了。

2. 可变与固执。

情绪可变的特点表现在青少年的情绪处在一个不稳定的状态下，情绪容易出现变化，这一特点源于青少年情绪体验还不够深刻，因此即使他们情绪表现得非常强烈，也很容易被另一种情绪所取代。例如，当小华看见自己心爱已久的篮球鞋上架时，他内心感到无比的快乐，但是在妈妈拒绝他之后，这一情绪便立刻被愤怒所取代，这便是青少年情绪的可变性。

情绪固执是由于青少年对事物/事件认识上存在固执的想法，因此让他们产生了情绪的固执性。例如，有些青少年在学习上多次受挫之后，他们会消极地认为自己"不是读书的料"，并且不断地否定自己，因此使自己长期处在无助、抑郁的情绪中无法自拔。

3. 隐蔽与外显。

情绪隐蔽指的是青少年情绪表现上的隐蔽，也就是他们自进入青春期之后，会慢慢地不再对情绪毫不掩饰，在一些场合中，他们会因为一些原因而选择隐藏自己的情绪。而情绪外显指的是青少年情绪表现过程中自带的"表演"痕迹，他们可能会因为一些想法而选择放大情绪表现。我们仍以小华为例，小华在运动品牌店里会选择隐藏自己的情绪，而在家中，为了获得球鞋，所以采取抱怨、摔东西、威胁等形式表露自己的情绪。

（二）情绪体验内容的特点

高中生在情绪内容上也有着不同于初中生的情绪特点。

1. 随着学习内容的丰富以及自我意识的发展，高中生的情感呈现多样化的特点。例如出现了对个人发展和社会发展关系思考的情绪体验，或者对升学、就业的情绪体验等。

2. 情绪情感内容更为社会化，其道德感、美感的内容较先前更为丰富，其水平较先前有所提高。但是因为他们知识经验的局限性，他们的社会性情感仍具有狭隘性和肤浅性。

3. 友谊感增强，使他们体验到了更高层次的人际交往感受。

(三) 高中生常见的情绪困扰

1. 孤独。

我们常常会听见高中生说："我觉得自己很孤独，感觉没有人可以帮助我。"那么是什么让他们产生了孤独的感受呢？高中生所处的青少年时期被心理学家霍林沃思称为"心理断乳期"，在这一时期的青少年内心产生了"我是一个大人"的想法，因此他们渴望独立，但是由于他们并未达到成人心智的成熟水平，因此当他们面对自己无法解决的问题时，会出现矛盾的心理——"我是一个大人了，我不需要别人帮忙！""可是，目前来看我好像需要别人帮助啊！""不行！找别人帮忙很丢脸！"……就这样，他们陷入了孤独的心理状态，因此这一阶段的高中生很容易受到孤独情绪的困扰。

2. 压抑。

相较于初中生，高中生对消极情绪的体验更高且更为持久。压抑的心理状态，让他们更容易产生持久的消极情绪体验。高中生的心理需求与生理需求一旦不被满足时，便会选择压抑。例如，在高中生的学习生活中，父母会更加关注孩子的学业成绩，而因此忽略了孩子可能在人际交往、人际适应等方面的消极体验而带来的消极情绪；高中生同样关注自己的学习，但又控制不住地被其他因素所影响，这种"失控"的感觉，常常会让他们处于压抑的心理状态之中。

3. 焦虑。

焦虑主要表现为对外界刺激过度的敏感、多疑、不自信、烦躁不安等。高中生由于面临高考这一"人生大关"，因此常见的焦虑情绪是考试焦虑，而这种焦虑多由考试情境所引发，也有由升学压力、频繁的考试等引起。而引起焦虑的外部因素也不仅只有考试情境，还有不恰当的教育方式、恶性竞争等，而引起高中生焦虑的还有内部因素，例如个性胆小、易惊吓，适应能力、抗压能力、抗挫能力弱等。

4. 抑郁。

抑郁主要表现为情绪低落、思维迟缓和运动抑制等，而造成高中生出现抑郁情绪的原因包含了不良的人格特征（如孤独、依赖、执拗等）、生活压力（如学习压力、适应压力等）、遗传因素、家庭氛围、人际关系等。

5. 叛逆。

叛逆，是我们对青春期孩子的第一印象。叛逆其实是青少年的一种反抗心理，主要表现为个体对外在力量的排斥，通俗来说就是个体在遭遇挫折或者感到不满时所表现出来的一种强烈的"不接受"态度。高中生一般在以下几种情况下，容易出现叛逆的想法或行为。

（1）"成人感"遭到破坏。由于高中生自我意识的进一步发展，他们对自我独立性和自主性的要求提高，一旦父母或他人不能将他们看作是一个"大人"，并且他们没有感受到尊重时，他们就会做出反抗。

（2）个性表现受阻。高中生很在意自己个性的表现，例如喜欢穿黑灰色的衣服、喜欢某个偶像等，当他们遭到他人反对时，便会产生反感的情绪。

以上情况出现后，不同的高中生有着不一样的对抗外在力量的态度。有的高中生会以较为强硬的态度和行为去对抗外在力量，但是这种态度会随着外在力量的消失而消失；而有些高中生会采取类似"冷战"的态度去对抗外在力量，他们的表现不在行为上而在意识之中，这种表现常常出现在性格内向的高中生当中，而因为这种对抗是内隐于意识之中的，所以具有固执性的特点；还有一种对抗较为特别，这种对抗会出现转移，也就是当对方言语让他们产生反感时，他们可能会对这个人的其他方面持消极态度，甚至是对这个人所在的群体产生反感。那么是什么让高中生出现了叛逆的表现和态度呢？

其一，在高中阶段，学生的自我意识会出现突然的高涨，随着自我意识的高涨，他们更倾向于去追求独立与自主性，如果在这时追求受阻或不被满足，他们就容易产生叛逆的表现及态度。

其二，中枢神经系统的过度兴奋使得青少年对周围的事物和他人对自己的态度更为敏感，因此他们更容易捕捉到一些他们认为自己不被尊重的敏感词与行为。

通过上述对高中生情绪特点的描述，我们可以发现，高中生的情绪特点离不开他们这一阶段自我意识的高涨。那么他们的自我意识又有着怎样的特点呢？

二、高中生的自我意识表现及发展特点

这一阶段的高中生，较过去更容易自省，常常思考"我是一个什么样的人呢？""我有什么优点和缺点？""别人对我是什么样的看法？他们喜欢我吗？"等一系列关于"我"的问题。这便是他们自我意识高涨的表现之一——内心世界丰富，常常自省。

在这一时期，他们的自我意识出现进一步的高涨是由于身体的进一步发育，身体特征更接近于成人，从而使他们产生了"我已经是一个成年人"的惶惑感觉。小学时期的他们更多关注客观世界，而"成人感"的产生将他们的思绪从客观世界拉到了主观世界，从而导致他们自我意识出现了再一次的"飞跃"。除了"内心世界丰富，常常自省"以外，他们的自我意识还有以下特点。

（一）自我意识的一般特点

1. 独立愿望强烈。高中生认识到自己是一个独立的个体，因此要求独立。相较于初中生，高中生的独立中，反抗性的成分减少，且建立在与成人互相尊重、

肯定及和睦相处关系的基础之上。

2. 将自我分为"理想自我"与"现实自我"。理想自我是个体对"希望自己是一个什么样的人"的一种自我看法，而现实自我指的是个体对"自己现在是一个什么样的人"的另一种自我看法。这种自我的分化使得高中生更关注自我，更倾向于根据自己的想法来判断并控制自己的言行举止。但是，由于自我分化出的两部分之间存在差距，因此一旦理想自我和现实自我之间的差距较大时，个体便有可能出现自卑或自负的情况。

3. 关注自己的个性发展。高中生会关心自己个性特点上的优点与缺点，在对自己和对他人的评价过程中，会将个性放在首要评价的方面。

4. 自我评价成熟。他们对自我的评价从依赖于他人评价转向了主观评价，他们不再只考虑他人对自己的评价，也会结合自我认识，对自己进行更为全面的评价。不仅如此，他们评价自己的内容更多地集中于内心品质、行为动机与效果的一致性等。

5. 较强自尊心。这个阶段的高中生较为关注自己与同伴的关系以及自己在团队中所处的位置，因此他们很关注他人对自己的评价。如果他人对自己的评价是积极的，那么他们会产生满足感，反之则会感到挫败。

6. 道德意识高度发展。关于高中生道德意识的发展，我们会在第二节进行具体论述。

为了更为全面地了解自我意识的发展，我们不仅需要了解高中生自我意识的一般特点，还需要了解与自我意识相关的自我概念、自我评价、自我同一性在这一阶段的特点。

(二) 自我概念（自我形象）的发展特点

自我概念指的是个体对自己连续性和同一性的认识，这个认识包含三个相互联系的成分：认知成分、情感成分和品行成分。认知成分指的是个体对自己品质和特质的认识；情感成分指的是个体对自己品质的评价以及评价后的自尊体验；品行成分指的是对自己行动的实际态度。由于高中生的认知能力提升，他们的自我概念与早期相比有较大差异，具体体现在：

1. 使用更加概括性的词语，而非具体词语来描述自己，不仅关注自己的人格特点，还关注自己的价值观、意识形态和信念。例如：你让小学生介绍自己，他们可能会说"我是一个喜欢玩游戏的人"，而高中生可能会说"我是一个具有集体主义精神的人"。

2. 在自我介绍时不会向别人一一介绍自己的个别特点，而是将自己觉知到的方面（即使相互矛盾）整合在一起去介绍自己。例如：小学生在自我介绍的时候可能会说"我有大眼睛，是个爱笑的女孩"，但是高中生可能会说"我是一个快乐但是会偶尔 emo（不开心）的人"。

3. 在不同场合以不同的面目出现，会区分交往对象来进行自我描述。例如在父母面前他们可能会表现出自己乖巧的一面，但是在朋友面前他们会表现出自己很有个性。

（三）自我评价的发展特点

自我评价指的是个体对自己思想、能力、水平等方面所作的评价。高中生由于抽象逻辑思维的进一步发展以及知识经验的丰富化，他们学会更为客观、全面且辩证地看待和分析自己。正因为有认知发展作为基础，自我评价能力在高中阶段才开始成熟，且更加深刻。这一能力的发展也意味着他们能够更好地进行自我监督、自我调控、自我改造和自我完善。那么高中生的自我评价特点有哪些呢？

1. 自我评价的独立性。高中生的自我评价随着年龄的增长而逐渐摆脱了对成人、权威的依赖，甚至有时候会对成人、权威的评价表现出反抗性和偏执性，但是他们会重视同龄人对他们的评价。

2. 自我评价的稳定性和全面性。自我评价是自己对自己的分析和判断，高中生进行自我评价的动机不仅来源于外力，还来源于实现理想自我的动机或者对自己所遭遇挫折和失败的自我反思，因此他们会从自己整体的心理面貌入手进行自我评价。

（四）自我同一性的发展特点

自我同一性指的是个体在特定环境中的自我整合和适应的感受，简单来说就是对"我是谁""我的未来走向""我将如何适应社会"等个人议题的主观认识和感受。自我同一性的出现是由于个体体验到生理、心理和社会知觉的急剧变化，他们开始考虑自己小学阶段甚至更早之前的价值观和身份。高中生的自我同一性有四种类型。

1. 同一性获得型。主要表现为：高中生对自己的目标、价值观等有明确认知，这一类型是自我同一性发展的良好状态。

2. 同一性延缓型。主要表现为：高中生在自己的生活中会积极主动地进行探索，但对自己的目标、价值观等没有清晰的认知，也就是在这一阶段他们会主动思考自己到底是谁以及自己未来想从事什么职业，但是可能由于外界原因或者自我认识不足而无法确定自己的目标是什么，自己想要追求什么，因此处在一个迷茫的状态中。

3. 同一性早闭型。主要表现为：高中生由于外力因素而过早地进行自我投入，但对自己的目标、价值观还不了解。出现这一情况的高中生往往是因为他们的父母会从自己的角度替他们的孩子作出人生选择，而让孩子没有了自我探索的机会。常见现象有：在新高考背景下，父母会直接替孩子决定要选什么科目，而不是让孩子通过自我探索，了解自己的目标、兴趣后再做选择，又或者是孩子不知道如何选择，而听从父母建议，不论哪种情况都会让孩子过早地投入于父母的选择之中。

4. 同一性扩散型。主要表现为：高中生不会为自我探索和确定自己的目标、价值观作出努力。这一类型的高中生，不会因为不清楚自己的目标、价值观等而去积极地反思、探索，而是选择随波逐流，不做选择。

尽管整个青少年时期都在进行自我探索，但在高中前是无法建立自我同一性的，较为稳固的同一性需要到青少年晚期才有可能建立起来，也就是进入大学后的这一段时间是建立及稳固自我同一性的关键期。

第二节　道德与人格的发展

> ▶案例
>
> **两难情境下，你会如何抉择？**
>
> 海因茨的妻子患了癌症，生命垂危，医生建议海因茨去找一名药剂师，因为这名药剂师发明的一种药可以治疗他妻子的疾病。于是海因茨找到了这名药剂师，但是这名药剂师却狮子大开口，要价2000元，这个药价比实际成本高出了十倍。海因茨虽然感到很为难，但还是尽力去筹钱，然而最终却只借到了1000元。海因茨拿着这1000元去恳求药剂师低价将药卖给他，然而药剂师却始终不愿松口，而海因茨却无钱支付高额的药费。走投无路之下，海因茨为救妻子的性命，最终在一个月黑风高夜破门而入，偷了药剂师的药。
>
> 在这个故事中，其两难选择在于应该遵守法律还是维护个人生命的权利。请问你觉得海因茨应不应该这么做，为什么？

一、高中生的道德发展

科尔伯格为研究道德判断的发展，提出了上面这一著名的道德两难故事——海因茨偷药。通过研究，科尔伯格提出了道德判断发展的系统理论，将道德判断发展划分为三个水平六个阶段，分别为前习俗水平、习俗水平和后习俗水平，这三个水平又各分为两个阶段，惩罚与服从的道德定向阶段、天真的利己主义定向阶段、"好孩子"定向阶段、维护权威和秩序的道德定向阶段、社会契约定向阶段和普遍的伦理原则的定向阶段。

科尔伯格认为道德判断的发展与个体年龄发展相联系，并且六个道德判断阶段是相互交叉的。简而言之，就是某一个年龄段可能会并存至少两个道德判断阶段。处在青春期的青少年结合他们关注他人看法和评价，以及在意人际关系的情况来看，这一阶段他们的道德判断主要以第二阶段和第三阶段为主，也就是天真的利己主义阶段和"好孩子"定向阶段，可见青少年的道德判断发展从前习俗水平转向了习俗水平。

处在青春期阶段的高中生，道德判断会随着年龄的增长而发展，他们的道德判断发展以第三阶段（"好孩子"定向阶段）为主，并逐渐出现第四阶段（维护权威和秩序的道德定向阶段）。在这一阶段，他们开始对成人或权威人物所提及的道德标准表现出积极的关注，并会对保证社会和人类和谐发展的法律做出认真思考，也因此愿意成为法律的维持者。

处在第三阶段的高中生以人际关系和谐为导向，对自己或他人的道德行为的评价标准是："我做的这件事会不会被人喜欢？这件事会不会给他人带来麻烦？我做了这件事别人会不会夸我？"如果这个行为结果会促进人际关系的发展，那么他们便会选择去遵守规则。以海因茨偷药为例，他们的回答可能会是"他应该偷药，他作为丈夫来说的话，不过是为了救他心爱的妻子罢了，我们怎么能够因为他爱自己的妻子而去责备他呢？如果他不爱自己的妻子才应该被责备吧"，又或者是"他不应该偷药，因为即使因为他没去偷药而导致了妻子的死亡，应该也没有人会骂他吧，毕竟从头到尾最冷酷无情的人是那个见钱眼开的药剂师"。可见这一阶段的他们不仅会考虑社会大众可能对某事的看法，也会根据行为背后的动机或者行动者来评价他们的行为。

处在第四阶段的高中生以权威为导向，他们会选择服从学校、社会规范，遵守学校、社会秩序，会根据法律去判断对错，此时他们的判断主要由内部支配，具有了理性思考的能力。因此这一阶段的学生，面对海因茨偷药这一问题，他们可能会回答"应该偷药，因为他如果不偷药就是任由自己的妻子死去，可是他明明可以做点什么的，如果没做，感觉就是过失杀人了。他可以选择事后把钱给药剂师，人命重要啊"，又或者是"我能理解他急切想要救回妻子的心情，但是偷东西本身就是错的，而且还是高价药物，终归是违反了法律"。这一阶段的他们不会考虑行为背后的动机和事情发生的背景是什么，他们只考虑这个行为是否违反了社会秩序或法律。

高中时期，处在第四阶段的人数会明显增加，对社会责任及社会秩序的维持等在道德判断中的占比也更多。但也有个别高中生可以达到第五阶段，也就是后习俗水平的社会契约定向阶段。这一阶段的他们会更加理性且全面地看待问题，会重视多数人的利益。据此，这一阶段的高中生面对海因茨偷药的两难问题，他们的回答可能是"偷药虽然不对，但是我觉得也合理，因为法律可能没有考虑到这一层"，又或者回答"我们虽然不会因此去责怪他，但是这不能说明他的行为就是对的，因为虽然他最终救了妻子这个结果是好的，但是他偷药的行为始终是错的、是不合理的"。可见，即使他们知道有时候人的需要与法律的冲突是件正常的事情，但是他们还是觉得应该遵守法律。

二、高中生的人格发展

人格指的是个体在物质活动和精神活动中形成的具有社会意义的稳定的心理特征系统，具有稳定性、社会性、个别性和整体性的特点，它表现为个体适应环境时，在需要、兴趣、人生观与性格等方面的整合。基于此，我们将从需要、兴趣、人生观与性格等角度来了解高中生的人格发展特点有哪些。

（一）高中生的人格发展特点

1. 需要。

高中生的需要更具广泛性和丰富性。根据本章第一节可知，高中生的自我意识高涨，结合马斯洛需要层次理论可知，他们有着强烈的归属与爱的需求，他们需要伙伴，需要在团队中找到自己的位置，因此也十分在意所处团队的成员对自己的看法，对团队成员的在意程度甚至超过了老师与家长。

在团队中，他们不仅在乎他人对自己的看法，也在乎自己是否得到了他们的尊重，可见他们还有自尊的需要。他们希望能得到他人的关心、重视以及尊重。为此，他们会主动模仿同龄人中共同崇拜的对象，这个对象可能是正面人物也有可能是反面人物。当然，其中也有多数高中生会存在自我实现的需要，但是这种需要仅仅是展现自己，展现的部分还是他们有自信"赢过"别人的某个方面，以此来获得同龄人的赞赏，其最终目的还是为了获取他人对自己的尊重。

2. 兴趣。

高中生的兴趣稳定，内容广泛，主要受到了主观意识的调节。对事物的兴趣更多地关注事物发展的内部规律，对活动的兴趣不只局限于活动的趣味性，也包括活动结果。

高中生的兴趣从广到窄。小学时期学生的兴趣广泛，初中时期学生的兴趣开始分化，高中时期的学生，由于面临高考，升学压力大等原因，他们对与学科学习有关的兴趣逐步占据中心位置，因此使其他兴趣的发展受阻，兴趣变窄。

3. 人生观。

进入青春期后，大多数青少年开始思考人生问题，人生观也在这一阶段发生了深刻的变化，在思考过程中他们会受到社会政治与道德、家庭、书刊、榜样等的影响。而根据他们接收信息的好坏，会出现积极或者消极的人生观变化。例如：如果社会政治安定，道德风气好，那么他们便能树立科学的人生观，反之，则会阻碍科学人生观的树立。

4. 性格。

高中阶段是性格的定型阶段，这也就意味着高中生会形成稳定的性格类型。林崇德教授的一项研究得出，中学生性格的内倾与外倾是逐步定型的，一般在高中之后趋于稳定，并且他们的性格特征也会趋于稳定。一般认为性格的特征分为性格的态度特征、性格的意志特征、性格的情绪特征、性格的理智特征四个方面。以性格的情绪特征为例，高中生随着身心变化速度的减慢、理智的逐渐成熟，情绪的稳定性逐渐加强，情绪特征少有变化。高中生主要存在的性格问题有偏激、早熟、好奇心强、自我中心、自制力差、意志薄弱、叛逆、判断力差等。

(二) 高中生的人格问题剖析

高中生常见的行为问题主要是成瘾问题，他们的成瘾行为主要包括吸烟成瘾、游戏成瘾和网络成瘾等。

1. 吸烟成瘾。

吸烟对个体身体的伤害不言而喻，然而即使许多学生清楚地知道"吸烟危害身体健康"，他们还是会选择吸烟。那么到底是什么原因让高中生出现吸烟成瘾的现象呢？

第一，社会吸烟风气重。高中生所接触到的，或者他们所到的公共场所都可以看见吸烟的人。

第二，家庭中父母、亲戚或兄弟姐妹的"榜样"作用，会让高中生对吸烟这一行为一般化、正常化，从而对吸烟的危害认知不足。

第三，同伴作用。高中生在意友谊，在意他人评价，因此当他们所在的群体中有人吸烟时，他们为了交朋友，为了不被团体"排除在外"，会选择以吸烟的形式来拉近与朋友和团体成员之间的距离。

第四，心理满足。当他们出现"成人感"后，他们会认为抽烟这一行为"很酷"，会让自己像个大人一样，因此吸烟可以满足他们的"成人感"，当然也可以满足他们对抽烟的好奇心。

以上种种原因，均容易使高中生沾上吸烟这一不良行为并最终成瘾。

2. 游戏成瘾。

游戏包含多种，例如单机游戏、游戏机游戏等，它能够锻炼人的手脑配合能力，可以起到益智的作用。但是凡事都有双面性，由于高中生自制力缺乏，分辨好坏的能力较弱，因此在良莠不齐的游戏环境中，容易迷失自我，也容易受到电子游戏内容的伤害。尤其是男生常常玩的暴力游戏，更是会对他们造成不良影响,这种不良影响主要体现在现实中模仿暴力行为,并且这类游戏大多具有较强的互动性、现实性和开放性,可以让高中生在此获得心理上的极大满足,从而使他们更沉迷于游戏给的即时反馈,一旦上瘾就会表现为持久地渴望或难以控制地玩游戏,若停止游戏便会出现身心的不良反应。

3. 网络成瘾。

网络成瘾主要表现为不自主地使用网络或者不控制时间地使用网络,并且会持续受到网络带给他们的积极反馈。在这一反馈的强化下,高中生便容易出现无法离开网络的现象。一开始,他们可能只是依赖网络、沉迷网络,对无法上网这件事会产生生理和心理的不适感,而随着网络成瘾影响的不断加深,个体开始出现头晕眼花、食欲不振、浑身无力等严重影响。那么网络成瘾是什么原因造成的呢?

第一,网络具有匿名性、即时反馈性、不限时空性等特点,会给个体更多的自由。

第二,具有高焦虑、低自尊、低控制感等特点的高中生更易出现网络成瘾现象。

第三,家庭、学校的压力会让个体出现情绪波动、逃避现实等问题,这时候他们往往通过网络来舒缓情绪、逃避问题。

(三)高中生的不良人格特征

1. 自卑。

具有较强自卑感的高中生常常自我否定,心理承受能力低下,行为畏缩且瞻前顾后。由于强烈的自卑感受,他们会害怕与人交往,也不愿意当众发表自己的看法。其主要表现在:因人际交往过程中受到伤害而产生交往自卑心理;由于长痘痘、身高不满意、体形变胖等原因引起身材或容貌自卑;对自己性格与气质的消极评价而造成消极暗示等。

高中生产生自卑的原因在于现实和理想的差距,其本质是高中生无法正确地认识自己和他人。要纠正高中生的自卑感,就必须让高中生能真正认识自己、正确评价自己并接纳自己,让他们发现自己的优势,建立自信心和自我效能感。

2. 依赖。

处在青春期的高中生,自我意识高涨,"成人感"产生,渴望独立,渴望得到尊重,好胜心增强,开始抱着"怀疑"的态度对待长辈或老师的意见,如果受到长辈或老师的批评或过度关心,还会表现出反感甚至反抗的行为。然而由于还未能脱离家庭,还需要父母在情感和经济上支持,以及自身认知也尚未成熟,他们只能做到理想化的独立,而做不到现实中的独立,在面对困难与挫折时,他们还是需要他人的帮助。也有一部分高中生,由于父母的过度溺爱而导致独立意识弱,或者由于学业压力增大，父母和学校都强调学科学习，忽视了高中生自身生活能力的提高，在高中生心理发展特点以及其他因素的影响下，高中生的依赖性便增强了。那么，高中生的依赖性具体表现在学习、生活的哪些方面呢？

第一，缺乏基本的生活自理能力。主要表现为"衣来伸手，饭来张口"，家务不会做，一切都需要父母来照顾，总希望有人帮他们做好一切。

第二，遇到问题就退缩，碰到挫折就逃避。面对问题和挫折时，他们想的不是去解决问题，而是采用逃避、大哭、低迷的状态去面对。

第三，缺乏基本社交能力。越来越多的高中生沉浸在网络世界中，喜欢线上交友和聊天，却害怕在现实中与人沟通。

第四，学习上不愿"动手动脑"。碰到不会解答的问题，首先想到的是问他人或者问老师，而不是自己先行解答；在小组讨论中人云亦云，没有自己的想法。

3. 虚荣。

进入青春期之后，许多初高中生开始炫耀自己的鞋是某某名牌，会炫耀自己穿着个性，无人与其相同，这种炫耀其实就是我们常常讲的虚荣心。虚荣心的产生与他们这一阶段的自尊心和在意同伴对自己的看法紧密关联。虚荣心强的人，为了获得他人对自己的尊重，为了提升自己在团体中的地位，会通过撒谎、夸张等不合理手段去满足自己虚无的优越感，因为他们自身能力有限，无法通过真正的努力来获得他人的肯定，只能采取不正常手段去凸显自己的优越性。高中生的虚荣心主要表现在穿着奇异、摆阔、追求时髦等。虚荣心与人格之间又有着怎样的联系呢？其实虚荣心的产生与个体人格倾向有关。虚荣心强的人，多半性格外向、善变、造作、浮躁，且以自我为中心，有着明显的个人神化色彩。虚荣心的出现不仅与他们的心理发展特点相关，也与他们的人格倾向有关。

第三节　人际关系的发展

> ▶案例
>
> 在儿童时期，许多孩子不论碰到伤心的事情还是开心的事情，可能都会愿意跟父母分享，一回到家就叽叽喳喳地说着他们的所见所闻。但是，当这些孩子进入青春期后，他们好像渐渐地跟父母疏远了，也不再愿意跟父母分享自己的情绪，学着在父母面前隐藏自己的心事。虽然他们不愿意与父母分享，但是他们愿意跟自己的同伴分享，仿佛只有同伴是自己的唯一"树洞"。

上面的这段话你同意吗？上面的心理描述体现了高中生与其同伴交往具有开放性的特点，而对成人或长辈的交往却具有闭锁性特点，这是青少年人际交往的特点之一。所谓人际交往，指的是个体与他人通过某些方式进行互动，从而影响彼此的心理和行为的过程，而在此基础上形成的心理关系称为人际关系，高中生的人际交往主要是与同伴、家长和教师间的交往。

一、高中生的友谊

友谊即朋友之间的情谊，是建立在兴趣爱好等相一致且相互依恋基础上的一种关系，这种关系由于能让高中生在分享喜悦时"快乐加倍"，在伤心时获得安慰，这种关系对于容易产生孤独感的他们，具有强烈的吸引力。不仅如此，一段良好的友谊关系可以促进彼此学习进步、促进情绪情感稳定发展以及促进社会关系的发展等。高中阶段是认识自我、塑造自我、完善自我的重要阶段，高中生如果能遇到与自己"志同道合"的对象的话，他们便能常常与对方产生"共鸣"，满足他们自我认识的需要，也能够通过与他人相处而获得对自我的新认识。

高中生的友谊具有怎样的特点呢？

有研究者将孩子友谊认知的发展分为四个阶段，分别是自然发展阶段（4~6岁）、主观阶段（7~11岁）、前社会阶段（12~16岁）以及社会阶段（17~18岁）。高中生所处年龄段多为16~18岁，处于前社会阶段向社会阶段发展的阶段当中。他们的爱好广泛，内心活动丰富，因此很难在一个朋友身上找到所有的"共鸣"，继而，在社会阶段的友谊可以扩展到与多人心理上的默契和信赖。这个阶段，他们对友谊关系的认知有了进一步的成熟，不会因为很久没跟朋友聊天就觉得与朋友的友谊不再，也不会因为跟朋友走在路上没聊天而感觉到"关系淡了"，因为他们认为真正的友谊维系不是靠单一的聊天、玩耍。

二、高中生与成人的关系

（一）与父母的关系

父母是孩子的第一任老师，是孩子成长过程中的重要人物。在小学阶段，父母在孩子眼里就是权威，就是至高无上的存在，父母说什么就是什么，十分尊重且信任着自己的父母。但是随着他们进入青春期，开始有了"独立"的想法后，他们和父母之间的关系便发生了微妙的变化，主要表现在：

1. 情感脱离。高中生对同龄伙伴的重视和信任度逐渐超过父母，他们从对父母的依恋变成了对朋友的依恋，与父母之间的关系大不如前，有了距离，有了秘密。

2. 行为脱离。高中生的独立意识高涨，不希望受到父母过多的约束，希望有自己的空间，能够做出属于自己的决定，反感父母"包办一切"的行为。

3. 观点脱离。高中生的"竞争、自主、独立、创新、重利"等观点与父母的"平和、依附、厚古薄今、重义轻利"等观点产生矛盾，而且他们喜欢分析和判断自己的所见所闻，得出自己的结论，不喜欢现有的观念和规范，原来对父母的"你说什么就是什么"变为"你说的不对""我不听"。

4. 父母"至高无上"的形象不再。高中生会出现"自我神化"的想法，认为自己无坚不摧，并且有自己崇拜的偶像。不仅如此，随着高中生思维水平和认识能力的提高，他们会渐渐发现父母身上的缺点，因此父母从他们心中的"神坛"上跌落。

那么父母应该如何和孩子保持友好的关系呢？

1. 理解和尊重子女。高中生的独立意识和自尊意识高涨，渴望从父母这里得到他们想要的尊重，希望父母理解自己的情绪和思想，希望父母给予他们足够的尊重，因此理解和尊重孩子，对于维系亲子关系尤为重要。

2. 父母感情融洽。子女的情绪状态很多时候受父母之间关系的影响，父母间如果冲突不断，孩子便会处在"不安全"的家庭环境中，这会给孩子带来巨大的心理压力；如果家庭温馨，孩子可以得到足够多的关心和爱护，就会心情愉悦，更有可能对父母持积极态度。

3. 关心但不越界，严厉但有度。高中生仍然是未成年人，对于尚未成年的他们来说，父母的关心爱护是很有必要的，他们需要从父母的关心中获取安全感和温暖。但是，他们又不希望父母越界，让他们失去独立的机会。他们希望父母对自己有一定的要求，但是这个要求不能过度，对他们的教育也不能是"打骂"的形式，他们认为"朋友式沟通"是最好的方式。

（二）与教师的关系

小学阶段的孩子与教师的关系大多友好，他们可以接受任何类型的教师，而高中生会有自己偏好的教师类型，他们会根据自己的标准去评价教师，有些教师还会成为学生心目中的"偶像"和"榜样"，这类教师在他们的眼里就是十全十美。面对他们喜欢的老师，他们会选择好好学习这个老师所授的科目，会积极回答这位老师提出的问题，对于老师提出的建议和反馈会无条件地接受等，这一点与高中生对父母的态度有所不同。但对于他们不喜欢的老师，他们也会用行为和态度告诉这位老师"我不喜欢你"。

那么什么样的老师会受到学生的喜欢呢？高中生喜欢的老师一般具有以下特点：知识渊博、授课水平高、课堂有趣、授课内容具有创新性、尊重并理解他人、热情和蔼等。

第四节　高中生性心理的发展

> ▶**案例**
>
> 　　小兰是高一年级的学生，学习成绩一直不错。她的父母发现，她比以往更快乐，也比以往更容易情绪低落，每次上学前都会在镜子前照许久，每天晚上精心挑选第二天要穿的衣服，原本准时回家的她，也不像过去那样准时了，而且总是一副有心事的样子。为此，父母在担忧的情绪下，找到了班上的老师，通过老师反馈了解到她最近上课也魂不守舍的，经常盯着班上的一个男孩子看，课下也经常去找这个男孩子玩。

　　小兰表现出的这些行为，你觉得熟悉吗？你认为这是否是一件正常的事情呢？我们发现，步入高中的学生，对异性的好感大多具有隐蔽性，即使被发现也不愿意承认，他们通常会选择偷偷地看着自己感兴趣的那个人，注意他或她的一举一动，又或者悄悄地在线上与他或她进行互动。这就是高中生常见的与异性交往的表现。为什么高中生会对异性产生兴趣？他们的生理和心理都发生了怎样的变化呢？

一、高中生的生理特点

　　高中生的生理发育处于青春发育的末期，即生理发育进入到了定型阶段。高中生经过初中阶段生理"加速"发育后，进入生理发育的相对稳定期，各项发育指标达到成人水平。

　　（一）形态变化

　　高中生的体重、胸围等形态变化不大，进入缓慢增长的阶段，到18岁末时已经接近成人水平。这一时期个体的肌肉和脂肪增长比较显著，其中肌肉主要表现为肌纤维增粗，肌肉组织有力且坚实，因此可以看到高中女生体态丰满，男生则显得更为壮实。

　　最为明显的是第二性征的变化。男生几乎全部进入了变声期，声音低沉且喉结凸起，下颌也出现了胡须，额两鬓也逐渐后移，俨然一个男子汉的形象。而女生声调变细变尖，摆脱了过去的"奶声奶气"，并且随着皮下脂肪的增多，乳房已充分发育，有着成熟女性的外表。

（二）器官成熟与机能发育

在青春发育后期，高中生身体器官的机能均逐步成熟，心脏机能增强，胸廓及呼吸肌发育达到顶峰。脑的重量及容积也接近成人水平，此时他们脑机能的发展主要体现在兴奋与抑制过程的逐渐平衡，这正是高中生情绪较初中生稳定、行为控制较初中生完善的生理原因。但是总的来说，由于甲状腺素和肾上腺素等水平较高，他们的脑和神经系统更容易处在兴奋状态，因此这一时期的孩子，情绪较成人阶段来说还不够稳定。

（三）性成熟

经过初中阶段的生殖系统发育，高中男生处在性萌动到性成熟的阶段，而女生大多发育较早，处于性成熟阶段。

二、高中生性心理发展特点

高中生自出现第二性征以及性机能成熟后，他们的心理便直接或间接地受到这些变化的影响，这一影响便表现在他们的性心理特点。

（一）身心发展不平衡

高中阶段的学生"成人感"高涨，他们会通过自己的身形来判断自己已与成人没有区别，但是由于心理尚不成熟，还没有办法很好地控制自己的行为和处理好学习与情感的关系，常常会陷入到迷茫之中，因此高中生的早恋便是在个体迷茫的状态下发生的。

（二）关注身体发育

随着生理发育不断成熟，高中生的体形体态越发接近成人。他们会关注这种变化，会十分在意自己的外表，努力让自己看起来仪表整洁，以此引起同学，特别是异性的注意，从而得到他人对自己的关注。当然，这种关心过甚则会变为担忧，他们中的部分人会出现容貌焦虑和体形焦虑，担忧他人对自己不好的评价，因此容易出现自卑或自我否定的心理状态。

（三）对异性产生好感和兴趣

高中生正处在性心理发展的第二阶段——爱慕期，他们从过去对异性的疏远渐渐过渡到了对异性的爱慕。这一阶段的女生会通过打扮自己来吸引异性对自己的关注，会因为不经意间与异性发生肢体接触而感到害羞和紧张，而男生会在女生面前表现出自己"男子汉"的一面。但是，不论男生还是女生，他们对于异性的感情都是具有隐蔽性的，他们一般不会将自己对异性的情感表现出来，而是通过眉目传情、寻求异性帮助等形式与异性接触或表达自己对异性的兴趣。

正因为有了性发育和性心理的成熟，高中阶段的孩子容易出现早恋现象。而早恋这一现象，目前来说较为普遍。既然从性心理发展来说早恋是自然且正常的现象，为什么还有那么多人会给"早恋"盖上消极的"帽子"呢？这是由于高中生自身道德观念相对薄弱，自制力不强，个别高中生会"不把感情当回事"，会觉得"玩玩而已，这只是一件很酷的事"，从而与异性发生性关系，又或者是"情到深处"而做出不理智的行为。当然也与父母、学校和社会对早恋的态度有关。父母大多采取严令禁止的态度，甚至不允许孩子与异性进行正常的交往。父母的这种态度，让本就叛逆的孩子更想去尝试"早恋"的感觉；而有些学校领导和教师对于早恋问题要么置若罔闻，要么消极处理，不管是否早恋，只要发现苗头就用校规严惩学生。那么社会是如何影响人们对"早恋"的态度呢？社会的影响主要来源于各种校园恋爱文学和影视作品，使父母、老师认为早恋"泛滥"，加深他们对早恋一事的消极态度。事实上，基于青春期的身心发展特点，早恋并不那么可怕，高中生对异性的爱慕是十分纯洁的，社会、学校和父母应该对孩子进行正确引导，理解孩子，分清正常的异性交往和早恋，引导孩子好好学习。

第四章　家庭教育的作用

◇ 家庭教育是什么？
◇ 家庭教育有什么作用？
◇ 家庭教育对高中生的认知发展有什么影响？
◇ 家庭教育对高中生的个性发展有什么影响？
◇ 家庭教育对高中生的社会性发展有什么影响？
◇ 高中生家庭教育的重点内容是什么？

　　家庭教育和学校教育是社会两大教育系统，而人们往往重视学校教育，却忽视了家庭教育的重要作用，忽视了父母在孩子成长中的重要影响。家庭是社会的细胞，也是社会的根基，家庭教育是整个教育系统中不可分割的重要组成部分。苏联著名教育家苏霍姆林斯基曾说，如果把孩子比作一块大理石的话，要把这块大理石塑造成一座雕像需要六位雕塑家，其中排在首位的就是家庭。家庭教育是孩子成长过程中最基础、最关键的环节。为人父母，都希望自己的孩子学有所成。家庭是孩子真正的起跑线。高中阶段的孩子处于身心急剧变化的青春期，他们逐渐摆脱孩子的稚气，但又未完全具备大人的成熟，他们急需父母的引导和教育。高中阶段也是世界观、人生观、价值观形成的重要时期，因此这一阶段的家庭教育对促进孩子的健康成长具有重要作用。

第一节　家庭教育概述

　　中华民族拥有最为悠久的重视家教的历史。家庭教育问题自古以来就受到人们的关注。"人莫不爱其子孙，爱而不知教之，犹弗爱也。"孩子从呱呱坠地到长大成人，和父母在一起的时间最长。每个孩子生下来如同一张白纸，不同的家庭教育对孩子的影响至深至远。家庭是孩子的第一所学校，家庭是最早向孩子传授人类社会生活经验的场所。因此家庭教育是学校教育和社会教育的基础。

一、家庭教育的概念

家庭是人生的第一所学校，家长是孩子的第一任老师，家庭生活中父母对儿童的教育和影响，对其良好行为习惯、思想品德、价值观的形成，健全人格的培养等都具有基础性作用。2021年10月23日，第十三届全国人民代表大会常务委员会第三十一次会议通过《中华人民共和国家庭教育促进法》，标志着家庭教育从传统"家事"上升为重要"国事"。

《中华人民共和国家庭教育促进法》明确指出：家庭教育是指父母或者其他监护人为促进未成年人全面健康成长，对其实施的道德品质、身体素质、生活技能、文化修养、行为习惯等方面的培育、引导和影响；家庭教育以立德树人为根本任务，培育和践行社会主义核心价值观，弘扬中华优秀传统文化、革命文化、社会主义先进文化，促进未成年人健康成长。

同时，《中华人民共和国家庭教育促进法》也对家庭教育的内容进行了界定，要求未成年人的父母或者其他监护人应当针对不同年龄段未成年人的身心发展特点，以下列内容为指引，开展家庭教育：

1. 教育未成年人爱党、爱国、爱人民、爱集体、爱社会主义，树立维护国家统一的观念，铸牢中华民族共同体意识，培养家国情怀；

2. 教育未成年人崇德向善、尊老爱幼、热爱家庭、勤俭节约、团结互助、诚信友爱、遵纪守法，培养其良好社会公德、家庭美德、个人品德意识和法治意识；

3. 帮助未成年人树立正确的成才观，引导其培养广泛兴趣爱好、健康审美追求和良好学习习惯，增强科学探索精神、创新意识和能力；

4. 保证未成年人营养均衡、科学运动、睡眠充足、身心愉悦，引导其养成良好生活习惯和行为习惯，促进其身心健康发展；

5. 关注未成年人心理健康，教导其珍爱生命，对其进行交通出行、健康上网和防欺凌、防溺水、防诈骗、防拐卖、防性侵等方面的安全知识教育，帮助其掌握安全知识和技能，增强其自我保护的意识和能力；

6. 帮助未成年人树立正确的劳动观念，参加力所能及的劳动，提高生活自理能力和独立生活能力，养成吃苦耐劳的优秀品格和热爱劳动的良好习惯。

二、家庭教育的本质

1. 家庭教育是一种全人教育。学校教育有自身规范化的知识体系和教育内容，社会教育涉及不同的领域，满足孩子特定的学习需求。而家庭教育不仅涵盖我国教育方针提出的"德、智、体、美、劳等方面全面发展",还包括基本生活技能、良好行为习惯、积极心理状态、良好社会适应、为人处世的本领等内容,其全面性是学校教育、社会教育远远不及的。可见,家庭教育是一种"全人教育"。因此,父母除了要提供言教、身教,还要提供境教,也就是说除了谆谆教诲和以身作则,还需要创造、提供良好的生活成长环境和家庭氛围。对于生活照顾、了解孩子发展与需求、解决亲子问题、培养子女正确的三观、建立良好沟通、达成家庭目标等方面,父母都要进一步学习。

2. 家庭教育是一种生活教育。家庭教育分散于家庭生活的各个环节,从物质生活的吃、穿、用,到精神生活的家风、家规、人际关系以及文化生活中的读书、娱乐休闲等,这些生活细节都包含着教育的因素。父母也更容易在日常生活中了解孩子,有的放矢实施教育。父母更要注意在日常生活的点滴中对孩子起潜移默化的影响,营造融洽的家庭环境氛围,修炼自己的言谈举止,让孩子在耳濡目染中得到由外而内的浸润。

3. 家庭教育是一种人格教育。蔡元培在《中国人的修养》一书中说道:"决定孩子一生的不是学习成绩,而是健全的人格修养!"家庭教育除了教会孩子基本的生活生存能力,还要让孩子的人格得到健全发展,这样才能拥有身心同步的健康孩子。这其中非常重要的一点就是要培育人格健康的孩子,人格健康的孩子才能养成良好的学习和生活习惯,为未来添砖加瓦。人格健康的孩子才能拥有自控力和主观能动性,才能在不超出边界的情况下自由安全地成长。父母要注意培养孩子开放、责任、乐观、宜人、情绪稳定的积极人格,着重培养爱与意志力。

4. 家庭教育是一种亲子教育。父母永远是家庭教育的主角。家庭教育的核心,是父母要陪伴孩子,并建立良好的学习和生活习惯。因此,亲子关系在家庭教育中非常重要。亲子关系是家中的成年人与孩子之间的互动,主要是父母与子女之间的互动。这就注定了家庭教育不是简单地对孩子说教,更多的是为孩子创造良好的家庭生活和人际交往环境,是父母对孩子的陪伴、倾听、陶冶、启发,用生命影响生命。因此,在家庭教育的过程中,父母也能从孩子身上和互动过程中收获成长,更好地促进自我的完善。

5. 家庭教育是一种发展教育。家庭教育随着孩子的出生就开始了,贯穿孩子生命周期的各个阶段。家庭教育不仅仅是为了当下,更注重为孩子未来的可持续发展打下基础。对孩子而言,学校教育和社会机构的教育是有阶段性的,学习效果通过考试成绩一目了然,高中毕业了,老师的任务就完成了。而家庭教育的效果却不完全只在当下,当然也没有固定的判断指标。打好家庭教育的基础,培养一个具备生存能力、良好行为习惯、积极人格、正确价值观的高中生,不仅对高中阶段身心健康是必要的,对孩子将来进入大学,甚至毕业后踏入社会也影响深远。

三、家庭教育的作用

近年来,"原生家庭"概念备受关注,已成为社会热议的话题之一,说明家庭教育的作用逐渐引起重视。有的人认为"树大自然直",孩子自然会成长;有的人认为"天下无不是的父母",当父母的都是对的,子女必须服从;有的人认为"船到桥头自然直",遇到问题时自然有办法。这些都是错误的家庭教育观念。家庭教育不是一种实践,而是一门理论科学。如果把我们现在的教育系统比作一棵大树的话,那么家庭教育就是树根,虽然树根不易外显,但它却是最重要的。家庭教育不仅是教育孩子的起点和基础,也是学校教育的重要补充,对学校教育具有支持和促进作用。家庭教育还是推动社会文明进步的重要力量,家庭教育是振兴中华民族的希望,关系到国家的命运。

一些家庭教育理论对家庭教育的作用进行了阐述。

生态系统理论认为,自然环境、家庭、学校和社会等与青少年的成长息息相关。青少年与周围环境之间的和谐共处,对于青少年的健康成长有促进作用,相反,则对青少年的健康成长起到阻碍作用。而亲子之间以及师生之间积极、健康的关系,会在青少年的健康成长过程中发挥着重要作用。生态系统理论把环境分为微观系统、中间系统、外部系统和宏观系统。这些系统之间相互关联、相互影响,在青少年身心健康成长与发展的过程中会产生积极或者消极的影响。其中,最直接影响青少年的是"微观系统",包括家庭、学校、朋友。只有各微系统之间产生较强的积极联系,个体发展才可能实现最优化。中间系统是两个及以上微观系统的相互作用和空间联系,比如学校与家庭的相互作用、社区与家庭的相互作用等。外部系统指青少年并未直接参与但却影响个体发展的系统,如父母工作、父母间的关系、网络环境、邻里社区等。宏观系统是指个体发展所处的大文化、亚文化和社会环境,如社会习俗、法律、道德等,直接或间接地影响个体发展。系统与系统之间以及系统内部各要素之间相互作用和相互影响,在青少年成长发展的进程中起至关重要的作用。

家庭系统模式理论认为,父母的婚姻关系和如何当父母与儿童的发展都有密切的关系,家庭总体大于各部分的总和。任何儿童的任何症状,都不仅仅是儿童自己的问题,儿童是家庭中的一员,是整个系统的一部分,在一个系统中,儿童的言行不断地影响周围人,同时也受家庭其他成员的影响。家庭系统越强、越稳定,那么该家庭的家庭功能就会越好,就越能为家庭成员提供较好的生存发展空间。

家庭功能模式理论提出,家庭功能的实现是指持续为家庭成员提供生理、心理和社会化发展的环境和保障。同时,为了能够实现上述功能,家庭这一系统需要努力完成不同的任务，主要包括六个方面：问题解决能力、沟通能力、家庭的分工与责任、情感反应能力、情感参与卷入的能力、行为控制。这六个方面也是衡量家庭功能是否良好的指标。

家庭过程模式理论则认为，家庭功能的实现需要依靠不同的家庭日常任务。通过家庭成员一起完成日常任务、一起解决家庭的问题，家庭成员之间的情感日益增进，从而维系较好的家庭关系，发挥家庭功能的作用。从任务完成、家庭角色、有效沟通、情感表达、卷入、控制和家庭价值观七个指标评价家庭功能。任务完成是七个指标中最核心的，在完成任务的过程中需要家人一起来解决问题，合作完成任务。其他的六个维度围绕在任务完成的周围。如果想要较好地完成家庭的任务，就需要家庭成员进行分工、分配家庭角色；而家庭角色分配就需要家庭成员之间展开有效沟通；沟通的过程就会存在情感的表达与交流；家庭成员相互卷入程度对家庭任务完成有影响；控制是家庭成员之间互相制约的过程；家庭任务的制定和完成的过程受到家庭成员价值观的影响。

四、父母教养方式的类型

心理学家 Maccoby 和 Martin 从接纳与控制两个维度将父母教养方式分为专制型、权威型、放任型与忽视型。接纳维度是指父母对孩子情感和发展需求的敏感、响应和接受程度，控制维度是指父母对孩子的要求和控制程度。

1. 专制型父母（低接纳—高控制）。

专制型父母被认为是低接纳、高控制的。专制型父母不考虑孩子的意见，要求孩子无条件服从自己，不能违反他们制定的规则。当孩子违反规则时，专制型父母经常使用责骂、批评甚至体罚等来严厉惩罚孩子，他们的惩罚方式是强制性的、任意的、专横霸道的。

2. 权威型父母（高接纳—高控制）。

权威型父母被认为是高接纳、高控制的。具体而言，权威型的父母通常会与他们的孩子建立密切的关系，他们会为孩子建立行为规则，并且会对所制定的规则进行解释。但他们的规则并不是不能更改的，这些父母能够考虑到孩子有能力制定规则、达成目标，理解孩子在生活中会有自己的想法和判断，他们愿意以开放的心态倾听孩子的愿望，以及讨论与孩子之间的分歧。这样的父母高度重视孩子的情感需求，塑造与孩子之间健康的合作关系，鼓励孩子自主独立的同时又能够为孩子提供温暖、安全、稳定的环境。

3. 放任型父母（高接纳—低控制）。

放任型父母被认为是高接纳、低控制的。放任型父母对孩子充满着关心和爱，积极地关注孩子的需求。这种对需求积极响应的行为能够培养父母与孩子之间强烈的依恋和情感纽带。但与权威型父母相比，放任型父母很少对孩子制定行为规则，很少对孩子强调纪律。即使孩子违反规则，放任型父母也不会对其进行批评和惩罚，甚至给予孩子违反规则的特权。放任型父母以放纵、宠溺的方式来养育孩子，他们总是把决策权交给孩子，一切以孩子的需求为中心。

4. 忽视型父母（低接纳—低控制）。

忽视型父母被认为是低接纳、低控制的。忽视型父母在面对孩子的请求时采取漠视的态度，他们既不会暴怒地威胁孩子，也不会关注孩子的需求，答应孩子的请求。其实，忽视型父母很多时候并非故意，他们可能为了忙碌的工作而缺乏对孩子的关心。例如留守儿童的父母。这些父母为孩子提供基本的生活需求，例如住所、衣服和食物，但是并不关心孩子的社交或者学业。那些不过问孩子在学校发生了什么或是很少知道孩子在哪里、和谁在一起的父母，往往就属于忽视型父母。在面对孩子的需求上，忽视型父母很少提供给孩子关心和温暖，他们对孩子的情感需求漠不关心，甚至远离孩子的生活。此外，在控制维度上，忽视型父母并不对孩子制定规则，对孩子没有学业和行为习惯等要求，孩子也很少得到来自父母的指导。总而言之，他们一方面拒绝或忽略孩子的需求，一方面不对孩子提出要求。

在所有不同的教养方式中，权威型教养方式已经被证明能够对孩子产生最积极正面的影响，并对孩子一生的发展起深远影响。父母需要关注自身的教养方式类型，改善教养方式。

第二节 家庭教育对高中生的影响

> ▶案例
>
> 小雨，高一女生，独生女。智力较好，但学习成绩一般，偏科严重。性格倔强，逆反心理严重，情绪控制能力较差。在家里经常和父母冲突、顶撞父母。在学校，集体观念淡薄，不愿意为班级作贡献，行为散漫，与同学稍有意见不合就立刻变脸，态度恶劣，甚至恐吓同学。
>
> 小雨的父母关系不洽，处于半分居状态。小雨和父亲同住，母亲偶尔回来住。小雨的父亲认为女孩要富养，总是顺着她，有求必应。她的母亲因工作繁忙，很少主动关心女儿，除非成绩下滑厉害。父母双方教育观念不一致，经常争吵。

为人父母可以说是世界上最艰难却最有价值的工作之一，如何养育孩子不仅关系到父母与孩子之间的关系，也对孩子日后的成长与发展产生久远的影响。而在家庭教育模式上，每个家庭，甚至是家庭成员之间都存在着差异。有些父母苛刻地管教，有些父母放纵地宠溺，有些父母与孩子之间似乎是互相合作的朋友，表现出十足的民主，而另外一些父母似乎从来不管孩子，不批评也不夸奖……不同的家庭教育模式对青少年的认知发展、个性发展和社会性发展有着不同的影响。上例中小雨正是因为父母不当的教养方式，如母亲属于忽视型教养方式，父亲属于放任型教养方式，导致亲子关系不和谐，产生种种问题。

一、家庭教育对高中生认知发展的影响

1. 学业成就。

学业成就总是中国父母最关注的问题之一。当家庭生活令人满意时，孩子在学校的生活往往会变得更好。研究发现，父母对孩子生活的积极参与将使孩子在学校里取得更好的学业成就。比如父母积极与孩子讨论他们感兴趣的事物，以平等、尊重的态度询问孩子在学校里的所见所闻，这种支持和关注将使孩子感受到更多的自尊和自信，从而使孩子对学业产生更强烈、更积极的态度。另外，父母采用拒绝、否认的教养方式能负向预测学生的学业成就，而积极的教养方式则能够正向预测学生的学业成就。当父母采取权威型教养方式时，孩子往往在学业上更有动力、更专注、更成功。

高中生的亲子沟通质量也会直接影响他们的学业成就。如果父母能与孩子就学习内容或者生活情况做积极的沟通，将会促进高中生学业成就的提升。亲子沟通是学业成就的有利因素。反之，如果父母有意不将自己在工作或者社会经历上的感受或想法与孩子分享，而孩子也不愿意与父母分享自己在学校学习生活中的体验，这种沟通不足的情况会导致孩子学习成绩不良。相比于亲子关系不良的学生，具有良好亲子关系的学生具有更高的社会能力和学业水平，尤其是母亲与子女的关系更能够显著预测高中生的学业成就，与母亲关系良好的学生其学业成就更好。

家庭内社会资本也会影响高中生的学习成绩。社会资本是存在于人际关系网络中能够作为资产的社会资源结构，动用这些资源，有助于实现个体的目标。家庭内社会资本是指家长在与孩子互动中所投入的时间与努力，由父母与子女互动的强度来衡量，包括父母对子女教育的关注、期望、指导与督查。家长与孩子之间的人际互动越频繁，投入的家庭内社会资本越多，就越能帮助子女获得好成绩。大量研究已经证实，父母对子女教育的支持与参与、亲子互动频繁以及对子女持有较高的教育期望都有助于子女的学业成就的提升。

2. 创造力。

"创新是一个民族的灵魂，是一个国家兴旺发达的不竭动力。"影响创新的最重要因素是创造力。创造力是衡量人才质量高低的标准，未来国家和社会的发展与竞争归根结底是创造力的竞争。创造力是一种求新求异、设法打破条条框框的束缚而使问题得以解决的能力。它受先天和后天环境等各种因素的影响，是可以培养和开发的。家庭教育对高中生创造力的培养起着举足轻重的作用。科学的家庭教育方式、良好的家庭教育环境是培养高中生创造力的重要条件。

首先，家长自身的素质影响孩子的创造力。研究发现，具有创造力的孩子，他们的父母往往是民主的、宽松的行为风格，尊重、信任孩子，以合作方式协助子女成长，允许他们自主尝试以及做决定。创造力高的孩子比创造力低的孩子在家里享有更多的独立自由和解决问题的机会。生活在民主型家庭中的孩子独立性强，创造力也高。

父母教养方式影响孩子的创造力。研究发现，对创造力培养的最不利因素是专制型的教养方式，专制型父母总是限制孩子的自主性，试图控制孩子的行为，带着封建家长式的唯我独尊，以刻板严厉的要求限制孩子，不仅挫伤孩子的创造兴趣，而且使孩子对创造产生畏惧。放任型的教养方式同样也会扼杀孩子的创造力。创造性活动需要坚强的意志力，放任型教养方式下长大的孩子在意志力方面会不足，因此不可能有更多的创造性活动。对创造力发展最有利的教养方式是权威型。人的创造力的培养和发展依赖于人的独立意识、人格以及丰富的想象力等。在权威型教养的家庭，孩子体会到自己是个独立的个体，可以支配自己的行动，这有助于培养孩子的独立性、自主性，有利于激发创造愿望并致力于实现。权威型父母鼓励孩子表达，如果孩子对行为规则有异议时，鼓励孩子讨论这些异议。在这种教养方式下，孩子很少受到思维限制，创造力更可能得到发展。权威型教养方式不仅能培养孩子自主、独立能力，也能培养他们在今后的创造活动所需要的坚强意志力。

此外，家庭环境和氛围也会影响孩子的创造力。德国学者戈特弗里德·海纳特指出，家庭中轻松、无拘无束和活泼的气氛有助于创造力的发展。美国心理学家艾曼贝尔指出，外部评价、监督、奖赏等都有害于人的创造力。因此，营造良好的家庭氛围能为孩子的创造力提供安全的环境。良好的家庭氛围包括民主的成长环境、和谐的家庭关系以及一定的物质条件。

二、家庭教育对高中生个性发展的影响

1. 情绪管理能力。

父母教养方式是影响高中生情绪管理能力发展的关键因素，教养方式主要会对情绪理解能力造成影响，并且这种影响甚至会大大超过个体性别和年龄差异的影响。权威型教养方式下的高中生情绪管理能力最强。权威型的父母既会对孩子高度控制、提出合理要求，又会鼓励孩子独立自主、尊重孩子的个性，在这种环境下成长的高中生在出现负面情绪时，总是能够积极寻求解决方案，避免自身的负面情绪对个人、他人造成影响，具有较好的情绪管理能力。来自母亲的权威型教养方式比来自父亲的权威型教养方式对高中生的影响更明显。可能是因为母亲情感更加细腻、性格更加温和，和子女之间的交流更为频繁，给予子女更多的理解。因此，母亲的教养方式越积极，高中生的情绪管理能力就越好，他们的情绪更加稳定、积极、乐观。

而且，孩子会通过观察他们的父母如何对待情绪、如何和别人互动来学习情绪管理。孩子会模仿父母调节情绪、管理情绪的方式。比如，一个孩子看到父母生气的时候摔杯子，他在日后可能也会通过摔杯子的方式发泄愤怒。相反，当一个孩子发现父母生气的时候是坐下来与对方沟通，那么他在以后更可能采取积极沟通的方式解决愤怒情绪。因此，父母处理自己情绪与回应孩子情绪的方式将对孩子产生深刻影响。当父母引导孩子采取正确健康的方式表达自己的情绪、管理自己的情绪，为孩子提供正确表达情绪的榜样时，更能够帮助孩子成长为情绪稳定的人，促进孩子情绪管理能力的发展。

父母教育态度是否一致也会影响高中生的情绪管理能力。父母教育态度一致的高中生情绪管理能力强于父母教育态度不一致者，可能是因为父母教育孩子态度不一致会造成矛盾的家庭教育环境，而孩子为了适应这种矛盾，就需要不断地调整自己的认知、行动和评价标准，从而混淆其是非判断标准，甚至形成错误的道德伦理观念，而导致较差的情绪控制力；其次，当父母教育态度不一致时可能会导致父母之间的冲突，家庭冲突会弱化中学生的情绪调节能力。情绪安全理论认为，父母冲突会增加子女的消极情绪和消极认知期望。父母冲突会形成消极的家庭氛围，导致子女对积极情绪的敏感性降低，对消极情绪的感受性提高。父母冲突还会让孩子对父母关系及家庭未来的稳定性产生消极的认知和消极的期望，增加子女的情绪不安全感。父母冲突也会让子女过度关心父母间的关系，担心父母冲突是否和自己有关，这种不正确的认知增加了高中生的适应困难，导致焦虑、抑郁等情绪。

2. 性心理。

家庭是孩子的第一个教育环境。与学校教育相比，家庭教育更侧重于良好的品德、行为、习惯的培养，侧重于健康心理的培养。在性心理方面，家庭教育的影响作用大于学校教育的影响作用。家长对性教育的态度以及家长自身掌握性健康知识的程度和开展性健康教育的技巧等，直接影响着高中生性心理的健康发展。

家长在长期的亲子互动中，以最自然的方式影响孩子对性别角色的学习和对异性的态度。父母的一言一行，父母如何在家庭生活和社会中扮演自己的性别角色，如何对待婚姻与家庭，如何进行夫妻间情感交流，这些都会无形中对孩子的性观念具有潜移默化的示范作用。比如夫妻之间相互尊重与支持，共同追求事业的成功，夫妻之间对爱的表达与传递，都会让孩子体验到温馨而自然的美好情感，并深刻认识到男女之间的平等，强化健康的性别角色观念。另外，性心理问题本身具备高度的个体差异性和强烈的隐私性，每个高中生在性心理方面的疑问和困惑也不尽相同，学校教育要做到个别化的指导很难，只有家庭是最佳的教育渠道。

家长对孩子在性心理方面的正确引导对促进高中生心理健康成长、避免发生危险性行为非常重要。首先，家庭性教育对孩子的性意识发展有重要影响。家长对孩子性疑惑方面的理解、回应和解答，不仅有利于培养孩子的健康性心理，也能帮助孩子将来在处理性问题上更加科学智慧。荷兰一项研究发现，父母和孩子之间的性教育交流话题总体质量越高，孩子性启动的概率越小，发生性行为的意愿越低，甚至还可能对同伴压力导致的性行为起到调节作用。国内研究发现，孩子与父母关于性话题沟通的开放性对青少年性行为具有显著的负向预测作用，对不赞同过早性行为的态度具有显著的正向预测作用。

其次，家庭教育可以引导青少年理智面对性冲动和性好奇。适当的家庭教育能引导青少年理智地面对性冲动的后果，帮助缓解消解高中生对性的好奇心、逆反心和性冲动，从而起到推迟初次性体验、降低性行为风险、预防性传播疾病的作用。可见，家庭教育对高中生来说是必需的，不仅能让他们了解一些必要的性知识，也能帮助他们更好地保护自己、保护他人。

再次，家庭教育可以增加高中生性知识、促进安全性行为、改变性观念。大量研究表明，父母对子女开展性与生殖健康知识教育，可以帮助父母及时了解子女的问题并传递正确的性观念和性态度，进而帮助推迟青少年首次性行为的发生年龄，降低性传播疾病感染率。家庭教育对青少年预防艾滋病传播、获得性知识、免受性侵犯等方面有积极的贡献。一份对高中生性教育现状的调查显示，父母或家人传授性生理现象与预防性传播疾病的知识比学校讲授更为有效。亲子间情感交流不足时，会降低青少年遇到青春期困惑时向父母求助的比例，进而影响到子女对于性的观念与态度。科学而适宜的家庭性教育，能够让青少年对自身的身心变化有基本的了解，形成防范性侵害的意识。

三、家庭教育对高中生社会性发展的影响

1. 道德品质。

斯坦福大学教授、美国国家教育学会前会长内尔·诺丁斯教授指出："与身边

最亲近的人的关系既是道德生活的开端，也是它的一个重要结局。在一个充满支持和鼓励气氛的环境里，孩子们学会如何适当回应他们所依靠的人给予他们的关心，进而发展关心他人的能力。"家庭教育是孩子良好道德品质形成的最早起点。高中阶段作为未成年人向成年人的最后过渡阶段，是一个人的世界观、人生观形成和相对确立的重要时期。家庭教育对这个阶段高中生的道德品质影响重大。家庭教育中家长采取的方式方法关系着子女解决问题的能力，关系着子女思想品德的发展方向。家庭成员之间互助友爱和睦融洽的家庭氛围、家长的文明行为习惯、家长良好的教养以及严肃认真的生活作风，会对高中生良好个性及价值取向的形成起到重要的促进作用。父母的乐观、镇静、轻松愉快的情绪可以对孩子产生巨大的感染力，使孩子形成热爱生活、乐观和积极向上的性格品质。

家庭氛围和教养方式影响道德责任感的发展。温馨、轻松、自由、平等、友爱的家庭氛围，往往会使孩子在高中阶段形成自信、诚实、正直、善良、乐观的性格，有利于高中生发展出关心他人、社会的道德责任意识，养成较好的关心他人和社会的道德责任感，成长为富有使命感和责任感的新时代青年。不良的家庭氛围容易使孩子心理受挫，削弱孩子的道德责任感，产生负面效果。国内一项针对高中生的调查研究发现，得到家长较多关怀而不仅仅限于关心自己学习的高中生道德责任感会更强。权威型教养方式下的高中生道德责任感也远高于另外三种教养方式。权威型教养要求父母尊重子女的人格和尊严；对子女的教育做到赏罚分明，择机而教；注重自身榜样效应，以身作则，言传身教，有助于高中生道德责任感的提升。

父母教养方式影响道德同一性发展。道德同一性是道德自我的核心，使道德信念和道德行为前后一致。权威型教养方式对高中生道德同一性的发展有着积极的促进作用。在高中生的成长过程中，父母给予足够的温暖与理解会促使其获得归属感与认同感，有了归属感和他人的认同，青少年的人格会取得良好健全的发展，也会有较好的道德同一性。专制型、忽视型、放任型等教养方式对高中生道德同一性的发展起消极阻碍作用。这些教养方式可能导致高中生自我怀疑或者过分依赖父母，不利于他们独立性和各方面能力的发展，也阻碍了道德同一性的形成。

2. 人际关系。

在人际关系方面，父母对高中生的影响很大。孩子从一出生就开始发展人际关系，他们通过眼神交流、面孔识别及微笑等方式和父母进行互动。子女与他人的交往是以父母和子女之间的交往为模板。父母和子女之间的良好交往，有助于培养个体对外部世界的准确认识，孩子通过与父母的相处交流，培养社交技能，学习如何与他人互动并建立良好人际关系，积累人际关系的知识和经验。

父母教养方式深深影响高中生的人际关系。不同的父母教养方式会影响孩子在同伴交往中有不同的效果。权威型的父母与自己的孩子积极沟通交流，这种积极交流的氛围为孩子创设了交流的安全环境，让孩子感受到自由，并寻找到发展社交技能的机会和场所。权威型教养下的高中生容易被同伴接受，能够更好地处理人际关系。忽视型的父母将对孩子的社交能力造成负面影响。孩子在和他人的互动中常常需要克服害羞的问题，并在面对他人时尝试理解他人的情绪和感受，这些都有赖于父母在日常生活中对孩子的人际交往提供帮助、指导和鼓励，并通过积极的亲子关系为孩子作人际交往的榜样。对忽视型父母的孩子而言，这些往往是缺乏的，因此忽视型教养下的孩子常被同伴排斥在外，人际关系易紧张。专制型的父母过于严厉，子女往往比较胆小，在群体中没有存在感。放任型的父母过于溺爱保护，对孩子的愤怒管理能力、言语表达能力、倾听能力具有负面影响，这些都不利于孩子的人际关系发展。

　　亲子关系是影响高中生人际关系的重要因素。处于青春期的高中生，其自我意识迅速发展，容易以自我为中心。如果亲子关系紧张，亲子双方容易发生争执，高中生会降低社会参与度，减少亲社会行为，与老师、同学交往也会减少，问题行为则会增加。如果亲子关系良好，高中生的人际关系会更好，他们能与老师、同学进行高水平的互动，促进亲社会行为的内化。良好的亲子关系还会减少父母婚姻冲突给孩子带来的负面影响。

　　家庭功能也会影响高中生的人际关系。家庭功能越好，家庭氛围和谐、融洽，家庭成员之间的情感卷入更多，得到的情绪支持也越多，高中生在与他人的交往互动中对他人的信任度会越高，当遇到负面情绪时会更好地进行自我调节，采取合理的方式去应对，人际关系就会越好；反之，家庭功能较差，家庭成员之间沟通较少，亲密感较低，关系不太融洽，那么高中生在新的人际互动中对他人的信任度也会相对较低，心理状态也比较消极，容易产生负面的感受，他的人际互动模式就会出现问题，进入新环境后容易出现人际适应问题。

第三节　高中生家庭教育的重点

　　随着孩子进入高中阶段，他们所参与的社会生活范围扩大，生活更加独立，承担的社会任务也逐渐增多，他们对自己所肩负的社会使命的认识也越来越深刻，他们的人生观开始发展，因此高中阶段的家庭教育的基本要点是理解和引导。高中生家庭教育的重点应放在提高青少年对自身和社会的认知能力，总的来说，主要是要促进身心健康发展、培养良好道德品质和养成终身学习的能力。

一、促进高中生身心的健康发展

身心健康是个体正常成长发育与幸福安稳生活的重要保障之一，高中生家庭教育的最基本目标就是促进孩子的身心双健康，引导孩子形成正确的审美观，指导孩子积极开展人际交往，提高交往合作能力。

1. 树立正确的审美观。

影响孩子竞争力的因素有很多，学业水平仅是其中一种。一个人审美能力水平的高低，不仅影响着一个人的竞争力水平，而且还能体现个人文化修养、思维格局和生活质量。因为审美不仅代表着整体思维，也代表着细节思维。高中阶段的学生正处于思维模式、行为方式的成长期，其世界观、人生观和价值观还未健全，一些病态审美、炫富行为等正是审美低下的表现。培养孩子正确的审美观是高中生家庭教育的必修课。比培养成功的孩子更重要的是培养美好的孩子。

第一，培养高中生发现美的能力。家长要鼓励和支持孩子去探索美、认识美、发现美，这是培养审美观的第一步。孩子没有不爱美的，家长需要做的是以正确的方式引导孩子，培养正确的审美观。家长可在高中生课余生活中增加审美活动的占比，例如音乐、舞蹈、美术或是参观美术馆、博物馆等艺术活动，鼓励孩子坚持学习一门艺术，提供学习艺术的时间和自由、从容的环境。帮助孩子在美中更好地调节身心，缓解高强度的应试压力。

第二，培养高中生感受美的能力。从户外活动开始引导孩子感受自然之美，父母要有意识地多带孩子到自然环境中，呼吸新鲜空气，接触和欣赏大自然美的风景，引导孩子去观察一草一木的美丽，发现一山一水的柔情，在大自然的怀抱中肆意感受自然之美，在自然美中提升孩子的审美能力，培养孩子热爱自然环境、热爱祖国美好河山的情感。从艺术欣赏开始引导孩子感受艺术之美，父母多创造机会让孩子见到艺术之美、欣赏艺术之美、感受艺术之美，抽时间陪孩子练练书法，听听音乐，看看电影，逛逛书展和画展，见识不同特色的建筑，提升孩子的审美能力。

第三，培养高中生创造美的能力。引导高中生端正对美的态度，明确内在美与外在美的关系，加强学习，不断进取，丰富精神世界，用知识与品德描绘出人性的美，在劳动与奉献中创造美。引导高中生加强自身修养，践行文明礼仪，在内涵与修养中创造美。引导高中生提高自我评价能力，形成文明健康的生活方式，展现积极向上的精神风貌，在自信与进取中创造美。

2. 提高交往合作能力。

交往是人类社会活动的基本形式之一，高中阶段是人的社会性发展的关键期，高中生由于各方面发展还不成熟，在交往中经常受情绪情感的控制，往往不能理性、客观地分析交往中的各种因素，不能实现预期的交往目的。高中生学习压力繁重，家长不仅要对他们抱有期许、充满信心、深度开发，也应该重视他们人际交往与合作能力的培养。

第一，引导高中生积极开展社交活动，提高合作能力。鼓励高中生在集体生活中锻炼自己，学会与人相处，体验与人合作的快乐。家长可以增加亲子活动时间，适当组织一些家庭活动，例如聚餐、家庭益智游戏等，让每个人都参与进来，这样既可以有更多的时间陪伴孩子，增加亲密度，提高成员凝聚力，给孩子创造和谐融洽的氛围，教导孩子如何与他人合作、如何在活动中与他人交流合作，让孩子学会宽容待人、正确对待友谊等。父母提高与孩子沟通的质量，尊重孩子的意见与诉求，给予孩子支持，使孩子能够在和谐温馨的家庭人际环境学习优秀的社交技巧。

第二，指导高中生的异性交往。家长要引导孩子在对异性健康幻想的基础上自然地交往，帮助孩子学会正确认识和理智控制情感，保持适度的异性交往。引导高中生认识到成熟的爱是彼此的心灵丰润与健康成长，而高中生恋爱发生的基本动机是情感交流的需要，满足这种需要的途径有许多，虽然这种"谈恋爱"的游戏在某种程度上可以达到情感交流的目的，但不是最佳的选择。高中阶段的特定任务是长身体、学知识、修品德、增本领，使自己走上一条宽阔的人生之路。若沉浸于狭隘的恋爱之中，则有可能跌进"美丽的陷阱"之中而自毁前程。对待已经发生的恋爱，要引导高中生正确认识自己的情感变化，以性道德、性责任、性健康、预防和拒绝不安全性行为为重点，开展性教育，及时给予引导。家长在日常的学习与生活中给予高中生足够的关怀、理解与温暖，使他们的情感得以满足，他们的回应得到理解，他们的诉求得到支持，减少他们从恋爱中寻求情感补偿的可能性。

第三，帮助高中生提高社会情绪能力。社会情绪能力是指个体与社会的互动中，驾驭自己的情绪、与他人建立积极的关系、负责任地决策以解决社会生活中各种问题的能力，具体包括自我认知、自我管理、社会意识、关系技能和负责的决策。社会情绪能力有助于高中生转变对学校、自我、他人的态度，催化亲社会行为，提高情商，改善人际关系。父母应着重培养高中生的社会情绪能力，帮助他们更好地预测他人的情绪与知觉，发展倾听能力和同理心，培养学生对同伴的情绪支持和换位思考能力。父母应帮助高中生对目标进行定向和规划，在社会互动中建立有依据的自信，恰当地应对消极情绪，在压力与挫折下实现目标；帮助高中生分析情境，负责任地做决策，预防和处理人际冲突。

二、培养高中生良好的道德品质

高中生的道德知识结构日益复杂，对道德概念的理解达到了较高的水平，道德情感越来越丰富，对义务感、责任感、良心、幸福感、集体荣誉和爱国主义情感等都有不同程度的体验。社会性道德动机已初步形成，对其他道德动机起着调节、控制的作用。教育之本在于树人，树人之要在于立德。道德之于个人、之于社会，都具有基础性意义，"小事凭智，大事靠德"。为孩子立德根，家庭教育具有独特优势。高中生家庭教育要注重培育良好的道德品质。

1. 明大德，引导树立国家意识。

国家意识是社会个体基于对自己国家的自然、文化、国情等的认识和理解，逐渐积淀而成的对国家的认知和认同等的心理总和。进入高中的孩子，其抽象逻辑思维开始向辩证逻辑思维转变，对事物的看法变得成熟起来，能辩证合理地评价事物，高中生具备一定的国家意识，但是由于高中阶段学习任务繁重，高中生承载着社会、学校、家庭较大的期望，对自己的个人发展极为重视，绝大部分精力投入到学习和考试中，无暇重视国家意识的塑造与培养，因此，高中生的国家意识还有待进一步强化。家庭是青少年爱国主义思想的摇篮，家庭是国家意识培养的潜在主战场，每位父亲、母亲都是国家的主人，都应履行维护国家安全的责任，都应成为国家意识教育的主体，积极将国家意识教育纳入家庭教育中。

一是发挥家长的主体作用。家长应清楚地认识到自己对待国家所持的态度在很大程度上影响着孩子的态度。家长在平时的生活中，就应注意积极学习、言传身教、以身作则。家长要处处以国家发展为重，以身作则、认真工作。作为家庭教育的主体，家长要时刻为孩子树立榜样，家长再忙，也要与孩子进行有效互动，完善孩子的体验，例如利用假期接触祖国的大好河山，利用空闲讲讲自己小时候的故事，利用国家时事交流探讨，传递有国才有家的思想。还可以带孩子参加国家的社会庆祝活动，增强国家参与意识，感受祖国变迁，增强对祖国美好未来的信心。

二是采用引导的教育方式。高中生的自主意识更强烈，朋辈效应更丰富，直白说教往往适得其反，反而会让学生产生叛逆情绪。这个阶段的国家意识教育最好以真实案例为素材，以有品位的活动为载体，在真实情境中引导学生领悟国家意识。家长可以先进青年、英雄形象来感召高中生，鼓励他们从为国家奉献的高度来确立自己的人生意义。家长还可以从中国传统文化中培育子女对国家文化的认同和热爱，从历史典故中认识国家前途、命运与个人价值实现的统一关系，增强对国家文化的强烈认同感与自豪感。引导孩子关注体育赛场上的突破，或是科技领域的创新，关注我们国家取得的每一项成就，以国进步引领个人进步，以国之羞耻为己之羞耻，以国之荣耀为己之荣耀。教育孩子把个人理想同国家的发展结合起来，提高为国家繁荣发展而奋斗的毅力，增强中国特色社会主义道路自信、理论自信、制度自信、文化自信，坚定不移地为实现中华民族伟大复兴的中国梦而奋斗。

2. 守公德，增强法治意识。

青少年法治意识强弱，关系到青少年的自我保护意识、守法行为以及身心健康发展，长远来看，还直接影响法治国家目标的实现。一项面向高中生的调查发现，大部分高中生的公德意识较强，但是法律知识欠缺，法规观念薄弱。家庭教育中要注意培养高中生的法治意识，不仅使高中生在思想上认识、理解法律制度、法律知识，更重要的是在内心形成对法律的信仰，并且在行动中落实、践行，增强依法行事的法治思维、法治理念和法治精神。

第一，营造良好的家庭法治教育环境。影响青少年成长的第一要素是父母，父母不仅自己要认真学习法律知识，自觉做到遵纪守法，给孩子做一个守法公民的好榜样。家长要重视家庭美德和家庭文化的建设，夫妻恩爱、男女平等，使法治思想孕育在家庭的日常生活之中。家长在平常生活中要注意遵守规则，比如，吃完的东西不乱扔，红灯停绿灯行，坐车养成系安全带的好习惯，公共场所不大声喧哗等。家长要利用生活常识和生活经验为孩子讲解和传播法律知识，与孩子一起学习，相互帮助提高。主动参与法治实践活动，养成"守法光荣，违法可耻"的良好习惯，给孩子树立良好的法治榜样。

第二，父母要强化法律意识教育。家庭作为公民教育的基础环境，对高中生法治素养的影响是持久的、深远的。生活在法律意识淡薄家庭里的孩子，基本法律知识会严重缺位。家长要带头学习法律、懂法守法，树立一个好榜样，孩子才会意识到守法的重要性，自觉地遵守法律。家长要让高中生及早了解和学习有关的法律法规，不断教育孩子要懂得法律常识，让孩子知道哪些事情是可以做的，哪些是不能做的，哪种行为是合法的，哪种行为是违法的，让孩子明确守法与违法的界线，自觉遵守国家的各种法律法规。引导高中生树立权利与义务相统一的观念，养成遵法、守法的行为习惯，学会在法律和规则框架内实现个人的自由意志。

第三，推行依法治家的理念。家庭教育也应树立"法治"观念，实行"依法治家"，亲子之间通过商议制定共同的准则，无论是父母还是孩子都要共同遵守，做到有原则、有底线、有要求、有标准。尽量养成自立自主的行为习惯，合理设置奖惩规则，规范日常行为。强调是非标准，培养每个家庭成员的自律意识和良好的价值观念。有错必纠，及时把错误消灭在萌芽阶段，同时父母在批评孩子之前，要先自我反思和批评，觉察作为家长在教育方面是否有不足之处。父母面对子女既要有父母的尊严，又要有朋友之间的关系，增强孩子的民主意识、权利意识和规则意识。

3. 严私德，培养社会责任意识。

多数高中生学习压力大，分数观念强，在对自己未来的设计上更多以获得个人的发展和利益为基点，很少有服务社会和利他情怀的抱负。很多高中生对社会问题关注度低，社会责任意识缺乏，已经影响到高中生品德修养的提高和身心和谐发展。家长应当转变"看重成绩，看轻德育"的思想，重视高中生社会责任意识的培养，引导高中生正确处理个人与自我、与他人、与社会的关系，勇于承担责任，让他们成为有道德底线、道德情怀、公共责任意识和独立人格的人。

第一，加强不同角色认知，厘清社会责任。引导高中生对在社会生活中的多重角色有清醒的认识，进而明白在不同角色中所需承担的责任。首先，每个个体在世界上都是唯一的，高中生首先要对自己负责，包括对自己的身体和对自己的内心负责，对自己负责是对他人负责的前提；其次，高中生是家庭的一员，要对家庭负责，孝敬父母，关心兄弟姐妹，努力营造和谐的家庭氛围；再次，高中生是一名学生，要对学校负责，尊敬师长，团结同学，乐于助人，积极参加集体活动，维护集体荣誉；此外，高中生还是一名公民，要对社会和国家负责，自觉遵守社会规则，维护公共环境，不做有损国家利益、同胞利益和民族尊严的事情；最后，高中生是地球上的人类，因此还要对全人类负责，站在"人类命运共同体"的高度上，关注全球环境，关注国际和平与安全，理解当代人类的生存困境和发展危机，做一个具有全球视野的人。

第二，重视家长引领作用，增加情感体验。高中阶段的孩子，思想心智各方面逐渐成熟，家长在家庭教育上更应注重方式和方法，家长的训斥和命令不容易被孩子接受。最好的方法是以家长的言行带动孩子的言行，以家长的信念准则、思想境界潜移默化地影响孩子。家长可以跟孩子一起参与到社会公益的实践中，重视社会责任意识教育与熏陶，比如，一起参加志愿者活动，一起参加爱国主义教育活动，一起参加各类募捐活动。让孩子体验和感受作为社会的一员有义务承担起社会责任，从而激发他们的社会责任感。让学生在实践中体验、感知不同形式的社会责任，深化对自己应承担的社会责任的认知，形成道德情感，提高履行责任行为的意志水平。

第三，营造融洽家庭氛围，优化责任环境。高中生的社会责任意识，初期受家庭氛围熏陶比较多，所以家长应该把加强孩子的社会责任意识作为一项重要的家庭教育内容来抓。可以从给孩子布置家庭任务入手，给孩子适当分配家庭任务，提出要求和标准，调动孩子的主动性，让高中生体会承担责任的乐趣，培养承担责任的态度。另外，要注重培养高中生孝顺父母、尊重长辈等中华民族传统家庭美德，让孩子做他们自己必须做的事情。同时父母也要以身作则，承担好自己的家庭责任。

三、养成高中生终身学习能力

高中生的家庭教育要注意指导孩子以平常心对待考试升学，培养孩子养成终身学习的能力。

第一，家长自己本身要以平常心对待考试升学。在迎考期间保持正常、有序的家庭生活，科学、合理安排生活作息，让孩子劳逸结合，身心愉快。有些家长，越临近考试越跟着孩子一起紧张，担心孩子能不能超常发挥、能不能考上一个好大学，担心孩子吃不好睡不好，经常愁眉苦脸很少说话，就连电视也不敢开大声……这在无形中提醒孩子：父母很紧张自己的考试。家长的过度紧张焦虑会传染给孩子，加剧孩子的焦虑。家长应该以平常心对待孩子的高考，平时该做什么就做什么，这样才不会给孩子太大的压力。高考前，家长应该多创造与孩子沟通交流的机会，比如利用饭后的散步时间倾听孩子的心声，让孩子把心中的压力和烦恼倾诉出来，并及时回应反馈，以正面鼓励为主，让孩子知道不是只有他一个人在战斗，身边还有很多人在和他一起面对。

第二，家长要保持适度期待，鼓励孩子保持学习自信心，帮助孩子学会学习。家长要向孩子传递关于学习的科学理念，引导孩子认识到学习不仅是为了高考，学习有利于社会适应，也能帮助个体更了解自然、社会的科学知识，掌握未来改造世界的各种技能。因此，学习效果的鉴定不是只看成绩分数，也不是只看知识和技能的汇总量，还要看是否具备终身学习的能力。随着个体的发展，学习活动逐步由经验性摸索向策略性发展，由依赖成人向独立自主发展。将来到了大学，自主学习能力尤为关键。家长要积极帮助高中生发展出独立、自主的学习能力，养成终身学习的思想意识。比如，在家庭教育中，家长要善于分享自己的学业发展历程，有哪些值得借鉴的闪光点，有哪些失败的教训，引导高中生在学习中活学活用，而不是固守"死读书"的学习理念。最核心的一点，家长要帮助孩子找到"为什么要学习"的答案。家长要引导孩子从超越物质生活的宏大人生格局层面上感受人生的美好，通过经常带孩子去博物馆、科技馆，观看展览等，引导孩子的注意力从物质到精神、从个人到社会、从过去到未来的更大主题中去，用更加厚重和博大的人生命题来激励孩子不断学习，帮助孩子学会学习，帮助孩子找到终身可持续发展的学习之路，才能使学生不论面对何种学习问题，都能有的放矢，从容轻松应对，化解高考焦虑和负面情绪。

第三，家长要引导孩子做好未来规划，为高中生选择志愿提供参考意见，并尊重他们对自身的未来规划与发展意愿。家长要从思想上认识到学生的发展不能仅仅看一时的分数高低，而要紧扣"个人兴趣、爱好和擅长"全面进行生涯规划。在家庭教育中，家长要保护与激发子女的"兴趣、爱好与擅长"，为子女后续学习、生活与工作提供源源不断的动力。要逐步引导高中生采用科学范式思考与应对问题，结合未来的发展和长期规划做好高考志愿填报。同时，家长还要帮助孩子画好人生的坐标系，告诉孩子人生不是只由高考决定。一个人的发展有很多个关键点，比如，高考录取的大学、大学专业的选择、未来就业的平台、交往的朋友、关键的领导、工作发展的机会、人生伴侣的选择、时代的红利……这些关键点共同决定一个人的发展。家长要引导孩子认识到人生中还有很多机会，一时的失败没有关系，可以在下一个节点扳回一局。引导孩子不要把命运堵死在高考一个节点上，用宏大的"生涯发展观"来统筹高中阶段的发展。

第二部分 操作篇

主题一　生命与生活

 **问题1：孩子透露出厌世想法，怎么办？**

案例

　　高一女生小叶，说话不紧不慢，有时陷入沉思。她认为自己的家庭有点特别。父亲常年在外做生意，偶尔回来，显得很大男子主义；母亲在家忙家务，没读过书，她说的话母亲常常听不懂；她有个姐姐，虽然只比她大六岁，但跟她好像隔了两条代沟一样，既理性又冷漠，每次聊天，几句冷冰冰的话就结束了。小叶自从上一次月考成绩下降后，情绪就开始越来越低落，也懒得说话懒得做事。在月考前几天，她爷爷去世了，她妈妈以为她还沉浸在悲伤当中，认为她根本没必要那么难过。但她觉得自己应该早就有些抑郁，经常会想"活着有什么意思"这类问题，也曾尝试过自杀，但是因为害怕而放弃了。

　　小叶有个从小学开始就认识的朋友，家里很有钱，父母都在外地做生意，每个月会给她很多零花钱，但这个朋友一点也不快乐，每次似乎只有她们俩在一起彼此理解和安慰的时候，她们才会感受到一些快乐。上高中之前，家里还同意小叶去找这位朋友，但现在不让去了，因为怕她学习受影响，认为小叶在重点高中就读，前途无量，不能浪费时间交朋友。所以，小叶现在觉得自己没有地方说话，也没有人能够理解她，感到活着很没意思。

【原理分析】

　　高中生有厌世心理，通常与以下几方面因素有关。

　　1. 心理发展因素。当个体进入高中阶段以后，自我意识高度发展，一切问题既是以"自我"为核心而展开，又是以解决好"自我"这个问题为目的。因此，高中阶段是人生观与价值观形成的关键时期。高中生价值观的核心是人生意义问题，他们逐渐学会将个人的生活目标与社会发展的总体方向相联系，不仅要知道自己对于社会的意义，还要找到社会对自身的意义。"人为什么活着"和"读书有用吗"，这是他们常常思考和提出的两个问题。当他们学业不顺利、无法应对生活变化时，他们找不到自己对于社会的意义，就会感到无力面对现实，从而产生"活着没意思"的厌世心理。

2. 家庭环境因素。家庭成长环境是高中生产生厌世心理的关键因素。随着高中生认知能力发展，他们常体验到更为广泛的内心冲突和压力，面对更多方面的价值取向。当高中生发现父母的价值取向并不是自己认可的价值取向时，他们既不想与父母的期望相背离，也不想违背自己内心的选择，他们希望在家庭中能够交流沟通想法，与父母长辈保持一种平等和尊重的关系，如果他们的言行能够受到肯定和赞赏，那么他们的内心会增强力量感和意义感，如果他们的言行受到否定和打击，那么他们就感到自己不被理解，容易产生挫败感。在家庭中，孩子长期得不到家人的尊重与支持，长期心理受挫，即使父母给予充足的物质生活，孩子的精神生活也会缺乏价值感和意义感，最终导致厌世心理。

3. 社会影响因素。人是一种社会性的动物，人们需要社会交往，人的情感、认知、行为也会不知不觉受到社会和群体的影响。高中生也不例外，他们需要在交往过程中不断认可自己获得满足感。他们的情感、认知和行为很容易受交往者影响，价值取向具有突出的从众心理，特别是现在网络发达，信息量暴增，在青年中如果出现新的价值规范与目标，他们就容易受到影响，要是接触到一些悲观消极的言论与思想，或者一些悲伤的事件与人物，也很容易引发他们消极低落的情绪，长期受影响也会产生厌世心理。

【操作指导】

家庭环境对孩子的影响是深远的，孩子生活在一个冷漠、孤独的家庭环境中，家庭心理支持系统缺失，家长又不让孩子外出交友，当孩子学业出现危机时，孩子就找不到生活的成就感和价值感，此时，对于自我意识强烈、开始思考人生观与价值观的高中生，就容易有厌世想法，甚至尝试自杀行为，孩子的一般心理问题有可能会发展成为抑郁症疾病。如果孩子透露出厌世想法，家长应注意做到以下几方面。

1. 跟随孩子成长的步伐，反思家庭教育存在的问题。青少年学生需要家长认同自己的成长，用尊重、商量的态度与他们讨论生活、学习、交友等问题。当孩子情绪低落、有厌世想法时，家长不要以为孩子在无病呻吟，认为"自己小时候生活那么苦都能够活得好好的，现在给孩子创造了这么好的条件却还不知足"。社会发展，物质生活越来越丰富，家长给孩子创造舒适安逸的生活，但却并不知道孩子真正需要什么。因此，家长应多反思自己对待事物的想法和观点是否落后了，是否给予孩子选择权与决定权，是否尊重孩子的社会生活与人格独立。家长要常常抽空陪伴孩子，倾听和回应孩子的想法，既要在孩子成功的时候为他鼓掌，也要在孩子遇到挫折的时候扶他一把。

2. 支持孩子拥有丰富多彩的生活与友谊，寻找学习目标与生活目标。高中生除了学习，也应该有丰富多彩的社会生活和实践活动。随着新高考综合素质评价要求提高，大多数高中学校会开展各种校内社团活动和校外实践活动，为学生提供施展才华的机会，比如辩论赛、歌咏比赛、演讲赛等。在各种活动中他们才会有机会认识朋友，发现自己，增长才干，丰富生活的意义，发现生命的价值。因此，家长要鼓励孩子积极参加学校组织的各种活动，鼓励孩子有自己的知心朋友。

3. 关注孩子是否已有抑郁症状，带孩子及时就医。孩子有厌世想法，甚至尝试自杀行为，家长应警惕孩子是否有抑郁症状，及时带孩子找专业心理工作者咨询、诊断与治疗。

【教育提升】

1. 帮助孩子在生涯规划中提升自己的生活意义。新高考需要家长帮助高中生进行生涯规划，树立积极向上的人生观与价值观。生涯规划有助于高中生将近期计划和远期目标较好地结合起来，产生积极向上的学习和生活动力。要做到这一点并不容易，家长应和孩子一起冷静分析自身内在条件、社会外部因素，帮助孩子科学决策生涯发展目标，分解各个阶段的目标，制订高中三年计划，并付诸行动坚持下去。孩子通过自身不断努力实现理想目标，生活才会充满意义。

2. 培养孩子健康的生活方式，提升自我价值感。

家长鼓励孩子积极参加各类体育运动，比如跑步、打球、游泳、跳绳等，或者家长陪孩子从小坚持一两项体育运动，这有利于帮助孩子培养良好的兴趣，养成健康的生活方式，会让人充满活力，对自我有掌控感，也会对生活更有信心，进而提升自我价值感。

家长可以帮助孩子购买一些正能量的书籍，给孩子准备一个书房或一个书架，在他无助困惑或无人陪伴时，通过博览群书与书中的人对话，从书中获取精神力量。一个人只要愿意静下心看书，他的精神世界就不会荒芜。

家长还应多鼓励孩子参与家务劳动，培养孩子热爱劳动的优良品质，养成热爱劳动的习惯。即便孩子学习紧张没有太多的时间，家长也要让孩子做些力所能及的家务事，如果孩子除了学习还是学习，那么他容易感到生活单一枯燥，而当孩子承担一些家务事的时候，他会感受到自己在家庭中的价值，让他的生活更加丰富有趣。

3. 帮助孩子在交友的过程中丰富生活内容。家长与其担心孩子交到损友带来不良后果，不如帮助他在交往中学会鉴别良莠，找到积极上进共同奋进的良师益友。志同道合的同龄朋友互帮互助，能够为孩子的学习生活增加愉悦感和幸福感。

 问题 2：孩子有自伤自残行为，怎么办？

【案例】

某高中女生学习努力认真，成绩中等以上，平时与人交往友善，对老师十分有礼貌，班级安排做的事情她总担心自己做不好，或者事情结果不好的时候，她总认为是自己的原因。这学期随着学习难度提高、学业压力增大，她感到力不从心，成绩不断下降，本来就内向文静的她，更是沉默寡言，多次在课堂上用尖锐的指甲划破手腕。起初不严重，后来有一次身上地上都有鲜血，引起班上老师和同学们的恐慌。

学校德育处通知家长带她回家休学一年，让她找心理医生治疗，等康复后再来上学。但是她母亲不同意女儿休学在家，因家庭环境十分糟糕，父母经常吵闹打架，去年好不容易离婚，她跟母亲生活在一起，生活平静了许多，可是母亲无正规职业，经济困难，平时要忙生计，无法在家陪伴她，她一人在家常玩手机，生活没规律，母亲担心她独自待在家里，万一又出现类似危险行为。而她本人学业心也比较强，不愿休学在家。学校了解到这些情况，考虑到该生除了自伤自残行为外，平时在校表现良好，最后同意她留校学习，但还是要求她母亲必须带她找心理医生治疗半个月后再来上学。

【原理分析】

近年来，高中生自残自伤现象时有发生。所谓自残行为，是指个体有意识地反复地使用某种方式对自己的身体进行伤害的行为，这种行为以减轻精神痛苦和生活压力为目的。高中生的精神痛苦和生活压力主要有：学习成绩下降、家庭破裂、朋友疏远，或者受到虐待、歧视、恐吓等暴力行为，或者生活中遇到负性事件。

从精神分析论进行追踪溯源，自残自伤行为常来自童年的安全需求没有得到满足。童年期家庭关系不和谐，父母吵闹甚至离异，父母外出，无人关照，或者受到精神与身体的虐待，个体从小缺爱，孤独，没有安全感，到了青春期，向内压抑自己，不断否定自己、攻击自己，产生了自伤自残行为。

从身心发展阶段论分析，高中生仍然处在心理激烈冲突的危险期，他们一方面身体发育已接近成人，心智发育却还很幼稚，心理和身体产生的冲突如果无法从外部得到解决，他们就只好通过伤害自己来缓解内心的焦虑与痛苦。此外，高中生的学业压力比较重，对于上进心强但能力不足的高中生，这种压力带来的痛苦十分强烈，若没有得到正确引导，会促其产生抑郁情绪，这种抑郁情绪也是产生自伤自残行为的一个重要因素。

有自残自伤行为的人常常怀有厌恶自己、恐惧、担忧、愧疚等强烈的情绪。当遭受困难，感到极大无助、失控，既不能克服又不能逃避时，就有可能将冲动性行为指向自身，似乎只有通过伤害自己的身体，把无法忍受的感情痛苦转化成为一种身体形式，才能缓解愤怒和紧张，才能宣泄情绪，减轻痛苦和压力。自残自伤的人会对自己做过的事或者发生在自己身上却无法控制的事感到无法忍受的内疚和羞愧，从而通过自我伤害对自己进行惩罚。自残者通过自残行为还可以向他人传达自己内心混乱的情感，或是获得和维持自己对其他人行为的影响，或是获得一种快感，或是继续延续在孩童时代经历过的虐待模式。

自残自伤者可能并没有想到要杀死自己，只是想释放自己的心理压力，为封闭的情感找一个发泄的出口，但是自残也可能会导致死亡或永久性残疾，存在危险性。

【操作指导】

孩子有自残自伤行为，家长也会因此感到担心、害怕和痛苦，家长该怎么做比较好呢？

首先，家长要平复自己的情绪，倾听孩子内心的痛苦。当孩子出现自残自伤行为时，家长需要用冷静而友好的态度来看待这种行为，不要对孩子的自残行为进行评判，更不能对孩子的自残行为进行惩罚。家长要仔细倾听孩子的烦恼，了解他为什么要伤害自己，集中精力看孩子身上发生了什么事情，要承认和接受他所遭受的切肤之痛，向孩子表示关爱、支持与同情，问他怎样做才能帮助他。家长要在孩子面前乐观一些，家长的生气、怨恨和痛苦只会使孩子感到内疚和自卑，让情况变得更加糟糕，陷入恶性循环之中。

其次，家长应努力为孩子改善家庭环境，减轻孩子的精神压力。家长通过改善导致孩子自伤的家庭环境，改变不恰当的交流模式，提高孩子表达痛苦的能力和抗挫折能力；通过合理期望孩子的学业成绩，减轻孩子的精神压力，如果孩子在学校有自残行为，家长应与学校沟通配合，让孩子在学校有相对宽松友好的环境。

再次，家长合理限定孩子的自残行为，陪伴孩子寻找合适的精神宣泄方式。

家长强制孩子立即放弃自残通常并不能解决问题，克服自残行为只能靠孩子自己。家长对坚持要伤害自己的孩子做一些合理的限定，从而限制伤害的程度，可以和孩子一起探讨一些问题：如果不能马上完全放弃自残行为，那么应该采取哪些方式努力减少这种行为减轻伤害程度，或者可以采用哪些良好的精神宣泄方式帮助自己克服自伤冲动。作出这些限定可以让孩子明白有人在关心他、爱护他，进而最终慢慢克服自残行为。

最后，家长要带孩子寻求专业心理帮助。产生自残自伤行为有各种深层次的心理因素，所以，当家长发现孩子有自残行为时，最好向心理工作者、精神科医生等专业人士寻求帮助。

【教育提升】

1. 及时发现孩子的自残行为。当孩子突然间不像以前那样喜欢穿短袖短裤，情绪比以往更容易发怒、沮丧，容易哭泣，失眠或嗜睡，饮食变化，不愿意与人交流，学习成绩下降等，家长就应引起重视，及时了解孩子的心理状态，干预孩子的自残行为。此外，家长平时应主动认识孩子的同学朋友，从他们那儿通常能够及早了解到孩子的自残行为。

2. 陪孩子参加一些简单而积极的活动，促进亲子关系。家长经常和孩子一起参加一些简单而积极的活动，比如看电影、逛公园、饭后散步等，在参加这些亲子活动的同时，聊聊关于身体、关于生命意义的话题，分享孩子的感受，也传递自己的关爱。家长应鼓励孩子多参加一些有益于身心健康的运动和娱乐活动，比如写日记、跑步、和朋友打球、听音乐、看漫画等，以满足孩子对爱、友谊、安全等的基本需求。

3. 帮助孩子寻找替代自伤行为的方法。家长可以教孩子在精神压力特别大的时候，做些别的什么事情来宣泄情感获得解脱，例如抓一把冰块在手里直到融化；用球拍使劲击球；在白纸上胡乱涂鸦；捶打枕头或用枕头往墙上打等。这些行为可以让孩子认识到不用伤害自己的身体也可以排解自己的压力。

4. 关注孩子的上网行为。如果孩子有上网的习惯，家长应该仔细监督孩子在社交网络中的行为，在使用手机、电脑时，是否有和不良网友交往，是否有上不良网站，是否玩一些自残自伤的游戏，一旦发现应立即制止。

 问题 3：孩子得了抑郁症，怎么办？

案例

小雨的母亲打电话来，带着哭泣声诉说曾经非常优秀的女儿得了抑郁症，前段时间尝试自杀，还好被及时救治，现在自己与女儿相处总是小心翼翼，生怕刺激到她，每天生活如履薄冰，不知如何是好。

小雨从小学习成绩都在班上前几名，老师们都很喜欢她；小雨的父亲对她很溺爱和顺从，所以小雨养成了一定要实现自己意愿的性格，稍不如意就会感到很挫败；小雨母亲恰恰相反，对女儿从小要求严格，提出的要求没有做到就会批评甚至打骂。小雨发病是在高一，新班级新环境，学习竞争激烈，当时她与班主任莫名发生了一些冲突，她认为班主任偏心，情绪一直很不好。慢慢地，课听不进去，无法背书，写作业速度很慢，一晚上只能完成一项作业，经常失眠，或者睡觉做一些恐怖的梦。到了高二下学期，她总觉得自己什么都做不好，很累，懒得说话懒得动，遇到开心的事也开心不起来，学习成绩受到极大的影响，除了英语能保持前列，其他成绩都大大下降。她内心很着急，很想努力学习努力完成作业，但总是力不从心，自责难过之余，她有了自残和自杀的行为。家长带她去相关医院做了检查，甚至做了脑电图也无异常，最后被诊断为抑郁症。

【原理分析】

青少年学生的抑郁症，也称之为抑郁性神经症，与持续时间短、随着情境好转的情境性抑郁状态不同，它以持久的心境低落为主，持续时间一年以上甚至更长，且常伴有行动迟缓、焦虑、躯体不适和睡眠障碍等。主要症状有"三低""三无""三自"的特点。三低：情绪低落、思维迟缓、活动减少；三无：无助、无望、无价值感；三自：自责、自罪、自杀。如果具有以下三项以上就有可能患抑郁症：对日常活动兴趣显著减退，但未完全丧失；感到生活无意义，对前途悲观失望，但不绝望；常沉思不愉快的事，或遇事往坏处想；自觉疲乏无力、精神不振；自我评价下降，夸大缺点、缺乏信心；不愿主动与人交往，但被动接触良好，愿意接受同情支持；常唉声叹气，无故流泪；易烦躁易激惹；自认病情严重，能主动求治。

根据中国科学院心理研究所的《中国国民心理健康发展报告（2019—

2020）》，我国青少年抑郁检出率为 24.6%，其中轻度抑郁 17.2%，重度抑郁 7.4%。研究心理与环境（包括自然环境和社会环境）的关系，我们会发现青少年学生患抑郁症主要有以下因素：

家庭因素。父母的教养方式，如严厉专制、要求孩子要达到某个标准等，家庭变故、家庭中的不良环境，如父母关系不好、吵架、家庭暴力、单亲等，都有可能引发抑郁症。一些青少年的抑郁症也与家族病史有关系。

学校因素。青少年学生面临中高考压力，课业繁重，竞争激烈，学生容易产生焦躁情绪或压抑心理，长期焦躁和压抑却不知如何排解导致了抑郁症的产生。还有些人遭遇校园暴力，不敢反抗，不敢告诉老师和父母，只能忍受欺辱，最终患上抑郁症。

性格因素。患抑郁症的中学生大部分在日常生活中性格内向多疑、不爱交际、不喜欢群体活动、遇事总会看到事物的消极面；一些性格倔强、违拗，或者性格被动、依赖的学生也容易患抑郁症。

网络因素。青少年很容易迷失在网络世界中，而网络世界和现实的不相符容易导致青少年悲观厌世、心情低落等消极情绪，时间长了就容易患抑郁症。

【操作指导】

抑郁症严重干扰青少年学生的学习和生活，对个体的情感、兴趣、睡眠、人际等产生危害，心理功能受损。孩子得了抑郁症，家长该如何帮助孩子呢？

首先，最重要的一点是陪伴。多陪在他身边，关注他的情绪、言行，甚至自杀的可能性。如果他愿意说话，那是最好的，家长要表现出对他的话题很感兴趣，很愿意倾听，配合关心温暖的肢体动作，比如，拍拍他的背揉揉他的肩膀，或者用关切的目光示意他说下去。

其次，感同身受他的压力。对于学生精神上的压力，很多家长很难理解，认为孩子没有任何经济负担，只需要好好读书，哪会有什么抑郁。事实上，学习压力、精神空虚、生活无目标、习得性无助，都会导致青年学生患抑郁症。如果孩子说他压力很大，家长应听听他的压力是什么，与他一起讨论如何面对这个压力。用理解的心态去对待他的压力，无条件地支持他，尽管他的这些压力对你来说并不算什么，但是这事情发生在他身上并引起他的困惑，那就一定有他的理由。当有人愿意与他一起讨论他的压力和理解他的压力时，他的压力就会减轻很多，不良情绪也会得到宣泄。这对抑郁症治疗是非常有帮助的。

再次，向孩子传递正能量，帮助他建立信心。比如，今天的天气很好，你可以带他到阳光底下感受温暖，看看美丽的花草、生机勃勃的田野；看到他笑了，你可以告诉他，他笑起来非常可爱，等等。

最后，请记住，家长与患抑郁症的孩子相处时，请不要说那些所谓"正确"的话。比如，劝他努力好起来。虽然患抑郁症的人看起来好像整天没力气，什么都不做，但其实他们都是很努力的，努力到耗竭了自己的精力，所以不要再劝他们努力了。

【教育提升】

1. 合理期望"抑郁"的存在。和抑郁为伴可能会是个漫长的过程，可能会经历一次甚至多次反复；有时即使经过治疗，也可能无法彻底消除问题，但是我们可以学着更好地和抑郁共存，到那时，你会发现抑郁并没有那么可怕。

2. 寻求专业的帮助提升痊愈希望。青少年轻度抑郁症通过专业心理治疗和家庭心理辅导是可以治愈的，早期诊断、规范治疗，对于避免学业和社会功能受损，促进心理行为功能的正常发展十分关键。特别是中度以上的抑郁症，一定要配合专业医生药物治疗，协助孩子按时按量用药。

3. 培养运动习惯提高抗抑郁能力。经常陪孩子参加一些有趣的文体活动，可以刺激多巴胺和内啡肽的分泌，产生令人愉悦的物质，从而抑制负面情绪产生。

4. 通过饮食调节补充血清素含量水平，达到控制抑郁情绪的效果。一个人血清素的含量直接决定了他的情绪管理能力，以下这些食物富含血清素，可以多吃，抑制负面情绪的产生。

深海鱼类。深海鱼类中的脂肪酸与常用的抗抑郁药碳酸锂有类似作用，能阻断神经传导路径，增强血清素的分泌量。

香蕉。香蕉中含有一种生物碱，可以振奋人的精神和提高自信心。而且香蕉是色氨酸、维生素 B6 和铁的来源，这些都可以帮助大脑制造血清素。

菠菜。菠菜是叶酸最好的来源，缺乏叶酸会导致脑中的血清素减少，导致抑郁情绪。

还有大蒜、南瓜、苹果等，都能够给人带来好心情，增强自信和意志力。

 **问题 4：孩子总觉得自己身体有毛病，怎么办？**

> 案例

小丁刚从高二升到高三，就感到全身不舒服，无法继续学习。起因是一天早上起床时，他发现自己脸上长了几颗青春痘很影响面容，就用手去挤，感到有点痛。第二天早上，他又忍不住关注那几颗痘痘，发现有增无减，而且又痛又痒。这样过了一段时间，他根本无法静心学习，每当拿起书本就感到脸上爬满痘痘，丑陋不堪，又痒又难受。渐渐地，他感到浑身都不舒服，他认为自己身体某个部位一定有病才会那么难受。于是他请假回家，让家人带他到医院检查。先是到县医院皮肤科，医生说：没关系，只是几颗青春痘，年轻人皮脂分泌旺盛而已。可是他觉得县医院的医生诊断太草率，且水平不够，非要让家长带他去省里的医院检查才放心。因为小丁在学校好长时间怀疑自己身体有毛病而没法正常学习，所以家长只好放下工作带他到省城检查身体。他们不仅去了皮肤科，也去了医院其他科室，把他认为的身体上每个不舒服的部位都检查了一遍，结果一切正常。最后，医生建议他去心理科。心理医生了解到他初中学习成绩很好，上高中后学习竞争激烈给他带来了巨大的压力，特别是上高三后压力更大，他一放下书本症状就消失，一拿起书本就浑身不自在，仿佛得了重大疾病一样，可是医院又检查不出他的身体毛病，这才是让他感到十分痛苦的原因。

【原理分析】

孩子总觉得自己身体有毛病，但医院做了各项检查却没发现身体有问题，这在心理学上称为疑病症。疑病症是一种以疑病症状为主要表现，反复求医，症状持续，因而感到痛苦，并影响正常社会活动，但又无产生这种疑病症状的相应疾病存在的神经症。

青少年学生患疑病症有家庭方面的原因。某些家长对孩子的身体健康从小就过于关注，导致孩子也对自己的身体健康问题敏感。随着青春期的到来，青少年学生在身体发育的过程中出现以往未曾出现的情况，这时对身体健康敏感的孩子就容易惊慌失措，以为自己生病了，或者宁愿以为自己生病了也不敢掉以轻心。有些青少年学生通过医院检查诊断会打消疑病的念头，但有些性格偏执的学生，在学业紧张焦虑的刺激下，疑病的心理越来越严重，通过身体的不适感反复求证自己是生病了，以此摆脱学业压力的困扰。

进入高中之后，学业压力是必然存在的，社会、家庭还有学生自己都不允许对学业懈怠。在这种压力下，原本就有些疑病的学生更容易固化疑病心理，坚信自己患有并不存在的疾病，反复检查以获取疾病的诊断依据，虽然多次检查是阴性结果，但却并不足以消除其疑病观念，对医生的解释也听不进去，还是要求进行种种检查以证实其观念。当然，这种疑病观念并未达到妄想的程度，怀疑自己患有某种疾病也非空穴来风，多少是有根据的，只是根据不充分而已。也就是说疑病症状实际上只是一种疑病感觉和体验，虽然有时也确实存在着真实症状，但却被夸大和严重化了，更多的还是一种感觉过敏和感觉异常的体验。因此，是否得疑病症可以从四个方面判断：一是躯体某一部位或全身具有疾病性不适；二是不存在产生疑病症状的相应疾病；三是反复检查得到的否定结果和医生的解释保证都不能消除疑病患者坚信自己有某种疾病的信念，仍然无休止地要求进行种种检查；四是伴有与目前健康状况不相称的强烈的无法解脱的苦恼。

【操作指导】

家有孩子患疑病症，家长会被孩子的疑病折腾得疲惫不堪，对待疑病症的孩子，家长应从以下几方面采取措施。

1. 做必要的医学检查，排除所怀疑疾病的可能。当孩子告诉家长自己生病了，家长观察孩子的病情表现情况，即使认为孩子并没有什么大毛病，也还是要带孩子到正规的医院做必要的医学检查，以满足孩子求证所怀疑疾病的心理和排除孩子所怀疑疾病的可能，用科学诊断的事实减轻孩子的怀疑。

2. 倾听疑病症状诉说，缓解烦恼情绪。家长了解到孩子所谓的生病只是多疑造成的，不要呵斥与责骂，应该耐心倾听孩子对其疑病症状以及所怀疑疾病的诉说，先让他尽情疏泄内心的担忧和烦恼，安抚他的情绪，然后再出示各种检查结果，转变认知，正确认识疾病，并让他明白医生已经充分了解了他的疾病，诊断是有科学依据的，他完全可以放心，不必为身体健康过多担忧，可以放松心情去做别的事情。

3. 坚持心理治疗，调整心态。由于疑病症是一种心理障碍性疾病，受个人性格因素影响，所以要想缓解这种症状就需要心理医生的介入。孩子可以在心理医生的指导下排解情绪，挖掘不良情绪背后的原因，认识疑病症的性质和发病原因，减轻心理压力，避免陷入精神创伤和长期情绪不佳的状态。在心理医生的帮助下，指导孩子在学习生活中遇到压力和困难时用积极乐观的态度应对，这样才能从根本上解决孩子的疑病问题。

4. 参加体育活动，转移对所怀疑疾病的注意力。家长可以陪孩子参加一些体育活动，尤其是参加各种需要注意力高度集中的活动，如打球、聚会、游泳等，及时转移孩子对其疑病症状和所怀疑疾病的注意，同时也提高身体素质和应对身体不适的能力。

【教育提升】

由于高中生的疑病症与他的性格基础有关，与学习生活经历和目前遇到的困境有关，因此，对于孩子的疑病问题，家长应注意帮助孩子提升以下几点能力。

1. 帮助孩子养成豁达自信的性格。疑病症的发生和高中生个人的性格有着极为紧密的联系，一般情况下，存在固执、内向、自恋、敏感、孤僻等性格的人会更容易受到疑病症的侵害。一个人性格的形成除了与先天气质有关，还与从小成长的家庭环境有关，父母是疑病患者，或者对疾病有错误认知，都会对孩子产生不良的心理暗示。因此，家长应正确认识疾病，拥有积极乐观的性格，才能培养孩子豁达自信、积极乐观的性格，才能避免孩子陷入疑病症的旋涡。

2. 帮助孩子提升抗压能力。疑病症发病前往往有精神紧张的前提，繁重的学习压力常常会引发某些学生的心理问题。因此，家长应帮助孩子客观分析自己，制定合理恰当的目标；对孩子合理期望，充满信心；在家庭里营造温馨和谐的家庭氛围。这些都有助于缓解孩子的学习压力，避免情绪高度紧张。

3. 帮助孩子走到户外，多与他人沟通交流。患疑病症的人经常会表现出情绪敏感和谨慎的特点，如果在封闭的环境中，身体会更加敏感，症状会更加严重。家长应让孩子走出房间与人正常交往，在与他人的沟通交流和互动中正确认识自己，正确评价自己的身体状态。

问题5：孩子常出现重复性的想法或动作，怎么办？

案例

在学校心理辅导室，小钏边诉说边不停地哭泣。小钏出生在一个重男轻女的家族，小学六年级的时候，叔叔家生了个男孩，整个家族都把这个小男孩当宝贝，而她就经常遭受冷遇和嫌弃，特别是她爷爷，对她说了很多难听的话。从那时开始，她总觉得自己有缺陷，继而觉得自己很脏，每天要洗好几次澡。初中的时候她想通过看书寻找方法治好自己的毛病，比如，脱敏法、深呼吸法，可是越用这些方法越让她感到紧张，浪费了大量时间却适得其反。上高中后，她的问题越来越严重，桌子擦过了还是觉得脏，还要反复擦；在学校用纸巾擦手后必须到很远的地方扔，只为了不碰到班级的垃圾桶盖；去一家餐馆吃饭，如果第一次去时没有洗澡，第二次再去那个餐馆就会觉得那个餐馆脏，很难受；把衣服放到洗衣机后要去洗个澡再去晾衣服才会觉得衣服干净，否则就还是觉得脏……现在每天只有觉得自己干净的时候学习才能学得进去，如果觉得不干净，上课就什么也听不进去，在考试之前也要洗干净自己，否则在考场上根本没办法思考。她母亲对此十分不解和愤怒，经常利用她害怕脏的心理来威胁她，比如如果她考试考不好就让她睡在不干净的床上。

【原理分析】

青少年学生经常忍不住重复一些想法或者动作，是强迫观念和强迫行为的表现，它是一种力图克制却又无力摆脱的神经症，其特点是有意识地强迫和反强迫并存。强迫症状常见于高中生群体，以强迫观念和强迫行为为核心，其表现形式多样，比如，某学生认为学习时不应该有杂念，不应该有古怪、可怕、肮脏的念头，而他的脑中就偏偏不断出现这些念头；又比如，某学生从学生宿舍走到教学楼一定要数一数有多少步，如果忘了数数，他会特别难受，要重新回头数一次。这些明知缺乏现实意义、不合情理的观念、意向或行为却仍反复出现，并且常常伴随强迫性恐惧情绪，这种恐惧是对自己的情绪会失去控制的恐惧。因此，强迫症状的出现会导致严重的内心冲突并伴随着强烈的焦虑和痛苦。青年学生的强迫观念与强迫行为的发生，与家庭、社会、心理等因素有密切关系。

1. 家庭因素。家庭中的某些观念和不良的教育方式，会让孩子处在紧张的家庭环境当中，这样的环境是孩子产生强迫症的基本因素。比如，案例中小钏的家庭有男强女弱、男尊女卑的旧观念，这种观念对女生的伤害特别大。又比如，家长要求孩子做事一定要十分完美，一定要比别人强，否则就打骂孩子。同时，强迫症也具有一定的遗传因素，有关调查数据表明，父母患有强迫症，子女患强迫症的概率高达百分之七十。

2. 学校和社会因素。当今社会的生活压力较大，每个人都或多或少地有一定程度的强迫倾向，如家庭不和睦，或者家庭中有人在生活或者工作中发生变故，都会带来沉重的精神打击，高中生在焦虑不安中容易诱发强迫症发生。在学校，高中阶段往往学习强度大、竞争激烈，学生的思维长期处于紧张、高速运转状态，这也是强迫思维和强迫行为发生率十分高的因素之一。

3. 心理因素。约百分之五十的强迫症患者在发病之前就有强迫性人格或者精神衰弱的情况，如平时比较注重生活中的一些小细节，任何事情都追求完美，对事物缺少判断，总是犹豫不决、过于刻板等。

【操作指导】

高中生产生强迫思维和强迫行为往往对他的学习和生活产生巨大的影响，浪费他们大量的时间和精力。家长在对待患有强迫症的孩子时，千万不可以简单粗暴，否则只能雪上加霜。那么家长该怎么办呢？

首先，倾听孩子的苦恼，帮助孩子发现并分析内心的矛盾冲突。孩子的强迫观念与强迫行为常常来自内心的矛盾冲突。比如，小钏的反复洗澡与她认为自己很脏的想法有关，之所以认为自己很脏，是因为她觉得自己不够好，但事实上她没有不好，只是因为她认为自己是女孩不能给家族带来荣耀，这种矛盾冲突是让她产生强迫行为的主要原因。家长只有了解她产生强迫行为的原因，理解她的处境，帮助她解开心中的疙瘩，才能推动她解决问题，增加其适应环境的能力，重塑健全人格。

其次，改善家庭紧张的氛围，缓解孩子的焦虑情绪。要改善孩子的强迫症状，家长应反思自己的家庭教育方式是否有不当之处，家庭环境是否处于紧张状态，家长自己做出改变，孩子也会有相应的改变。当孩子有某种强迫观念时，往往会采取对抗的方法或用相反的想法去反强迫，但常常于事无补，反而更加焦虑和痛苦，家长应帮助孩子采取顺应自然的生活态度，即带着所谓的"不好想法"去做"应该做的事情"，在做事的过程中转移注意力缓解焦虑情绪，减轻强迫思维症状。孩子有强迫动作时，家长要让孩子理解这是违背自然的过度反应形式，帮助孩子坚持练习，逐步减少这类动作反应，直到和正常人一样。

最后，建议家长尽快带孩子接受专业的心理治疗。虽然强迫症是一种比较顽固的神经症，病程较长，但强迫症一般不会转化为精神疾病，如果积极配合治疗可以彻底治愈或自行缓解。在治疗期间家长一定要帮助孩子学会自我放松，接纳不完美的自己，有助于及早康复。

【教育提升】

为了预防孩子出现强迫观念和强迫行为，家长在日常生活中应该帮助孩子提升以下能力。

1. 客观认识自己和认识现状。家长可以帮助孩子列一个优缺点清单，对自己的个性特点进行客观全面的认识，不过于追求完美，不过分在乎自己的形象；帮助孩子对现实状况进行正确的判断，学会运用合理的方法处理应激事件，生活中不要纠结于"自己做得好吗""这样做行不行""别人会怎么看我"等不自信的问题，不要对一些事物过于执着，对某一问题也不可过度针对。帮助孩子增强自信，丢掉各种精神包袱，培养安全感。

2. 帮助孩子在紧张的学习生活中学会放松自己。强迫症往往伴随着一些特殊的心理状态，比如紧张、矛盾、不堪重负。想要改变这种状态，首先要让自己的心情放松下来。放松的方法有很多，比如听轻音乐、室外散步等，家长可以帮助孩子找到适合自己的放松方式。

3. 培养孩子的幽默感。如果一件事你可以嘲笑它，就再不会为它所困。强迫症患者尤其需要多看些笑话来松弛自己的神经，多感受这个世界的意外和有趣，不是一切尽在控制中才是好事，多些欢笑，保持愉快的心情，会让人生更加幸福。

4. 善于接受现实。患有强迫症的人，往往对生活不是很满意，他们会反复琢磨发生的事情，让自己的心理负担过重。因此，家长应多引导孩子善于接受现实中的不完美与不如意，帮助孩子认识到人生中必然会出现不如意的事，但任何事物都有两面性，我们应该多关注事物积极的一面，乐观面对生活，改变可以改变的，接纳不能改变的，只有这样，才能不断完善自己，成长为真正的自己。

 ## 问题 6：发现孩子有自慰行为，怎么办?

【案例】

小华从小就是一个成绩优秀、积极向上、有礼貌、懂事的男孩。最近一段时间，小华妈妈在整理小华的房间和衣物的时候，发现儿子的内裤和床单上有很多乳白色的液体。起初，小华妈妈没有在意，但是直到有一天晚上，小华妈妈想看看儿子最近的学习状况的时候，意外发现儿子躺在被窝里。看着儿子额头上的汗珠和红润的脸颊以及床上的纸巾，小华妈妈似乎明白了，立马找了一个借口离开了儿子的房间。此时的小华，很害怕会受到妈妈的责怪和打骂。两周前，同学邀请他在别人手机上看了一些片子，让他内心既兴奋又好奇。他懵懵懂懂地模仿那些片子里面的一些动作和行为，自慰带给他的快感让他忍不住一次又一次尝试。小华的母亲很担心儿子过度的自慰行为会伤身体，却不知道该怎么和儿子说。

【原理分析】

青春期是少男少女开始萌发性意识的成长发育阶段，随着性器官功能的逐渐成熟，出于对异性和性知识的好奇，很多人开始有自慰的行为。在假想中完成性欲的释放并无不可，适当自慰可以促进性心理健康。青春期的自慰行为，有生理需求和社会因素两方面原因。

（一）满足青春期生理需求

1. 寻求替代性满足。

自慰行为的直接诱因是边缘性性行为。边缘性性行为是指男女之间的拥抱、接吻、相互抚摸和游戏性性接触等性交以外的性行为。高中生谈恋爱比较普遍，在相处过程中，由于表达感情的需要，非常容易产生边缘性性行为，尤其是男生，边缘性性行为往往强烈、主动，并且不仅仅满足于此。然而，在大多数情况下，又不能和恋爱对象发生性关系，因此，为了使被激起的性欲和性冲动得到满足和释放，就求助于性自慰，如性幻想、性梦和手淫，以获得一种替代性的满足感。

2. 缓解心理压力。

学校是个微缩的小型社会，其中也充满着各种矛盾和冲突。有些学生由于早期不完善的生活经历、角色改变所带来的对新环境的不适应、人际关系紧张以及失恋等原因，易产生心理方面的问题，比如自卑、抑郁和无所适从，所有这些都会不可避免地造成心理压力。其实缓解心理压力的方式有很多，如找知心朋友谈心、运动、寻求心理咨询等，也有些学生采用性自慰的方式。比如某个学生失恋了，在感到孤独、失落的同时，不能或不愿面对现实，在这种情况下，就可能以性幻想的形式虚构出自己与曾经的恋人接吻、拥抱甚至性交的情景。通过性自慰，他得到了心理上的安慰，暂时解除了压力和焦虑，也在一定程度上补偿了对现实的反感和失望。

3. 唯乐原则的支配。

精神分析大师弗洛伊德指出："在精神分析理论中，我们十分肯定地认为，心理事件经历的过程是受唯乐原则自动调节的。""这种过程的发展方向是要达到最终使这种紧张状态消除的结果，即达到避免不愉快或产生愉快的结果。"他虽然认为"唯乐原则支配着心理活动的整个过程的观点是不正确的"，但他又说："唯乐原则作为性本能活动方式，长久而固执地存在着，而这些性本能又是极难'驯化'的。"在缓解性冲动的基础上追求快乐则是人的性行为的基本目的之一，是个体获得肉体和情感快乐的一种途径。

（二）弥补社会因素的缺失

1. 情感需求的匮乏。

家庭成长环境不和谐，长期缺乏父母的陪伴和关爱，孩子自身的精神需求与情感需求得不到满足。这时，他们倾向于以手淫方式缓解焦虑不安的情绪，寻求安慰。

2. 父母的消极态度。

多数父母发现孩子手淫时常会有羞耻感，因而会打骂、责备孩子。殊不知，这些不仅无法让孩子改正手淫的习惯，反而会适得其反。惩罚并不能阻止孩子的手淫行为，反而会传递给孩子"性行为是不好的、违背道德的、羞耻的"等错误的性观念。

【操作指导】

作为家长，首先要充分了解青春期孩子的生长发育特点，密切注意孩子的动向，给孩子更多关心和帮助，加强与孩子的沟通和交流。同时也要做到以下几个方面：

1. 指导孩子努力做到三点：加强与父母、老师的沟通交流，及时向父母、老师诉说自己内心的想法；避免接触淫秽书籍和电影；科学地了解关于性的知识，正确地面对性。

2. 温和地正面引导，用心陪伴孩子。家长的严厉批评，如打骂、恐吓、威胁，易导致孩子成年后有心理阴影，甚至产生性功能障碍，所以要温和地正面引导，不要采取暴力手段制止孩子。可以说生殖器官是非常珍贵的，要好好保护。家长平时要多注意观察孩子的动态，及时发现孩子的情绪变化，多花点时间陪伴孩子，带孩子出去旅游、运动、做亲子游戏，这样会让孩子感觉不再孤单、无聊。

3. 巧妙地转移注意力，有意识地清理干扰。在孩子很小的时候，如果发现孩子在手淫，这时，可以用孩子更感兴趣的动画影视来转移他的注意力。在孩子成长过程中，为孩子营造健康的成长环境，避免孩子接触淫秽色情的书籍或杂志。

4. 避免使用医学方式。有的家长发现孩子沉溺手淫，逼迫孩子服用药物或使用其他医学治疗方法。这既是对孩子的身体健康不负责，也会对孩子造成心理阴影。对于沉溺手淫的孩子，家长一定要找到原因，必要时可以寻求了解性发育方面的心理咨询师的帮助。适当的自慰并不可怕，可怕的是家长撞见孩子自慰情形时的反应，这会让孩子觉得自慰是一件不道德的行为而感到羞愧和自卑，让孩子产生了罪恶感和危险的观念。

【教育提升】

性教育是非常重要的，家长一定要及时合理地对孩子进行性教育，让他们在步入社会前掌握科学的性知识，而不是满怀好奇却一无所知地步入社会。现在缺失的教育在以后会用一种惨痛的方式弥补回来。性教育宜早不宜迟。青春期性教育是个难度很大的课题，它需要学校、家庭乃至全社会的共同关注和参与。对于在情感丛林里摸索的青少年，我们应给予足够的宽容、理解、支持和帮助，要与他们平等地分享和讨论成长中的欢乐、迷茫和困惑，与他们同思考、同感受、同成长。用真心、真爱、真情，精心浇灌青春之花，帮助青少年度过一段安全、幸福、快乐、丰富的花样年华。

 **问题 7：亲人去世，怎么帮孩子度过哀伤时期？**

> 案例

小莹是一所中学的高一年级学生，父亲是中学老师，母亲在一家小工厂务工。一家三口住在离校不远的小区套房里。中秋节时，父母与朋友聚餐后，于凌晨一点左右走路回家途中，父亲被一辆醉驾车撞飞，当场死亡。当晚，小莹独自在家，只知出事不明真相。凌晨六点，妈妈才告诉她爸爸已过世的事实。伤心欲绝的妈妈，在亲友的帮助下为了替丈夫讨公道勉力支撑着。小莹到达现场后，看到了父亲车祸后的惨状（脑袋破裂，浑身是血），浑身颤抖，痛哭失声，更在无意中看到旁边亲友的手机里正播放着父亲车祸的监控视频，看着被撞飞的父亲，痛苦不已。父亲的遗体带给了她极大的刺激和恐惧。从此，小莹害怕待在家里（不论是套房还是老家），夜里再也不敢独睡，总是需要妈妈或奶奶陪伴，但还是无法入睡或者睡着了又会半夜惊醒，醒来后就呆坐着到天明。白天也不想一个人待着，总是需要有人陪伴，又什么话也不说。会反复想象危险事件（如被伤害等），会想"以后的生活怎么办"等一系列问题。常常出现幻觉：父亲带着油条豆浆走进来，或者看见父亲在套房里走来走去的身影……情绪极不稳定，不时就会哭出来，或者呆愣愣地坐着。

> 【原理分析】

人生最悲惨的事，莫过于少年丧亲、中年丧偶、老年丧子。本案例中的当事人正经历着这样一件人生惨事。所有人在这一场突如其来的灾难中挣扎。其中母亲为了给丈夫讨公道，反应反而不明显，但不排除事件过后可能会出现相应的反应，眼下小莹的反应最让人担心。通常情况下，至亲之人的过世，特别是毫无心理准备的骤然过世，很多人都会很难接受或备感悲痛，同时也会因为悲痛而产生一系列的异常身心反应，这是失去亲人后经常出现的正常反应，心理学称之为哀伤反应。哀伤反应一般会持续 6 周左右，在半年内仍有反应的也不在少数。一般情况下，八九成的丧亲者能在半年内自行恢复，但也有一两成的人会出现一年以上的严重哀伤。心理学上，将哀伤反应持续一年以上，伴有难以控制的持久性痛苦感受，并对日常生活造成严重影响的，称之为延长性哀伤或病理性哀伤。人在失去亲人后，往往会经历四个阶段的哀伤反应：一是亲人去世一周以内，这时候的反应主要是麻木与震惊，如小莹经常性地呆愣。二是否认期，丧亲者否认亲人去世的事实，会拼命地寻找逝去的人，如小莹常觉得爸爸一会儿就"带着油条豆浆"回来。三是无力无奈期，想要反抗丧亲的事实却发现一切努力都是白费，当事人会感到无力，变得消沉。四是接受期，接受失去亲人的现实，重新适应当下生活状态，继续生活。小莹在经历父亲车祸致死的事件中，表现出的哀伤极有可能伤到自身，这时候需要成年人的干预与帮助。

【操作指导】

1. 认真倾听并接受其感受。对于小莹来说，这场车祸使她失去了最亲的父亲。父亲骤然离世，没有任何预兆，也没有给她任何心理准备。其哀伤、痛苦、害怕情有可原，伤得有多深对肇事者就有多恨。这时候，需要让她把这些包括对父亲的哀思与对肇事者的痛恨等负面情绪真正地宣泄出来。寻找或者创造机会进行一次大的全面彻底的痛苦情感宣泄，只有尽情地宣泄了内心的痛苦，才不会郁积于心，造成更大的伤害。面对她难以入眠与夜半惊醒却不言不语，给予理解并接纳，不应责怪她在这样的事件中给身边的大人"添乱"。在她想诉说的时候，认真地倾听并给予简单的言语回应或肢体回应，比如"确实让人很难受""理解你的感受，确实很痛很痛"等支持性言语，或者一个温暖的拥抱，让她知道身边依然有人陪伴、关爱自己。

2. 有效陪伴共同缅怀逝者。对于小莹来说，对父亲的哀思与失去父亲的恐惧相伴相生，两种情绪同样存在。这时候，亲人或朋友的有效陪伴，能让她的情感得到满足，一定程度上增强其"安全感"。逝者已矣，生者为重。母亲在处理父亲后事的同时，应尽量抽出时间来陪伴孩子。事实上，高一年级的学生已是知事的年龄，母亲做的事也不需要瞒着她，同时有女儿的支持也能让母亲变得坚强。在陪伴的过程中，母女俩一起表达对亲人的哀思，共同缅怀亲人，建立更为亲密的亲子关系，互为依靠，共同承担事件造成的后果，这对母女双方度过这一段哀伤期是比较有帮助的。当然，身边的亲朋同事等适当的帮助也有助于这个家庭渡过本次危机。

3. 打消顾虑培养其独立性。失去了父亲，不可否认，会让这个家庭的未来充满不稳定因素，因此，面对小莹对未来的担忧，可以尽量打消其顾虑，提供更具体更实际的帮助。比如把一些相关的政策法规告诉她，如作为教师遗孀的母亲每月会有一笔安置费，能够保证她们娘俩的基本生活；学校会根据她的情况，按照学校相关的政策给予一定的扶持。班主任、同学适时适当的帮助，既能给小莹情感的支持，也能在一定程度上帮助她解决面临的难题。而在接下来的生活中，更需注重对小莹独立生活能力的培养，以帮助她更好地摆脱对父亲或母亲的依赖，甚至母亲可以适当示弱，激起小莹学着去照顾母亲的心理，学会体验他人感受、照顾他人。这种独立能力有助于小莹更快走出哀痛，学会理性地面对不幸。

【教育提升】

每一个家长都望子成龙、望女成凤，其实，对孩子最大的希望应该是他们的独立与成长。在传统的家庭教育中，父母一直重视孩子的智育，希望他们取得较好的学习成绩，却忽视了健康体魄、完善人格的塑造；在家庭中，更是忽视对孩子生存能力、意志品质的训练，使孩子在遇到事情时无法承受，很容易情绪崩溃。

1. 居安思危学本领。做父母的都希望给予孩子一个稳定安全的成长环境，能照顾他们健康成长，然而，生活并不总是风平浪静一帆风顺，一个意外（如车祸、地震）、一场病变（如癌症、疫情等）都有可能让人的生活变得不尽如人意，想要照顾孩子都会力不从心。因此，在家庭教育中，需要有居安思危的意识。在日常生活中，要培养孩子自立独立的本领，要让孩子学会打理自己的一切，甚至学会照顾比自己弱小的人。这些生活的琐事，在有家长陪伴的情况下，孩子可以不做或少做，但是，不能不会做，宁愿平常辛苦一点教，也不要让孩子在事情来临时手忙脚乱，甚至无能为力。

2. 似水流长育担当。面对生活中的动荡，有的人能够顺利度过，有的人却会惊慌失措，甚至一蹶不振，承受不住选择一死了之的也不少。随着物质生活水平的提高，许多家庭已经不需要孩子过早地帮忙承担家庭责任，他们只要负责读书、成长即可。在这样的情况下，很多孩子对自己身上的责任是什么其实并不明确，对于家庭生活的参与度、对家庭其他成员的关心度也不高。对此，家长可以让孩子适当地参与家庭的一些活动，培养孩子的责任与担当。

问题8：孩子因生活习惯不好常与舍友吵架，怎么办？

案例

上高中后，由于家离学校比较远，小宇选择了住校。平时在家，小宇的一切都是由妈妈照顾，这其中包括洗衣服、铺床单、叠被子、处理个人卫生等。刚开始时，宿舍的几个人都不太熟，舍友对小宇还不太了解，对小宇也是处处给予帮助。随着学校对学生的内务管理更严格，小宇的问题就慢慢地暴露出来：被子叠不好，鞋子乱放，外卖盒随意乱丢，值日时垃圾没有及时清理，总是喜欢用其他人的东西，并且完全不打招呼，不仅不午休还打电话影响别人，晚上偷偷打游戏被宿管发现，导致全宿舍被扣分……宿舍经常被他搞得一团糟，舍友多次劝说无果，开始渐渐对他不满，有时还会发生争吵，有几次甚至差点打起来。渐渐地，舍友开始疏远小宇，小宇曾经听见舍友在私底下说他的表现很以自我为中心，商量要赶他走。这让小宇很难过也很苦恼，小宇自己也想过改变，但是却不知道怎么办。

【原理分析】

宿舍像一个小家庭，把来自不同家庭的孩子联系在一起，形成一种"没有血缘的亲情"。千金易得，好室友难求。很多人都有这样的体会：毕业多年后，回忆起宿舍生活总是美好而令人向往；但在当时，往往也有一两个看不顺眼的舍友。那么，是哪些因素造成孩子不受舍友的待见呢？

1. 家长包办过度。

小宇平时在家父母包办代替过多，过惯衣来伸手饭来张口的生活，导致他缺乏生活自理能力。应该说小宇的问题与他的家庭环境有关。和舍友处不好的学生往往此前生活起居都由长辈精细照顾，对于生活习惯、个人卫生、责任担当等问题不甚在意，一旦迈入寄宿集体生活，容易引起舍友的反感，进而被集体隔离排斥。

此外，家庭教育不当容易造成孩子形成不良的性格。家长溺爱孩子，对孩子的不合理要求轻易给予满足，没有设置合理的界限，久而久之，养成了孩子以自我为中心的毛病。

2. 个人自我中心过度。

随着孩子年龄增长，认知领域、活动范围增大，孩子的自我意识迅速发展，自尊心、独立性逐渐增强，有些孩子便产生了以自我为中心的行为：没有合理的界限意识，行为上缺少分寸，不懂得换位思考，以自我为中心，不顾客观环境条件如何，随意放任自己，毫无约束，想做什么就做什么，想怎么做就怎么做，任何人的劝告和阻拦都难以发挥作用。在集体生活中，这些以自我为中心的行为不免让人心生厌恶。

以自我为中心的孩子，做事会一切从自己的角度出发，我行我素，固执任性，难以接受劝告。如此发展下去，孩子会变得蛮横无理，自以为是，自私自利，甚至会造成不可设想的严重后果。而且，这种以自我为中心的做事方式还会影响孩子将来的人际关系。可见，以自我为中心对孩子的成长极为不利，家长应该帮助孩子矫正。

【操作指导】

同一宿舍的同学来自不同的家庭，生活习惯、性格都不同。开始感觉很新鲜，关系比较融洽，但经过一段时间的接触，各自的优缺点就暴露出来了，各种矛盾也会渐渐产生。这时家长就要提醒孩子"小事讲风格，大事讲原则"，学会包容，鼓励孩子在与舍友相处的过程中至少遵循以下几条：

1. 建立准则，明确界限。

正如世界上没有两片完全相同的树叶，我们每个人也都是不同的。舍友们有着不同的生活习惯，所以在集体生活的一开始明确彼此的界限，了解哪些行为会踩到对方痛点，建立彼此都能接受的寝室规定，会帮助孩子们在宿舍岁月里有效减少矛盾与争吵。毕竟，划出雷区之后，谁又会天天不怕死地以身排雷呢？当然，这里必须要提醒孩子，定规矩不要事无巨细，也不要过于刻板。不仅要建立准则，更要聊聊出现矛盾时大家应该如何解决问题。踩线行为固然不好，但如果条条框框太多，别人配合起来也会很累。

2. 求同存异，换位思考。

引导孩子认识到不可以把集体生活变成"大家来找茬"的游戏，换个视角审视自己与舍友之间存在的差异，学会让这些不同成为互补，为自己提供看待问题的另一种视角。只要做到尊重对方的生活习惯，遇到矛盾换位思考，而不是只考虑自己，依然可以做到和谐共处。让孩子知道如果自己不喜欢在休息时被人打扰，那自己在出入公共区域时也要轻手轻脚一些。如果自己讨厌别人不经允许就随便翻弄属于自己的东西，那么就别大咧咧地对舍友的物品采取"拿来主义"。

3. 承担责任，实现有序。

引导孩子认识到有责任感的人才是闪闪发光的，在集体生活中承担起属于自己的责任，学会共同维护公共生活空间的有序和清洁。比如，留在公共空间的私人物品需要自己收纳，否则会变成他人的障碍物；属于自己要做的事就得及时完成，否则会增加他人的负担；在自己的行为伤害到他人的时候，要真挚诚恳地道歉，只有学会为自己的行为负责，才能不断成长，更好地把握自己的人生。

【教育提升】

培根说过:"你知道用什么方法一定可以使你的孩子成为不幸的人吗?这个方法就是百依百顺。"对孩子的合理要求,家长要支持鼓励。对孩子不合理或过分的要求,家长决不能毫无原则地迁就,应坚决地表示不允许,并让孩子知道什么是对什么是错。家长决不能因为孩子小时候哭闹而放弃对孩子的严格要求。要知道,如果孩子的企图第一次得逞,以后就会习以为常,由着性子来。当然,作为家长,更应该以发展的眼光去看待孩子,孩子在成长过程中难免会遇到各种各样的挫折和挑战。当他们手足无措时,家长应接纳孩子的缺点,并给予引导,让孩子在成长过程中更有信心去迎接挑战。

如果孩子是独生子女,除了父母以外少有机会与他人近距离接触,发生矛盾也很正常。孩子第一次住进宿舍也就开始了他人生第一次与他人相处的经历,这个过程是他重新认识社会人生的过程,开始会有很多不适应,需要磨合,需要他进行自我调节。作为家长应注意培养他的合群意识,要尊重他人,尊重别人的习惯和行为,尽量约束自己,要经常设身处地为他人着想,不要事事以自我为中心。在宿舍这个群体中,尽量去适应这个环境,如果硬要让别人适应自己,那肯定会出问题。所以,尊重、宽容、大度、理解是很重要的,如果事事斤斤计较,总是以自我为中心,必然会发生冲突。孩子将来要步入社会,宿舍只是个过渡阶段。与宿舍的同学相处好,会为他今后步入社会打下良好基础。所以,不要过分担忧孩子,让他自己去磨合处理吧,家长的作用就是积极引导,给他正确的思想,不要让这种磨合的过程走歪了。

问题9:孩子因为童年经历留下心灵创伤,怎么办?

案例

悠悠,一个外表乖巧的聪慧女孩,在所有老师和同学眼中,她聪明,有礼貌,友善助人,对老师和同学都是笑盈盈的,很惹人喜欢。然而,没有人知道在她的内心深处却有一份难以磨灭的恨——对父亲的怨与恨。悠悠是独生女,从小和父母一起生活。父亲是一个文化程度不高的工人,平常爱喝点小酒,但酒后却控制不住自己的情绪,甚至会打妻子。悠悠上小学二年级的时候,一个夜晚,熟睡的悠悠被吵闹声惊醒，她推开房门，就看到父亲醉打母亲的凶相。自此，父亲的这个形象一直在她的脑海中难以消失，再加上平常父亲对母亲骂骂咧咧的做派，更让她不敢也不想再和父亲亲近，总是想方设法避开父亲。看到同学的父亲唤着他们的情景，她内心很不是滋味：她不明白为什么别人的爸爸那么温柔，而她父亲却这么凶。粗心的父亲并没有发现女儿的刻意疏远，以为是因为自己与孩子较少相处，所以孩子和自己不亲。初中毕业后，悠悠选择了离家较远的一所重点高中，自此名正言顺地离家，更是远离了父亲。放假的时候，就以作业繁多学习任务重为由继续留校，父母也信以为真，并没有深究孩子不回家的原因。高一放暑假时，父亲生病住院，需要人陪护。有一天，母亲因事无法陪护，就叫悠悠代替她，引发了悠悠强烈的"反抗"——"我为什么要去照顾他？他凭什么让我去？"情绪失控的悠悠让母亲束手无策，她不明白女儿为什么会对自己的父亲有这么深的怨，因为悠悠的"反抗"，她无法再提陪护的事，可对女儿这种"怨父"情绪不能理解，也无力化解。

【原理分析】

　　创伤一般指由外界因素造成的身体或心理的损害，是个体对那些具有压倒性的事件或经验所产生的一种自动的、生理的和神经系统的反应，以及由此产生出的心理方面的反应。身体创伤因为是可视的，所以容易引起重视从而得到及时修复，而因事件引起的心理创伤却具有一定的隐蔽性，如果没有表现或者没有关注的话，容易被忽视。它一般是个体在内心体验外界的一个变化时产生的一种巨大的恐惧和无助的感觉。对于儿童来说，外界环境中发生的任何变化，都极有可能带来心灵的创伤。睡梦中惊醒的悠悠，父亲醉打母亲（家庭暴力）的"凶神恶煞"，给她幼小的心灵埋下了恐惧的种子，形成了难以忘怀的心灵创伤（"Ⅱ型创伤"）。从那以后，父亲带给她的不再是安全的感觉，而是随时有可能给她造成伤害的威胁，这让她产生了强烈的不安感，这种不安感没有得到及时的宣泄、疏导，反而不断地累积——日常生活中父亲对母亲的骂骂咧咧、呼来喝去，使这种感觉愈加强烈，让她不敢再靠近父亲，从而不断地疏远（"逃避方式"）。"为什么别人的父亲那么温柔而自己的却这么凶"，无意中的比较更让充满不安的内心滋生了怨恨。幼时的创伤再加上长期的疏远，致使父女之间不仅缺少必要的亲子亲密感，甚至产生了厌恶感和仇恨感。

【操作指导】

　　幼时创伤，历时太久，有时候是什么事情引起的当事人都会很模糊，但创伤带来的感觉（痛苦或害怕等）却是刻骨铭心，不治难愈。冰冻三尺非一日之寒，旧创的疗愈自然也需要过程。家长可以学着正视孩子受伤的感觉，在鼓励其成长的同时，陪着她一起做疗愈。

1. 重温旧创促伤愈。医学上有一种简单的外科手术"清创术"，是对创伤的第一步处理："清除开放伤口内的异物，切除坏死、失活或严重污染的组织，缝合伤口，使之尽量减少污染甚至变成清洁伤口，达到愈合，有利受伤部位的功能和形态的恢复的手术方法。"心理上也有类似手法，只是因为心理创伤有时并不是即时性的，面对旧时创伤，可能需要重新"撕开"重新面对。幼时创伤对幼时的当事人是难以承受的伤，之所以难愈，其实是当事人记住了那时候的那种感觉（痛苦或害怕等），并一而再再而三地重温或者加压，使之不断地重现，难以治愈。但这种创伤如果是现在的当事人，要面对或许并不难。所以，可以找一个悠悠信任的人陪伴，然后让她通过回顾往事重新唤醒当时的感觉与反应，在此过程中，给予正面的鼓励与安慰："当年的你还小，害怕是正常的。如果是现在的你，你会做得更好。"通过这种方式，让当事人学会正视旧时创伤，开始做自我疗愈，同时用语言不断强调、暗示悠悠已经长大，拥有更多保护自己、照顾自己的方式与技巧，促进其心理成长。

2. 鼓励倾诉泄心恨。噩梦般的幼时经历，让悠悠害怕父亲，父亲对母亲的随意打骂加深了这种感觉，与其他亲切关爱家人孩子的父亲相比，使她平添了不少对父亲的不满，久而久之，变成了一股强烈的怨恨。但其实，这份怨恨背后却是对父爱的渴望。怨不消爱难生，应想办法让孩子把这份负面情绪处理掉，妈妈可以陪着悠悠一起"吐槽"生活中的丈夫（父亲）的一些"陋习"，可以一起回忆旧事"抨击"父亲做得不对的地方，通过这种方式引起悠悠的共鸣，从而引导她倾诉对父亲的怨恨。通过这种方式让悠悠把所有对父亲的情感都宣泄出来。

3. 亲子沟通重续情。孩子在长大，父母在年老，一长一消间，无形中会拉近彼此的差距：父母不再权威，孩子不再懵懂。再加上随着孩子成长阅历的增多，对世事的理解会更通透更全面，对父母行为的理解与接受自然不同。父亲的病让他意识到了自己与家人的距离，有意拉近与家人的关系，也是一个比较好的开端与契机，只是需要耐心与方式。找一些理由和机会，学着关心关爱家人，特别是对妻子的态度、用语上，以温情代替暴力，以沟通代替命令，夫妻关系和缓，有助于培养家庭的温馨氛围，迈出吸引孩子恋家的第一步。在无法面对面沟通的情况下，可以借助手机短信、网络聊天等方式关心孩子，以此慢慢打开孩子的心扉。同时，还可以通过短途的自驾游或家庭聚会等方式，创造亲子共处的时光以及面对面交流的机会。用爱来疗愈孩子所有的伤痛，让她在亲情的抚慰下重新获得并感受爱与被爱的幸福。

4. 运用技巧调情绪。人吃五谷孰能无疾，心历百态岂能无感。经历世事的过程中，总免不了会受到影响，产生情绪反应。喜怒哀乐惧，人之常情。情绪本身并无好坏之分，也没有该不该之说，但是情绪的表达却是有好坏之分的。当心情不好的时候，发泄一下自己的情绪无可厚非，但应选择不伤人伤己的方式来调节自我的情绪（父亲之前的打骂就是一种伤人的方式，造成的后果便是女儿的远离），比如听音乐、散步、聊天、运动等。学会运用合理的宣泄方式，科学管理自己的情绪，对自己对家人都是一件很有益的事，也能更理性地处理家庭琐事和家庭关系。

【教育提升】

家庭成员之间的沟通很重要。不理性的表达方式会给家庭带来伤害。当然如果伤害已经造成，就要想办法把其影响降到最低。

1. 有商有量创和谐。和谐的家庭氛围来自成员的和谐关系，特别是和谐的夫妻关系。在家庭发生冲突或遇到困难时，父母所持的态度与所用的方式极为重要，在这个过程中，他们向孩子传递着如何面对人生挫折的生活哲理。如何对待身边的人特别是亲近的人，这也是父母在日常生活中潜移默化影响孩子的。父亲对母亲的怠慢甚至是打骂，带给孩子的不仅是害怕的感觉，同时也让孩子学会了用父亲对待母亲的方式来对待身边的人：以疏远父亲的方式表达自己的不满与害怕，以怒吼的方式回应照顾父亲的要求。在面对生活难题时，家庭成员应该站在同一条战线，共商渡过难关的大计，即使当下没有办法解决，一家人也能拧成一股绳，共同面对。

2. 彼此关爱有亲情。家庭是孕育孩子成长的摇篮。父母对孩子的爱，是孩子人生中最重要的精神力量，被父母深爱的孩子都有着属于自己的自信与阳光。在一个爱的家庭里长大的孩子，不仅自信开朗，而且也会对身边人充满友爱。当然这里要区分爱与溺爱之间的区别。家庭中的爱来自于家庭成员之间彼此的关心与爱护。父母之间的夫妻之情、父母与儿女之间的亲子之情、兄弟姐妹之间的手足之情，流淌在家庭成员之间，让彼此联结得更紧密，而不是简单的一纸契约（婚约关系）、一段血脉（血缘关系）的强制维系。日常生活中的相互维护与关爱，逢年过节中适当的仪式感等，都是加深彼此感情的最好方式。

 **问题 10：亲人患有精神疾病，怎么引导孩子与之相处？**

案例

五年前的 6 月 30 日，杨杨的母亲因为受到意外刺激得了精神疾病，父亲因此也离家出走，每个月只会寄点钱回家。杨杨现在跟爷爷奶奶以及生病的母亲生活在一起，母亲的情绪经常变幻莫测，有时候对他很好，有时候又对他很凶，有时候还会玩失踪，他既渴望跟母亲在一起，又怕与母亲相处不好。周围邻居常常对他们家指指点点，他因此不敢与人交往。在学校里，杨杨很孤僻，老师或同学找他谈话时，他不敢与他们对视，走路时也总是低着头。要是有谁对他好，他总是想对方会不会发生意外，总是把 30 这个数字与"不好"联系在一起。有一年他的班级座位号是 30 号，他凑巧得了声带小结，他便更加确定这个数字对他不利。他还发现自己现在很健忘，刚刚背会的内容很快就忘记了，刚刚想做的事一会儿就想不起来是什么事了。他的学习成绩也由原来的中上逐渐退到中下。对于高考，他越来越没有信心：如果选择复读一年，家里负担不起，如果选择差点的学校，心里又很不愿意。他来心理咨询的时候，不停地埋怨自己出身不好，一切都不如别人，表情很古怪，还问自己是不是也有精神疾病。

【原理分析】

家庭是每个人最基本、最亲密的生活空间，而家人是对每个人的身体和心理影响最大的人，每个家庭成员身心是否健康，彼此之间都是息息相关的，而亲人的病痛最能勾起人们内心的凄楚。如果一个家庭成员患上精神疾病，那么家庭里的其他人也会受到方方面面的影响，不仅会遇到社会适应困难，而且由于患病者的思维、情感、行为、感知觉等看起来都跟以前很不一样，以前的那个人似乎已经死了，面前的这个熟悉又陌生的人会让人不知如何与他相处，这是件十分令人伤心难过的事情，这种家庭变化带来的心理冲击会渗透到一个人生活的各个部分，使人的情绪、行为、精神状态产生一系列的不良反应。当家庭中的其他人不得不与患病的家庭成员打交道时，可能需要花费大量的时间与金钱照顾他（她）；在与病人沟通交流的过程中，也可能产生很大的压力与困扰，长期如此，还可能影响到一个人的身心健康。特别是对于家庭中的未成年人，如果父母患有精神疾病，未成年人可能无法得到妥当的照顾,也会产生心理阴影,容易出现以下心理问题。

1. 自卑心理。因为家庭中有精神疾病患者,家庭功能和家庭经济等都受到损害,孩子在与同龄人的交往中自然会进行对比,在比较中会有落差感,这种落差感让他们对自己的评价比较低。

2. 恐惧心理。孩子有恐惧心理的主要原因有三:一是害怕自己也会得类似的疾病,有些精神疾病有遗传风险;二是对某些产生危机事件的刺激物的恐惧,比如案例中的杨杨害怕 30 这个数字;三是害怕再次失去爱他关心他的人,内心极度缺乏安全感。

3. 人际交往障碍。孩子出门害怕被人议论,自尊心容易受挫。因为自卑、低自尊、恐惧,他们害怕与人交往,久而久之,人际交往能力降低,独处让他们更有安全感。

4. 学习障碍。由于家庭压力大,孩子情绪状态不佳,人际交往不良,缺乏家庭亲情抚慰与支持,时间一长,容易影响他们的学习状态、学习能力和学习效率。

【操作指导】

家庭成员严重而持久的精神问题会造成严重和持续的家庭压力和冲突,无论是经济方面还是情感健康方面,家庭中的每个人都会受到不同程度的影响,特别是对成长中的孩子,可能会产生心理上的冲击。因此,该怎样引导孩子与病人相处,避免对孩子产生消极影响呢?

1. 掌握与病人交往的技巧。与家里的精神病人交往,讲话要注意缓和语气,内容要明确,态度要专注而亲切,还要经常用语言和行动表达对病人的关怀;只要病人有一点进步,就充分地加以鼓励;当病人有明显脱离现实的想法时,要避免与之争辩,或者抱怨和责备。

2. 正确认识精神疾病,勇敢面对现实。家庭中有精神疾病患者并不可耻,也不需要自惭形秽。建议高中生了解该疾病的病因、临床表现、治疗和预防等知识,积极参与照顾病人和帮助病人治疗康复。同时,高中生也应认识到,并不是所有的精神疾病都会遗传,更多的精神疾病来自重大事件和情境刺激,随着科学技术的发展,它跟所有的疾病一样,早发现、早诊断、早治疗,都会痊愈,对于病因明确的精神疾病也能够预防疾病的发生,因此它不是让人恐惧的疾病。家庭中一旦有人得了精神疾病,我们要勇敢面对现实,增强自身的适应能力,强大自己的心理力量,帮助家庭恢复功能。

3. 认识自己能力的局限性,保护好自己。爱和支持可以帮助生病的家庭成员,但对于一个明显不能照顾自己的病人,我们只能尽自己最大的努力,改变我们能够改变的,但要接受生活中有些事情是我们无法改变的。在罕见和极端的情况下，强烈的敌意或人身威胁可能会使我们暂时无法继续与病人交往，此时要优先考虑保护好自己。

【教育提升】

1. 在照顾病人的过程中培养善良和爱的价值观。

家庭成员善待病人，将有助于病人提高处理疾病的能力，减轻心理应激，改善症状。学会照顾病人的生活，如果有办法治疗，应按照医生的建议和治疗方案，帮助病人管理好药物，督促病人遵医嘱服药。但是精神病人的康复需要时间，过程是长期的，进步是微小的，作为家庭成员，要有耐心，不应该远离和嫌弃既是病人又是亲人的人，应该对他（她）更加有爱心与孝心，宽容、理解和支持病人。

2. 在与病人打交道的过程中提升人际交往能力。

与精神病人相处难免会有矛盾和不快，家庭气氛有时可能令人紧张和烦闷，但一定要缓和这种氛围，学会倾听和回应病人，积极地倾听并不时作出回应，然后谈出自己的感受以确认自己是否真正理解病人的陈述。与病人交往的过程，其实也是提高自身交往素质的过程。

同时也应积极与家庭之外的人交往，社会支持和休息、娱乐可以缓解压力和疲惫，也能够让人拥有正常的交往心态和学习生活心态。

3. 在帮助精神病人的过程中注意自己的身心健康。

家有精神病人不仅给未成年人带来一系列的心理冲击，在帮助精神病人的过程中，成年人也会出现心理困扰，所以应该学习处理具体问题的应对方法，了解精神疾病治疗和预防的知识，必要时寻找心理专业人员帮助，努力维护自身的身心健康，提高心理健康水平，用健康的心态帮助和影响患者，迎接各种挑战。

问题 11：孩子太宅不愿与外界交往，怎么办？

案例

军海是一名高一学生。父亲是医生，母亲是护士，平常忙于工作，军海基本由爷爷奶奶带大。父母因为工作原因，作息时间与军海的作息时间不一致，只有在短短的假期才能有难得的亲子相处时间。小时候，因为害怕出事，爷爷奶奶很少带他到外面玩。他们给他买各种各样的玩具和书，却很少有户外活动，更不要说有同伴了。所以，军海基本上就是和爷爷奶奶待在家里，除了看电视就是玩玩具或者看书。当然，他想要的东西，父母出于愧疚，基本都会满足。除了偶尔亲戚家的孩子上门，他很少与同龄小孩一起玩，即使一起玩了，他也不喜欢别人动他的东西。由于和同龄人交流特别少，他在学校也不知道怎么和人相处，因而朋友更少。相比和同龄人玩耍，他更喜欢独自坐在自己的位置静静做自己的事情。小学时，放学回家还会跟爷爷奶奶说点学校的事情，到了初中，说得就更少了。在家里，除了必要的对话，他很少和家人聊天，有了手机后，更喜欢躲在自己的房间里玩游戏、看小说、刷抖音等。逢年过节，叫他一起去走亲访友，除非是强制性，他宁愿在家里做自己的事情。学校的集体活动，除非必须参加，他一个都不想参与，就喜欢独来独往。同学都说他很孤僻，难以交往，大多不喜欢和他来往。

【原理分析】

家庭是孩子健康成长的重要场所之一，家庭的教养方式对孩子的性格和为人处世方式等方面产生至关重要的影响，孩子如何与外界交往首先是从家庭中学到的。对军海来说：1. 祖辈代育宠护多。军海的父母都是医护人员，平常工作较忙，所以把监管孩子的责任托付给军海的爷爷奶奶，中国的隔辈亲比较严重，军海爷爷奶奶对军海的溺爱与照顾可想而知。为了保护军海不受伤，他们将军海关在家里这个安全的堡垒中，却剥夺了军海探索外界环境、与外人接触和交流的机会。2. 父母缺席少交流。孩子的人际交往能力是在家庭亲子的交往中逐步培养起来的。在军海的成长过程中，父母虽在身边，却因为工作原因缺失了与孩子交流的机会，比较难与孩子建立亲密的亲子关系，源自父母的安全感没办法建立起来，而且缺乏与父母沟通、交流的机会，自然就少了很多人际交往的训练。3. 缺朋少友欠交往。人际交往需要一个实践的过程。军海的爷爷奶奶因为怕危险而不敢带孩子外出，同时还不懂得引导孩子学习与人沟通，仅仅让孩子在自己的看管下看电视、看书、玩玩具等，养成了孩子"独"的性格，较少体验与同伴交往互动的情感交流与快乐，也缺乏与人分享的体验。久而久之，就形成了自己的生活模式——即使没有外力的要求与限制，他也习惯了自己玩自己独享的方式：电视、书籍、玩具、网络等；没有学到与他人交往的技巧，不懂得怎么和人交流，很难获得他人的认可与接纳。

【操作指导】

1. 适当示弱求陪伴。孩子的第一任教师是父母，孩子对这个世界的认识最初是由父母带领着完成的。当意识到问题时，父母就需要担起这个责任，补上这缺失的课程。面对青春期的孩子喜"宅"家的问题，已无法再像对小孩子一样强制性带出去，母亲可以适当"示弱"，比如想去散步，需要孩子陪伴，感觉比较有安全感；去买东西，需要孩子帮忙参谋或拎东西等；父亲可以有意识地带着孩子出去打球、运动等，有意识激发孩子的成人感、责任心，积极地参与家庭活动。

2. 生活自理创机会。现在的孩子过得太舒适了，足不出户便可以满足自己的一切愿望，不愁吃不愁穿，一切均由大人包办，过惯了"衣来伸手、饭来张口"的米虫生活，自然是可以躺着活、"宅"着过。为了给孩子创造更多的外出机会，应适当放手，培养孩子生活自理能力。如孩子个人的衣服用品，不再只是由大人包办，可以让孩子自己去或者带着孩子去买，让他自己选择喜欢的衣服用品；也可以故意让孩子帮忙买点日用品，让孩子学着打理三餐，试着照顾家人等。

3. 呼朋唤友学交际。在改变之初，孩子不喜欢出门，那就请人上门来。找机会找理由，请与孩子同龄的孩子上门做客，为孩子们的交流与玩耍创造条件与机会，即使只是凑在一起玩游戏，同样需要一定的沟通与交流，慢慢地，再鼓励他们从室内转到室外，从静态活动变为动态活动。当感受到与同龄人合作、游戏的乐趣，自然就能扩展孩子的交际圈，让他变得更喜欢和人接触，逐步走出"宅"家状态。同时，在与同伴的交往中，不断学习、实践，学会表达，学会沟通，学会合作，让孩子变得合群。

4. 培养兴趣找快乐。青春期的孩子身体心理尚未完全成熟，能力还处在发展阶段，依然具有很强的可塑性。父母可以根据孩子的个性特点，从他所喜欢的玩具、电视节目、书籍或游戏中寻找孩子的兴趣点，进行合理引导、鼓励和培养。可以根据孩子的课程和作息时间，安排孩子参加兴趣班或夏令营，一方面培养孩子的兴趣爱好，另一方面扩大其人际交往的范围。

【教育提升】

现在家庭中的孩子普遍数量较少或孩子间年龄差距较大，从小玩伴较少的情况下容易产生"独""宅"心，为避免这种情况，家长应有意识地带领孩子融入人群，学会与人交往，提升情商水平。

1. 联合家庭促交往。现在的家庭，孩子一般比较少，一个到两个，有两个的年龄差距在四五岁以上，也很难玩在一起。这样的孩子因为受保护比较多，一般都会比较"独"，较少与人交往与人分享。为了避免这种情况，可以约上几个较好的同事或朋友（有年龄相近孩子的），利用假期或节日组织起来一起活动，如郊游、聚会、野餐等，既可以是大人和大人、小孩和小孩的分开活动，也可以是大人和小孩一起的亲子活动。

2. 人情往来育情商。情商（EQ）是指情绪商数。有研究认为，情商由自我意识、控制情绪、自我激励、认知他人情绪和处理相互关系这五种能力组成。这当中包含了与他人互动的层面。在和人的交往过程中,感知自己与他人的情绪,学会处理自己与他人之间的关系,对情商的培养很有帮助。在"宅"世界里,很难做到这一点。沉溺于自己世界的人不需要协调控制自己的意识、情绪,因为在那个世界唯我而已。家庭教育中,可以有意识地引导孩子多接触人情往来,不求世事通透,最起码要活得有烟火味。

 问题12:孩子遭遇校园欺凌,怎么办?

【案例】

林心是一名高一女生,父亲在农贸市场边开了一家干货店,平常忙于进货卖货。母亲是银行经理,工作较为繁忙。父母较少在家,很少陪伴她。平常林心由奶奶帮忙看管,奶奶会帮她收拾屋子、洗衣服,为她煮三餐。奶奶没空的时候,她就会带着作业到店里,等父亲关店后再跟父亲一起回家。放假时,她也会在店里,需要钱的时候就直接从店里的收银机拿。在同学眼里,她是一个很有钱的女生,平常买东西都是大手大脚的,没啥顾忌。慢慢地,她入了"段霸"的眼。有一次在学校附近的超市,她被"段霸"及其"手下"拦住,抢了她的钱,还打了她一巴掌。"段霸"后来还带人到教室里"教训"她,幸亏班里男同学帮忙,才躲过去。她把受欺凌的事情报告给老师,老师教育了"段霸",并作出了惩罚——停课反思。然而,却引来了"段霸"更强烈的报复。她告诉父母,父母却让她与人交好,并且要好好反省一下为什么"段霸"不欺负别人却欺负她。她觉得很无辜也很难受,不知道怎么办才好。

【原理分析】

校园欺凌,是指发生在校园内、学生上下学途中或学校教育活动中,由教职员工、同学或校外人员,蓄意用言语、暴力、器械、网络等,针对学生的身心、名誉、权利、财产等实施的达到某种程度的侵害行为。这种行为通常不是单一的偶发事件而是重复发生。校园欺凌主要有身体欺凌、言语欺凌、账务欺凌、性欺凌、网络欺凌等,一般通过以下几种方式进行:打,殴打、掌掴;骂,辱骂、中伤、讥讽、贬损受害者;毁,毁坏受害者的衣物、书本等物品;吓,恐吓、威胁受害者做不愿意做的事;传,传播谣言进行人身攻击。方式多样,有时手段也较残忍。校园欺凌的原因是多方面的,既有个人性格等因素,也有社会环境的因素。

而在校园欺凌事件中，被欺凌的通常是比较孤僻、内向的弱势群体，如学习较差脾气又好的、体格弱小容易欺负的、人傻钱多等，他们一般在群体中势单力薄，容易成为被欺凌的对象。

【操作指导】

世上除了光明还有黑暗，即使是校园，同样存在着不和谐的一面。一直以来，校园欺凌受到关注，也引起有关人士与部门的重视，却屡禁不止。在这种情况下，唯有教育自家的孩子学会自我保护，学会对校园欺凌说"不"，才能真正摆脱其困扰。

1. 强身健心胆自壮。懦弱胆怯的人容易成为校园欺凌的对象。父母要注意鼓励孩子多锻炼身体，磨炼意志。只要孩子多运动多做体力锻炼，就会有爆发力，哪怕是受欺凌了，也有体力反抗、保护自我。家长没办法带领的话，也可以给孩子报如武术、跆拳道、篮球等兴趣班，既让孩子强身健体，也锻炼他们的意志，更让孩子拥有保护自己的本领。

2. 积友蓄朋势不单。势单力薄的人总是容易受人欺负。父母要注意不要让自己的孩子成为游离于团体之外的孤单者，落单的人一方面容易被排斥，产生孤独的感觉，另一方面容易成为被欺负的对象。如果发现孩子不会结交朋友，可以由家长带领着打开这个局面，比如事先了解一下孩子班级同学的情况，然后借助家长会或家长群，有意接触其他家长，通过结交家长，逐步带自己的孩子与对方的孩子接触并熟悉起来，在班级里渐渐结交朋友，由1到2，由2到4……慢慢打开自己的人际圈。如果孩子自己能结交上新朋友，家长要时不时地关注一下孩子交友的情况，不断地肯定与鼓励他。有了朋友之后，孩子就容易找到归属感，会更快乐、更自信。

3. 寻方觅法有良招。父母要教育孩子学会自我保护，避免受到校园欺凌。即使遇到了，也不要害怕，教导孩子要大胆地向校园欺凌说"不"；面对校园欺凌，在确保自己生命安全的前提下，大声呼救；在受到伤害时，要向学校或家长申诉或报警，不做"沉默的羔羊"；放学后不要长时间在学校周边逗留，给校园欺凌提供机会；在学校不要过于炫耀自己的穿戴或物品；平时不要故意挑逗霸道或强悍的同学；看到同学受到伤害时不要沉默，要提供合理的帮助；当受到伤害无法自愈时，要主动寻求心理援助服务；等等。

4. 提升自我渐变强。实力是英雄胆，有实力的人有自信。孩子可能做不到全面发展，但可以有意识地培养他某一方面的能力，培养孩子的一技之长，尽量避免让孩子感觉自己什么都不如别人的情况。要鼓励孩子不断充实自我，引导孩子多看些正面的积极的书和故事。引导孩子分析自我，正视自己的长处与短处，学着扬长避短或者扬长补短，让自己变得更优秀。

【教育提升】

减少校园欺凌事件的发生，保护学生人身安全，需要多方努力。

1. 整合力量齐心治。校园欺凌是发生在校园内外、校园教职工和学生群体中的事，看似属于学校事件，但又不全是。对校园欺凌事件的处理，单靠学校力度不够，需要整合有效力量一起完成。早在2016年11月，国务院教育督导室及教育部牵头的九大部门就曾对校园欺凌出台了相关政策，要求各级各校要完善校园欺凌预防和处理制度、措施，制订校园欺凌事件应急处理预案，明确了相关岗位教职工预防和处理校园欺凌的工作职责。有的学校在这方面就做得不错，比如设立反霸凌日，在那一日，师生家长共同穿上印有反霸凌口号的T恤衫。父母可以积极配合学校的相关宣传活动，如班会、校园心理剧、宣传手册等方式，与孩子共同学习校园欺凌的相关知识，认识校园欺凌的危害以及如何面对校园欺凌等。作为学校，可以针对那些容易欺凌别人的"高危人员"做排查，对他们进行跟踪教育，让他们学会用合理的方式处理人际关系，解决人际纠纷问题。

2. 普法学法知分寸。日常生活中，父母可以带着孩子留意相关法治节目与新闻，强化孩子的法治观念，并结合与学生关系密切的案例进行分析讨论，让他们具备相关的法律常识，明确什么该做什么不该做，什么行为是触犯法律。同时，让他们明白，在生命财产受到威胁时，可以用法律的手段保护自己。

主题二 亲子关系与沟通

 **问题1：孩子总嫌父母唠叨，怎么办？**

案例

考上高中后的小林总不爱和父母一起吃饭、一起待在同一个房间。邻居家的叔叔看见后问他是不是和父母吵架了，小林回答说父母总是爱唠叨，翻来覆去总是那么几句话，没完没了，反感透了，不如避开他们。叔叔问小林妈妈："您干吗老跟孩子唠叨啊？"小林妈妈蛮有理地说："我不跟他唠叨成吗？就像他的书桌，早就告诉他，要随时收拾书桌和文具，我跟他说这么多遍他都记不住，我说一遍他能记得住吗？"小林妈妈认为对孩子多说几遍孩子就记住了。

最令小林心烦的是，爸爸妈妈总爱在吃饭时唠叨，全家一围上桌子吃饭，家长的话就多了："瞧瞧你这样子，总是低着头。今天上课听了没？考试考得怎样？今天看见小郭妈妈，说小郭又考了年段前十，要努力不能放松啊……"

小林说班上同学背地里给家长起外号"录音带"，翻来覆去总是这几句话，都能背下来了。小林妈妈说："我知道说服教育很重要，可是说了半天不顶事，嘴皮子都快磨破了，孩子不仅不听，当着家长的面还捂住耳朵，或直接躲开，一言不合就甩脸色，闹心得很。"

【原理分析】

人的生理发展与心理发展是密切相关的。随着青春期的到来，青少年在生理上出现急剧的变化，这必然给他们的心理活动带来巨大影响，其心理呈现出半成熟半幼稚的特点。由于青少年心理上成人感与幼稚性并存，因此表现出种种心理冲突和矛盾，具有明显的不平衡性。强烈的成人感使青少年产生强烈的独立意识，不愿听取父母、教师及其他成人的意见。在生活中，从穿衣戴帽到对人对事的看法，常处于一种与成人相抵触的情绪状态中。

青春期孩子在生理、认知及自主性上发生了显著的变化，这些变化导致与父母的关系也发生了变化。在青春早期，孩子的独立意识增强，亲子间出现的冲突与疏远是最明显的。原先的亲子作用模式被打破，孩子对自己的认识超前，认为自己已经是成熟的成人，父母对他们的认识滞后，只注重他们不成熟的一面，没有看到他们已具备的成人感，亲子冲突由此产生。与孩子沟通孩子不愿意听，可能有如下原因：亲子关系长期不融洽，亲子之间有隔阂；家长说教的问题没有针对性；家长本身缺乏榜样作用，其说教没有说服力。

【操作指导】

1. 以理服人。日常生活中频繁的训斥、讽刺会让孩子无法从正面理解，往往不服气，或者产生"耐药性""抗药性"，以致哪怕改变沟通方式，耐心说服、循循善诱也无济于事。家长说教须以理服人而不是以势压人，以平等的身份、和蔼的态度和孩子交流，不要板着脸孔训人，这样的教育才能被孩子心悦诚服地接受。

2. 沟通要点简明。当载有新信息的语言第一次讲出时，对大脑刺激最大、印象最深，但同一内容反复次数太多，只能变成无关痛痒的"废话"，容易使青少年产生逆反心理。家长沟通前要提炼重点语言，有针对性，做到简练、深刻。

3. 内容真实，充满情感，忌大话、假话。高中孩子需要高水平的教育，交流话题不再停留在日常生活、行为习惯，不愿意听"冷冰冰的真理""空洞干瘪的说教"，不喜欢"言不由衷地装腔作势"，他们需要的是真诚坦率、充满感情的交流。沟通前，家长要事先精心准备讲什么内容，选取什么事例，交流准备达到什么目的，每次交流都要有水平、有新意，说到孩子的心坎上。家长用"真情、暖心、生动"的言语，善于以自己满腔的热情和坚定的信念唤起孩子情感上的共鸣，才能转化他们内心的信念，达到教育效果。

此外，注意观察家里可以与孩子有效沟通的角色（父母或是他人），一旦一方沟通无效就总结无效原因，替换他人以便达到沟通效果。

【教育提升】

根据青少年的年龄特点与其沟通，古代有很多值得借鉴的经验，比如"孟母断杼"，生动形象，易于接受。这对家长来说也是一次教育提升的机会。哈特《战略论》中说："要想说服一个人接受某种新思想，最可靠的办法是设法使他理解、相信。"李圣珍说过："家长和孩子没有人格意识上的平等，就会在精神上驾驭与被驾驭，双方的交流就会很困难，更不会有实质上的沟通。"

家长表达关爱不该是"操心过度"，或者把孩子当作婴幼儿来管教。随着孩子的成长，父母要学会新的关心和交流方式。最重要的是互相尊重和信任，家长要看到自己这么多年的教育所产生的成果，更要看到和信任孩子已具备的能力。要准确把握教育良机：当孩子饶有兴趣地向家长询问问题时，家长应及时把握孩子问题的实质，用恰当的方式表达关爱；减少无效语言的数量，与孩子友好相处。

父母得相信，青春期孩子内心中没有完全摆脱对父母的依赖，只是依赖的方式从之前对父母情感和生活上的依赖，改为希望从父母那里得到精神上的理解、支持和保护。

 **问题2：孩子高考志愿选择与家长不一致，怎么沟通？**

案例

从高考志愿填报那天开始，小赵与父母的冲突不断。小赵从小学起就喜欢航天模型，作为兴趣爱好父母支持他，但上了中学后，所有兴趣爱好因学习任务重而中断。眼见就要高中毕业，小赵提出高考志愿想要填报航空航天专业，但是父母觉得这个专业就业前景相对狭窄，希望报考财会、金融等热门专业。小赵坚持自己的爱好，不愿意接受父母的建议，认为父母以往一直鼓励支持他的兴趣，现在关键时刻"言而无信"。为此父母找来了亲戚朋友，甚至联系小赵以前学校的老师，到家里轮流开导，极力劝说他按照父母意愿填报志愿。小赵觉得越来越烦，对熟人长辈的态度也变得生硬，最后关上门拒绝见面。眼见填报志愿截止日期临近，家长和孩子都很焦灼。

【原理分析】

伦敦大学《积极心理学期刊》的研究发现："父母的控制行为和孩子以后生活中的心理健康问题存在关联。""家长控制欲过强，对孩子幸福感造成的负面影响，与痛失至亲产生的负面影响程度相近。"高考志愿填报沟通，应该站在未来就业和行业的角度给予建议，而不是一味地支持一方否定另一方。

心理学认为，自我中心是指从自己的观点和立场去认识事物，而不能从客观的、他人的观点和立场去认识事物。在童年期的孩子眼中，父母、老师的形象至高无上，对父母师长信任而尊重。青春期初始，与父母之间的关系发生微妙变化：在情感上、行为上、观点上与父母"脱离"，对任何事情都喜欢自己分析和判断，不愿意接受现成的观念和规范，重新审视父母的许多观点，结果往往与父母意见不一致。填报高考志愿，是多数孩子在漫长的一生中作出的第一个重要选择。父母希望孩子能够朝着自己期待的方向前行，觉得依据自己的社会阅历得出的判断永远比孩子更对。但得承认，在将来当孩子想证明父母的选择并不对的时候，孩子也具备这个能力。本案例中，孩子想以兴趣为导向选择未来职业，父母则使用多种手段干涉、影响孩子的志愿选择，双方沟通不顺畅。

【操作指导】

1. 高考填志愿，是人生无数变化中很重要的一次，但不是决定性的。大学就读一年后，有可能面临换专业、修双学位、跨专业考研究生等多种选择。在高等学校这个平台，学生可以学习更多知识，获取更多信息，有更开阔的眼界。大学毕业后是否就能按专业就业也是不确定的。家长可以告诉孩子，大学可供选择的机会多，尝试的空间大，一个人发生改变的概率也更高。

2. 结合生涯辅导，科学有效分析。新高考改革背景下，科学有效的志愿填报需要掌握新高考政策核心思想及选课应对策略，家长可以从生涯规划视角，结合孩子的兴趣、性格及能力等情况来进行志愿填报。对高中生而言，生涯规划贯穿志愿填报全过程，从前期的探索到填报适合自己的专业和院校，直到未来在大学校园和职场上的发展。

3. 借填报高考志愿之机，与孩子做好一定的探索和了解，注意与孩子的沟通技巧。首先，应先学会倾听，专注于孩子说的，把让自己分心的事搁一旁；将自己要说的话暂时搁置；尽量不打岔，如果要打岔，应鼓励对方说得更多，然后试着抓住孩子要表达的重点，鼓励孩子表达自己的看法和感受，不要对字面意义作出反应，而要弄清孩子真正的想法与感受。其次，试着站在孩子的立场去感受，帮助孩子搜集资料，了解兴趣专业的市场行情，做好提供建议的角色。当家长认为孩子的想法存在问题时，不宜直接否定，可以通过提出疑问（而非质问、反问）引导孩子看到自己考虑问题时可能存在的片面之处。最后，召开家庭会议，邀请有经验的老师、长辈们参与，在多方听取意见的基础上，父母提出自己的建议，说明依据，做好提供建议的角色，帮助孩子做好"选学校与选专业""兴趣特长与外在需要""长远发展与当前选择"之间的平衡。教会孩子从经历中学习与成长，引导孩子了解高考志愿的背后有更长远的职业规划。

【教育提升】

高考志愿填报是学生获得自我独立性很重要的契机，高中阶段的学生独立性增强但自制力较弱，他们追求个性，关注自己，对新鲜事物接受速度快但缺乏鉴别性，在高考志愿填报的问题上容易受同龄群体或其他渠道信息的影响。高考志愿填报只是一个引子，说明孩子已不是父母的附属品，迟早会拥有自己的思想、经历，走自己的人生。青少年已能完全意识到自己是一个独立的个体，因此要求独立的愿望日趋强烈，但是这种独立性的要求是建立在与成人和睦相处的基础上，与初中时期的反抗性特点有区别。家长应充分利用高考志愿填报的契机，与孩子理性沟通，建立肯定的、互相尊重的关系，为即将开启的大学生活做好铺垫。

高考志愿是一个个性化的选择，要根据孩子的个性、兴趣、家庭情况等因素进行综合考量，适合孩子的才是最好的。如果个人兴趣在志愿填报时没有得到充分满足，还可以在大学就读期间，在对本专业有基本了解后选修双学位或转专业进行二次选择，甚至可以考虑研究生专业的选择。让孩子明白这个时代什么都可以学，学习渠道也很多。父母要提建议，启发孩子自己做出合理的决定。社会上网络学习、自学、各种社会培训机构、大学选修课、某个领域专家的公益讲坛等提供更多学习专业、非专业知识的机会，只要有志向，学习机会有很多。选择是人生的常态，无法逃避，学会选择，也是人生必修课。

问题3：孩子为什么不喜欢家长拿邻居孩子做榜样？

案例

每次考试结束，莉莉都要面对这种局面：考好了，父母就特别开心；考不好就要被教育。父母总是说："现在学习不努力，将来考不上好的大学，怎么找到好工作？怎么有好生活？"母亲同事的孩子——与她同年级、一起长大的小刚，小学学习成绩不如莉莉，初中不相上下，上了高中后成绩直线上升。莉莉每次把成绩告诉父母时，总听见父母说起小刚，这次成绩又是年段前多少名，感觉在父母眼里，小刚学习好，运动佳，性格开朗，高智商，学习又勤奋，将来一定能考上985、211，给父母争光。每次听到父母说到小刚，莉莉就忍不住生气，怼父母："那么嫌弃我，不如认他作儿子，我走算了。"有时直接埋怨是父母遗传原因造成的，闹得大家都不愉快。父母本意是激励孩子，不想却引起莉莉的不满和抵触。

【原理分析】

81岁获得诺贝尔生理学或医学奖的美国女科学家芭芭拉·麦克林托克在颁奖台上说："我是一朵秋天里的雏菊，我相信，不是每一朵花都在春天里开放。"每一朵花都有自己开放的季节，每个孩子的生长发育有快有慢，没有优劣之分，只是节奏不同。心理学家班杜拉提出"观察学习"的概念，即通过他人的行为从而掌握运动技能、习得态度和其他行为，主张人尤其在儿童阶段，是通过观察和模仿榜样的方式来学习的，这一学习又可以称为"榜样化"，学习的主要途径是观察和模仿。

心理学家班杜拉提出的社会学习理论指出，行为习得的来源之一就是通过观察示范者的行为而习得行为的过程。行为的结果有外部强化、替代性强化（观察者看到榜样或他人受到强化，从而使自己也倾向于作出榜样的行为）和自我强化（当人们达到了自己制定的标准时，他们以自己能够控制的奖赏来加强和维持自己行动的过程）。表现优秀的、具有魅力的、受欢迎和喜爱的、与孩子相似的榜样更容易起到榜样的激励作用；相对容易的榜样行为、行动后获得奖赏的行为更容易被观察者学习模仿。

班杜拉还提出了自我效能感，是指个体对自己是否有能力完成某一行为所进行的推测与判断。自我效能感影响或决定人们对行为的选择，以及对该行为的坚持性和努力程度。自我效能感高的人对未来期望值高，乐于迎接应急情况的挑战，能够控制自暴自弃的想法，并在需要时能发挥智慧和技能。而自我效能感低的人容易畏缩不前、情绪化地处理问题、在压力面前束手无策、在需要时其知识和技能无法发挥。诚然，父母想用"别人家的孩子"来激励自己的孩子，增加他们的斗志和决心，殊不知"没有对比就没有伤害"。由于父母每次都拿成绩高的邻居与自己作比较，渐渐使莉莉的自我效能感下降。父母需要认真反思，你所看到的当下的不尽如人意，孩子也一样沮丧，这种激励换来的却是孩子的挫败感和自我否定，导致成绩下降，形成恶性循环。不如正面激励，看到努力，看到孩子在前行中的失误之处，一起探究有效策略，扫除障碍，迎头赶上。同时，激励也需要找准可行的参照物，比如和自己的过往付出、和不相上下的同学相比较，找出办法。

【操作指导】

1. 父母首先平复情绪、放下身段。情绪是一种由内而外的影响力，具有极强的感染力，父母只有在控制住自己情绪的状态下，才有耐心去倾听孩子的陈述。面对不理想的成绩，孩子也很沮丧，父母应及时发现孩子的负面情绪，先用简单的语言认同孩子的情绪："我看到你很沮丧。""你觉得很难过。"接纳孩子的情绪。但是不要让孩子感觉到他的行为是对的。待孩子情绪平稳后，要引导他进行处理："你要怎么做才能避免出现这样的情景呢？"

2. 孩子是家长和家庭教育的镜子，孩子的行为方式可以透露出家长的教养方式。莉莉的妈妈总是在莉莉成绩不理想的情境下，在各方面与别人进行比较，不仅不能帮助莉莉解决面临的现实困难，反而会增加她的焦虑与不满情绪。家长应反思自身的教育观念，树立正确的教育观，为孩子营造和谐、积极、正向的学习与生活环境，客观地评价事实，时刻注意自身言行，作好榜样示范。孩子每次遇到挫折时，就是最好的成长机会，父母应和孩子站在一起，解决难题。

3. 给孩子找个合适的榜样，发挥好榜样的作用。莉莉考试成绩不稳定，成绩下滑时，家长应和孩子一起分析原因，共同探讨应对的措施与办法。在榜样的选择上，寻找比莉莉学业水平略高的同学作为榜样，找出差距，也可以建议莉莉与榜样多交流，分享有效的学习经验。这样的榜样是易于接受和模仿的，而且每次与榜样之间的差距缩小被父母关注到，更有利于激发学习动机。此外，可以搜集一些与莉莉一样曾经在刚升入高中时遇到学习困难成绩下滑，但后来通过努力在高二高三成功"逆袭"的身边榜样，同时鼓励孩子，暂时遇到困难不可怕，爸爸妈妈相信他/她也能像榜样一样通过努力克服困难取得好成绩。

4. 了解孩子当下状况。每个孩子行为的背后都有其理由，一定要站在孩子的角度，从孩子的行为了解其想法和动机：发生了什么导致出现这样的局面？会造成什么样的后果？父母能做些什么才能帮到孩子？培养孩子的目的在于让他能够了解自己、了解他人，独立应对未来各种各样的人与事。

5. 对孩子的批评应就事论事。不借这次错误长篇大论，翻旧账，注意措辞，以不伤孩子自尊为前提，选择适当时机，在平和的气氛中交流。

6. 教育孩子，不管遇到什么困境，只要付出时间与努力，保持理智与活力，就能帮助自己走出困境。告诉孩子，在任何逆境中都要照顾好自己：规律的日常作息，充足的睡眠与休息，适当的运动，以及营养均衡的饮食，让自己保持活力。

【教育提升】

1. 及时提供心理支持。心理学认为复原力是指经历了创伤、悲痛、威胁或重大压力源后能迅速恢复良好状态的适应过程。许多研究显示，增强复原力的主要因素是拥有关怀与支持，在遇到困境挫折时，家人、朋友、师长及时提供心理支持尤为重要。帮助孩子学习他人成功的经验，搜集有用的资源和信息，配合自己的长处与技能，接受无法改变的事情，把焦点放在可以改变的地方。

2. 培养孩子积极的自我信念。心理学家埃里克森指出：青少年时期处于角色同一和角色混乱的时期，这一时期的孩子开始思考"我是谁"这一问题，当这一问题没有得到很好的解决时，就容易在成长道路上迷失自己、停滞不前，这与父母、老师或朋友的期待密切相关。当父母在孩子面前高度评价其他优秀的孩子时，孩子感受到的是父母对自己期待值低，产生挫败感、自卑心理，不利于孩子自我认同感的形成。父母在教育孩子时，应注重从协助孩子全面认识自己、客观评价自己、积极接纳自己三个方面培养孩子积极的自我信念，保障内心世界的健康发展。

 问题4：孩子不爱跟家长说话，怎么办？

案例

小赵上了高中，妈妈发现她就像变了个人，不愿意说话了，不像小时候整天黏着妈妈，什么事都告诉妈妈，现在一回家放下书包，除了吃饭之外，都待在房间里。妈妈问她学习是否太累，身体是否不舒服，甚至找话题问饭菜是否可口，小赵只是简单回答"还可以""还行"，多问几句就觉得烦。爸爸妈妈知道高中学习压力大，孩子学习辛苦，学业上的困难他们也解决不了，但不知道孩子怎么想的，心里着实很担心。

【原理分析】

在童年期之前的儿童眼中，父母的形象至高无上，对父母既尊重又信任。进入青春期后，青少年和父母之间的关系发生了微妙的变化：与父母的情感不如以前亲密了，要求独立的愿望十分强烈，反对父母对他们进行干涉和控制，对任何事情都喜欢自己进行分析和判断，不愿意接受现成的观念和规范，需要一定的自我决定的空间，希望和父母保持一定距离。父母应明确这一时期孩子的心理特点。

【操作指导】

1. 父母可以通过观察孩子日常生活起居，侧面了解其学校学习生活、同伴交往等情况，也可以主动参与孩子的学校生活，如主动与班主任沟通，参与家委会活动，参加孩子在学校的活动等，了解孩子在学校的表现，了解孩子的行为特点、道德观念、心理状态等。

2. 给孩子适当的空间，避免全程陪伴，给予适当的帮助，遵循"最少而足够"的原则。鼓励孩子自己设定学习目标、制订学习计划，自己监督计划的实施并迅速作出调整。

3. 父母有必要敏锐地捕捉孩子的感受和需要，理解、接纳孩子的感受，并满足孩子的心理需求。

4. 日常生活中多制造亲子谈心机会。要建立起家人时常沟通的习惯，教导减少、交流增多，以此来告诉孩子，倾诉会让大家感觉更亲密。作为回报，父母不仅应当为其保密，而且可以提供自己儿时的类似事件、类似经验让孩子放松。家长还可以有意识地搜集孩子可能感兴趣的话题或新闻热点,在一家人共进晚餐时父母展开讨论,吸引孩子加入。

【教育提升】

孩子进入青春期,其自主意识、自我认知能力突飞猛进,需要并追求独立。如果说孩子出生时是与母亲肉体上的分离,青春期的孩子就是与父母精神上、人格上的分离,父母要意识到孩子的成长,做好与孩子分离的准备:变掌控为尊重,由凡事皆由父母决定改变为有事要征求孩子的意见,腾出空间,彼此更加独立。

进入青春期的少年逐渐把自己内心封闭起来,虽然他们心理世界丰富了,但表露在外的东西减少了,加之对外界不信任和不满意又增加了这种闭锁性的程度,不轻易将自己的内心活动表露出来,包括自行保管私人物品,自行选择交往对象。但这种闭锁性多面向教师、父母等成年长辈。与此同时,他们又感到非常孤独和寂寞,内心渴望同龄人来关心理解,一旦找到关心和理解他/她的朋友,就推心置腹,毫无保留,尤其在同龄人面前愿意敞开心扉。

这些变化会给父母带来很多不适应,伴随着失落与焦虑。面对青春期孩子,父母需要遵循孩子成长规律,去学习、去做自己喜欢的事情,把目光和重心从孩子转移到自己身上。

问题 5:想过问孩子学习但又怕孩子反感,怎么办?

案例

晓亮的父亲是一个乡镇干部,因工作原因平时早出晚归,极少与孩子打照面。晓亮出生后一直和母亲住,上小学时很听母亲话,学习也较好。但上了初中后,母亲发现孩子越来越疏远她了。考入高中后,父亲也从乡镇调回,一家子待在一起的时间长了,一直很少过问孩子学习的父亲看见妻子与孩子沟通无效,希望自己能多督促孩子学习,却发现除了过问孩子饮食起居、上课是否听得懂、作业是否及时完成、考试复习得怎样、成绩怎样之外,自己与孩子无话可说,日子一久孩子显得极不耐烦。和与自己一般高的孩子交流不顺畅,父亲略感窘迫,又怕突然说太多、问太多引起孩子焦虑或反感,因此,不知该从何处开口说,怎么说。

【原理分析】

随着自我意识的发展，高中生要求独立的愿望越发强烈，有了成人意识，希望家长能平等与其交往。父母用过去的经验教育孩子必定不可取，因此要善于学习，转变观念，充分理解青春期少年的心理特征，尊重孩子的人格及其不断增长的独立意识与自尊。青春期孩子的大脑高级神经系统开始发育，孩子的记忆力、逻辑思维发展迅速，开始独立思考，内在需求已经从对物质、对情感的需求转变为对精神的需求，父母的教育方式应随之改变，沟通的方式、内容均应作出调整。

学习是一生的事情，高中只是一个阶段。和孩子沟通的话题很多，不要仅停留在学习上。如果孩子眼里父母张口闭口只是分数、排名、成绩，容易让孩子觉得"话不投机半句多"。其实，父母与孩子不仅可以探讨学习，也可以探讨关于时事、兴趣养成、同伴交往、职业生涯规划等的看法和见解。亲子话题多了，关系自然融洽。晓亮和爸爸之间有效的情感交流少，应该先在建立情感支持和亲子关系上下功夫，关系好了，教育自然有效。

【操作指导】

1. 了解孩子目前和未来规划。由于成长的时代背景不同，每个人获得的社会知识、形成的思想观念都不同。青少年接受信息的途径很多，要接近孩子，就要多跟孩子接触，从他们的语言及行为中了解他们的想法、喜好、内在需要，进而找到话题：最近有什么爱好、有什么烦恼，跟某个朋友关系如何等。父母与高中生的沟通要从物质和情感层面转移到精神层面，聊聊未来想从事的职业、想要报考的学校，引导孩子制订目标及学习计划，在孩子同意的情况下担任"监督员"，有意识地通过网络、实地参观等方式了解更多关于理想高校的信息，激发孩子的学习动机。

2. 理解和尊重孩子的需求。许多父母在和孩子说话时，常常会急着表达自己的意见和指示，期望孩子乖乖照自己的话做，所以往往没有很仔细地听完孩子的话，孩子感觉父母不重视自己的意见，导致代沟越来越深。要想和孩子进行良好沟通，就要站在孩子的角度去看待问题；要想让孩子听进家长的话，就需要家长尊重孩子成长的需求，不断更新自己的话题。这是需要用心去做的一件事。

3. 注意说话的语气。交流时，"我命令你……""我警告你……""你最好赶快……""限你在五秒钟内……""我数到一、二、三……否则……""你应该……""你真笨""你太让我失望了""不可以……"等带有指挥、命令、警告、威胁、责备、谩骂、拒绝等负面意义的语言，容易引起孩子的反感。

4. 关注孩子的学习情况时，多关注孩子的反应与态度。父母尽量把谈话变得简单、客观,就事论事,避免加入主观评判,使用简明易懂的语言交流,以礼相待,关注他的强项,不要总是盯着短板,肯定每次进步,哪怕是一个小进步。

5. 高中生往往觉得自己已经是大人了,希望家长把自己当作大人对待。家长可以尝试跟孩子分享自己工作生活中遇到的问题,或者家庭的一些事情,听听孩子的想法,甚至邀请孩子为自己出谋划策。当孩子感到父母真正把自己当作一个家庭成员后,他们也会更愿意在自己遇到问题时与父母讨论。

【教育提升】

从心理学角度看,青少年迫切要求享有独立的权利,将父母给予的生活上的关照及情感上的关爱视为获得独立的障碍,将教师及社会其他成员的指导和教诲也看成是对自身发展的束缚。为了获得心理上独立的感受,他们对任何一种外在力量都有不同程度的排斥倾向。所以,青少年的反抗心理在很大程度上是为了否认自己是儿童,而确认自己已经是成熟的个体。

处于青春期的孩子,独立感和自主意识增强,开始强调自己的地位和权利,在和父母沟通时往往不再是小学生时的状态,一味听从、全盘接受。更常见的情景是,一旦双方意见不一致,孩子的情绪会更加激动,出言不逊。作为父母,要看到青春期少年的敏感易怒,在学校、社交等场合容易与周围的环境发生冲突,由此产生忧伤、困惑,需要父母的理解与帮助。如果孩子的这些心理需求没有受到关注,必然选择回避,与父母心理距离越来越远。孩子真正需要的是和谐的关系、宽松的环境,一旦这样的环境是温暖的,有父母在慈爱地关注他,他才能自由地思考、感受和行动。

问题 6:孩子沉迷手机影响成绩,怎么沟通?

案例

在寄宿制学校读高一的小张,周末一回家就找手机玩游戏。刚开始父母制止时,小张说学校不让带手机,学习太累,周末需要玩游戏来放松自己。过不了多久,父母发现他玩游戏逐渐上瘾,一轮又一轮接着玩,持续两个小时不肯放手,赢了脸色还稍有放松,连续输了七八局之后,脾气变得暴躁,脸色铁青,一触就"炸"。现在和父母基本不说话,以前有打羽毛球的习惯,现在已经懒得出门,成绩直接受影响。父母多次严厉批评,小张也保证不耽误学习,但收效甚微,家里经常因此吵闹，开学四个月父亲已经砸坏三部手机。母亲担心这种沟通方式会导致冲突不断，也担心这样争吵会导致小张出现极端行为。

【原理分析】

高中生的独立性较之前增强，但自制力较弱，对新鲜事物接受快，但缺乏鉴别力，手机游戏从单打独斗到团队合作，数字化所带来的网络聊天、游戏、语音交流等功能极大地满足了青少年休闲娱乐的需求。学习需要长久的毅力，不是一时半会儿就能见到成绩提升。但是网络游戏中，十几分钟连续闯关，胜负立现，青少年在玩的时候能获得自我成就感和即时快乐，正是这个年龄段青少年特别喜欢的感觉，一旦接触手机游戏，极易上瘾。

高中生沉迷手机只是一种行为表现，主要原因有：

1. 手机本身因素。手机精致小巧便携，智能手机功能多样化，学习娱乐、游戏休闲、社交联系等功能不断升级。智能化、信息化的社会，手机升级更新速度快，疫情期间普及的网课增加了电子产品的使用时间。手机在给高中生提供更快更便捷的沟通交流和更丰富的娱乐休闲的同时，也因高中生较差的自控力使其沉迷其中。

2. 心理学的客体关系理论中有一个概念叫作"过渡"，指的是孩子会在父母离开时寻找一个替代性的物件作为父母形象的投射物，这个投射物会让孩子仍然可以感受到父母的存在。高中生在学校承受繁重的学业压力时总想找一个人、一个物体来安慰自己，转而看向父母时，如果父母的回应没有达到他所期望的，手机网络作为一个优秀的"过渡"，就代替父母为孩子提供了他们渴求的一切：通过打怪升级来弥补学业上的不成功，通过改变游戏环境来补偿现实生活的不可控性，通过隐藏自己的真实身份来隔绝那些让自己不愉快的情绪，通过与在线的朋友聊天来抒发内心的不快。因此家长一味地指责说教反而让孩子与家长越离越远，在手机网络的世界中越陷越深。

【操作指导】

1. 帮助孩子搭建起手机网络世界与现实的桥梁。让孩子把现实中的问题带到网络中，鼓励孩子在网络中承认自己的现实身份，将现实中的不满和问题与网络中的伙伴分享。家长也可以主动了解孩子在网络世界的活动，尝试和孩子谈论手机网络世界发生的事，与他们聊一聊游戏里发生的故事，和游戏好友的冒险体验，打破与孩子的隔阂，打开与孩子沟通的渠道。

2. 增强孩子在学业上的获得感。有的孩子因为学习成绩差，在学习上找不到成功和胜任的感觉，但内心深处仍希望被肯定，而在玩游戏过程中发现自己能够一路过关，在游戏中自己的能力被肯定和发现，于是就迷恋上游戏。对于这样的孩子，家长可以对孩子的学习提出最低要求，让他能够达到，然后给予鼓励，再逐步提高要求，慢慢培养孩子在学业上的成就感和自我效能感。

3. 帮助孩子发现现实生活的快乐。家长鼓励孩子在现实生活中寻找友谊，帮助孩子和其他同伴交往，提供机会和条件，让孩子从网络中走出来。或者多和孩子待在一起，减少孩子因为孤独、寂寞而上网玩游戏的时间。

4. 与孩子协商逐步减少上网玩游戏的时间。首先静下心来与孩子平等交流，让孩子认识到迷恋游戏和上网对孩子自己可能造成的不良后果。当孩子意识到迷恋上网的害处，想要作些改变时，可以与孩子协商约定，采用渐进措施，逐步缩短孩子的上网或游戏时间。当孩子能够按照约定缩短上网时间后，家长及时给予表扬或奖励。同时，家长以身作则，减少使用电子产品的时间，与孩子一起遵守约定，奖罚公平。家长要启动替代方案来满足孩子的心理需要，让孩子的注意力和精力转移到新的活动上来，如足球、篮球、跳舞等。

【教育提升】

面临"人生第二次断乳期"的高中生在面对繁重的课业压力、人际困扰、情绪波动和冲突时，会将手机作为必不可少的宣泄工具，手机依赖与压力、需求之间存在紧密联系，往往手机依赖被看作是孩子面临学业压力和需求不被满足时的反应方式，父母应及时尝试用更智慧的方式陪伴孩子应对压力，用更积极的方式满足其自身需求。

家长首先要了解孩子游戏和上网所代表的心理需要是什么。我们每个人对一个东西感兴趣甚至到着迷的程度，一定是这个东西满足了我们的某些心理需要。因此解决问题的前提就在于了解孩子的心理需求。有的孩子迷恋游戏是因为游戏给他带来了成功的感觉，让他得到了满足，找到自信；有的孩子迷恋游戏是因为缺少其他发泄精力的方式；有的孩子上网是因为在现实生活中缺少朋友或者不能被周边的人理解；有的孩子迷恋游戏和上网则是因为逆反心理。只有真正认识和了解孩子的心理需求以后，我们才可能找到替代玩手机游戏的有效方案，也只有这样，问题才有可能彻底解决。总之，家长如果能够做到持之以恒、耐心教育、坚持鼓励和表扬，孩子从迷恋游戏和上网中脱离出来就是很自然的事情。

 **问题 7：孩子喜欢看同性恋主题小说，怎么沟通？**

> 案例

小雯是一个就读于市重点高中的女生，从初中开始就喜欢看言情小说，父母觉得青春懵懂的少女向往美好的爱情是正常现象，就没有阻止孩子。高一那年，小雯的后桌给她介绍了一本同性恋主题的耽美小说。刚开始，她感觉很新奇，后来慢慢地，她发现自己喜欢上了耽美小说，被小说里两个完美帅气男生的爱情故事深深吸引，被他们突破世俗的勇气所感动。从那以后小雯一发不可收，开始关注耽美文化，并以"同人女"自称，热衷于搜索跟腐文化相关的一切信息，经常跟网上的其他同人女讨论。小雯的父母看在眼里，急在心里，很担心女儿会受耽美小说的影响，变得性取向不正常。父母曾找机会劝说过她，可是她偏不听，亲子关系因此变得紧张。小雯的父母不知道孩子为什么如此热衷于耽美小说，不知道该怎么办才好。

【原理分析】

耽美作为一种社会文化受到越来越多人的关注，随着各类同性恋题材电视剧的热播，更是掀起了一股耽美风，收获了一大拨少女的芳心。有人做过调查，发现这样的一群女孩，她们中的大多数并不是同性恋，在现实中甚至从未接触过真实的同性恋。那么究竟是什么原因让她们如此沉迷于这种同性恋的故事呢？

> "耽美"一词来自于日文，代指漫画及其衍生物（漫画界的小说、文章）中虚幻、唯美、浪漫的男性间恋爱感情。20 世纪 90 年代初，耽美文学传入中国，而后发展到今天，更是通过网络在中国迅速传播开来。近年来，越来越多的年轻女性热衷于耽美作品，其中 14~25 岁的女孩占整个群体的多数，她们自称"同人女"，指创作或欣赏一切耽美文学作品的女性。值得注意的是，她们几乎都是异性恋取向。

1. 社会大环境的影响。

近年来，随着大众传媒的盛行、互联网迅猛发展、外来文化广泛传播、女性自身地位的崛起，大众群体对同性恋接受度增加了。青少年缺乏独立思考的能力，喜欢盲目跟风，因此耽美文化迅速在青少年群体间传播开来。

2. 对梦幻般纯粹爱情的憧憬。

青春期少女正处于爱情萌动的季节，她们渴望唯美纯粹的爱情和完美的伴侣，相较一般的言情小说，发生在两个男性之间的爱情更能体现出爱情的纯粹，因为同性之间的爱违反了一般的伦理道德，而主人公们敢于突破世俗的眼光，选择社会的非主流，更是体现出了为爱不顾一切的理想主义。

3. 追求刺激、追求与众不同的心态。

当今社会青少年课业压力大，学习之外的课余活动很少，对于有无限活力的青少年来说，生活显得单调而枯燥。而国内青少年性教育不到位，使得青少年对异性、同性恋充满了好奇。越是神秘，越是打压，就越诱惑、越刺激，耽美文化大大满足了青春期少女追求刺激、追求与众不同的心理，也可以说是另一种幼稚跟风的心态。

4. 防御心理。

青春期少女正处于"异性接近期"和"异性爱恋期"，随着性意识的觉醒，她们对异性、对性存在着好奇心理。在我国几千年的发展历程中，性一直被视为"罪恶""不堪提及"，特别是女孩喜欢性就会受到负面的评价，比如"不是好女孩""淫荡"之类的差评。如果将视线转向男同性恋则可以避免受到过多的指责，因为在男同性恋的世界里没有女孩，同人女只是旁观者。但是，男同性恋之间的爱情和性，也是性，为了不让自己受到"下流""淫荡"的评价，同人女们想出了"支持同性恋"的防御盾牌，这也是一种防御外界指责、保护自己的心理。

【操作指导】

孩子热衷于同性恋主题的文学作品，家长最担心的恐怕就是"孩子会不会变得性取向不正常""耽美小说里露骨的性描写会不会让孩子产生遐想及模仿""孩子加入同人女群体，会不会被她们同化、学坏"……于是就产生了焦虑，一味打压孩子对耽美文化的追求。这样往往事与愿违，不仅没有改变孩子，反而让孩子转入地下，家长更难掌控。要想解决这一问题，家长首先要了解同性恋、耽美文化、同人女群体，只有了解才能更好地与孩子沟通。

1. 营造轻松愉悦的家庭氛围，建立良好的亲子沟通。

良好的亲子关系是沟通的前提，只有营造了轻松包容的家庭氛围，建立良好的亲子关系，孩子才愿意在家庭这个温暖的港湾中倾诉自己内心的想法，才能树立起面对现实世界的健康心态。父母要尊重孩子的独立人格与意愿，信任孩子，多倾听孩子的心声。孩子犯错，不要一味地责骂，要给孩子表达的机会，采取鼓励和引导的方式让孩子改正。

2. 亲子共读，逐步建立孩子的甄别力。

父母发现孩子喜欢看耽美小说时，不要自乱阵脚，一味地打压，粗暴地阻止。对于高中生来说，越反对就越好奇，越要去看。家长不妨也看看孩子正在看的小说，以成人的经验发现其中不良的情节后，与孩子共同探讨，让孩子了解耽美小说的不足之处。同时与优秀文学作品进行比较，让孩子逐步选择优秀文学作品作为主要阅读内容。

3. 有意识地转移孩子的注意力。

可以将孩子关注的热点引导到现实生活中来。丰富孩子的课余生活，增加家庭户外活动，培养并大力支持孩子积极的兴趣爱好，多参加一些社会实践活动，有意识地转移孩子对耽美小说的注意力。创造机会让孩子多结交一些优秀、成熟的玩伴，他们所带来的正面影响，远比父母的苦口婆心来得奏效。

【教育提升】

青少年正处于确定人生观、价值观、恋爱婚姻观的关键时期，阅读怎样的书籍会影响他们价值观的形成，而目前耽美作品水平参差不齐，其中不乏暴力、色情等内容，同人女群体也是鱼龙混杂。青少年正处于成长发育阶段，模仿能力很强，但辨别能力弱，加上其好奇的心理，很容易被一些不良文化和不良社会风气所影响。

"同人女"现象折射出来的问题，也在提醒我们在青少年性教育、性别教育、道德教育和价值观教育等各方面的缺失，如何弥补这些不足，还需各界的努力。

家庭教育应该起着重要的引导作用。家长要设身处地地了解当今社会孩子所处的大环境，了解孩子身心发展变化，因为了解本身就是最有效的干预。只有了解，家长才不至于盲目地焦虑，不至于一味地"堵"，一味地打压。家长跟孩子有了共同语言，才能融入孩子的世界，更好地引导孩子。家长还可以经常陪孩子挑选读物，防止孩子接触到不好的读物，亲子共读，一起讨论、分析书本内容，常打"预防针"，引导、培养良好的阅读习惯，孩子也就有了明辨是非的能力，自然而然就能自觉抵制不良读物了。

 问题 8：怀疑孩子是同性恋，怎么办？

> **案例**

小方今年高三了，母亲发现最近孩子的情绪反复无常，变得很烦躁，经常愁眉苦脸的，也不爱多说话。问他原因，只是说高考压力比较大，但看着不像学习问题，比较像感情方面出了问题，因为初中的时候和一个女生谈恋爱，后来闹分手也是类似这样的反应。

通过老师了解情况后得知，他这次是和班上的一个男生闹矛盾，据班上其他同学说，小方可能对这个男生有特殊的感情，做的很多事都已经超过了正常的同伴交往，为此班级甚至年段都有风言风语，所以那男生疏远了他，导致他最近很反常。母亲在查看他的手机后发现他曾经浏览过一些同性恋网站。知道这些事后，父母都蒙了，不知道该说什么好，毕竟是传统家庭，父母完全不能接受这样的状况。老师也说小方可能是同性恋，至少是有这种倾向。作为家长该怎么办？

> **【原理分析】**

同性恋，又称同性爱，是一种对同性产生性爱的思想和情感，并以同性为满足性欲对象的性取向。性取向有绝大多数群体和少数族群之别，但并无高贵和低贱之分。以前人们对同性恋有偏见，觉得同性恋是病，是性变态。随着科学的发展和社会的进步，人们对性取向的态度更宽容。目前学术界普遍的观点认为同性恋不是疾病。

根据性质，同性恋可分为相对性同性恋和绝对性同性恋。相对性同性恋，即我们所说的双性恋，他们不仅对同性有性爱活动，对异性也同样可产生性爱活动。而绝对性同性恋（又称"真性同性恋"）则只是单向地对同性有感觉。有学者提出，从人的性取向来看，真正的绝对性同性恋是极少数，即使很多自认为是单向同性恋的，其实绝大多数是双性恋，只有极少数是真正的绝对性同性恋者。在绝大多数的异性恋者中，绝对性异性恋也是极少数，多数人也是双性恋。所以，绝对的同性恋或绝对的异性恋，都是极少数的。

同性恋形成的原因比较复杂，分为先天遗传和后天因素。先天遗传即是由基因所致，这种同性恋多半从儿童期就形成，且难以矫正；后天因素是病理学上的同性恋，可能受家庭关系、养育方式、成长经历、文化传统以及其他因素的影响，成熟的异性恋模式未能出现或产生扭曲。因为绝大多数人都是双性恋，跟同性交往也会给自己带来性愉悦，加上之前从未有过跟异性互动的愉悦体验，所以当他们享受了这种同性的恋爱和性的体验后，就将性快感与同性对象联结在一起，认为自己是同性恋。事件发生时，当事人年龄越小，越无法全面判断，将多种经验加以比较，就越容易形成对某事物与其他事物之间关系的固定看法，就如性快感与同性对象之间的关系那样。

【操作指导】

家长发现自己的孩子在性取向上有异常，肯定会感到震惊与痛苦，因为中国绝大多数人对同性恋持否定的态度，而且为了家族香火的延续，父母不希望自己的孩子成为同性恋者。若发现孩子的性取向和一般人有所不同，做父母的往往会很痛苦，并且急于帮孩子矫正。但需要注意几点：

首先，要了解孩子究竟是不是真正的同性恋，其成因为何。可以寻求专业人士进行评估，了解孩子对同性产生好感的潜意识动机和需求，以及对异性排斥到什么程度。同性恋的评估与诊断需要专业咨询师进行详细的心理访谈后才能作出。

其次，如果经过专业评估，孩子确实是基因导致的同性恋，那么一般是无法矫正的。家长需要接受孩子的不同，帮助孩子适应社会。如果家长自身难以接受，可以自己先寻求心理咨询的帮助，而不是要求孩子接受咨询与治疗。

再次，如果孩子是后天因素导致的同性恋，并且孩子本人有矫正的意愿，可以寻求专业人士的帮助，在确定性取向异常程度之后，制订出干预的目标和计划。而且，同性恋作为一种特异的性兴趣倒错、个性上的异常定向，有其长期的"陶冶之功"，对其改变也不可能立竿见影，需要有耐心、恒心，否则难有成效。如果本人不愿甚至对矫治反感，那很难产生效果。

无论你接受与否，同性恋孩子可能会出现一些你无法预期的需求，一些你无法理解的困难，但请记住：你不是同性恋专家，你的孩子也不是，但孩子需要父母；父母虽然不一定能选择孩子的性倾向，却能影响孩子探索与接纳自己的过程；适时寻求专家的协助。

【教育提升】

同性恋具有严格的诊断标准，非经专家鉴定或本人认同（本人认同的都不一定是），建议不要随便给孩子贴上同性恋的标签。青春期的孩子由于各种原因对同性产生依恋也不是不可能，环境改变一切就会改变。如果没办法确定，还是交给时间去验证吧。如果孩子笃定自己是同性恋，父母千万不要表示出失望和焦虑，一定要耐心倾听，想办法帮助孩子制订未来规划，说上一句："孩子，不论你是不是同性恋，我们都永远爱你。"很多家长知道孩子是同性恋都会控制不住地表示出绝望，然后再由绝望转为病急乱投医，花很多冤枉钱给乘人之危的无良医生。有些同性恋是基因决定的，是不可改变的，当然也就谈不上被治愈。性取向改变不了，能随时间环境改变的就不是真正的同性恋。如果孩子愿意，带他到专业机构请专家帮助诊断也是必要的，弄清性取向有利于孩子调整自己的情感走向，及早规划自己的未来。

最后要提醒的是，如果孩子确定是同性恋，家长一定要保密。我国对同性恋的误解还很深，很多人和部分媒体还把同性恋与变态、艾滋病等字眼联系在一起，同性恋被接纳的空间还很小，公开会影响孩子的生活和学习。除非孩子成年后有足够的心理能量做好了公开的准备，否则一定要保密。

问题9：孩子怨恨甚至仇恨父母，怎么办？

案例

我是一位母亲，儿子今年16岁，在这之前，儿子一直温顺乖巧，成绩优异，可上了高中之后不知道怎么回事，完全像变了个人，每天就跟个刺猬一样，父母说他一句，他能顶十句，很讨厌跟父母说话，看见父母就甩脸色，好像父母是仇人似的。平时他爸爸性子急看不下去，偶尔会说他几句重话，他时不时就会跟他爸爸大吵起来，甚至想要动手。有时候还直接说他不喜欢我们去管他，再管他的话他就会更加讨厌我们了。我越发觉得不对劲，和他的班主任沟通之后才知道，他的成绩一落千丈，期末考试直接跌到了年级倒数。我真的很痛心，又很迷茫，看着儿子这个样子完全不知道应该怎么办。和其他亲戚朋友聊到这些事，才发现同年龄阶段的孩子大多有这样的转变。

【原理分析】

叛逆在每个人的一生中都会有或多或少的表现，特别是青少年时期，这种心态的变化显得尤为突出。尽管这种心理现象让很多家长或老师感到束手无策，但在发展心理学中，叛逆心理其实是一种正常现象。事实上，孩子之所以

会出现种种"叛逆"表现，源于身体和心理上的变化。在身体上，青春期的少男少女第二性征开始出现，身体逐渐发育成熟。基于身体上的变化，孩子的自我意识也"逐渐明朗"，想在处处体现出"与众不同"，突出自我价值，迫切希望摆脱成人的监护。他们反对成人把自己当小孩，而以成人自居。为了表现自己的"非凡"，对任何事物都倾向于批判的态度，以这种方式抵消长辈给他们带来的压迫感。由于感到或担心外界忽视了自己的独立存在，才产生了叛逆心理，从而用各种手段、方法来确立自我与外界的平等地位。

青春期亲子之间发生的种种冲突、矛盾，源于他们的权利之争，即"谁说了算""听谁的"。父母觉得依据自己的人生经验作出的种种决定足以为其遮风挡雨，让孩子少走弯路；而青春期孩子往往要争取自己的决定权和自主权，这是其生理和心理发育的必然。

【操作指导】

融洽、和睦的亲子关系是家长和孩子都向往的，处于青春期的孩子在这段时间是"充满风险"的，父母要怎样帮助孩子蹚过这条"大河"呢？

1. 耐心沟通。

这个阶段的孩子最大的特点就是叛逆，像火药似的一点就着。父母的一句话或者一个行为就会让孩子蹦起来。父母和孩子沟通的时候要注意自己的行为和言语，不能直接骂孩子，而是要温和地把事情讲清楚，要十分有耐心。如果父母和孩子一起暴躁，很难解决问题。父母要多点耐心，多和孩子沟通，慢慢地引导孩子。

2. 做好榜样。

孩子"叛逆"的表现也和父母的粗暴行为有密切联系，因此父母在教导孩子时要注意自己的言行，给孩子做好榜样。

3. 尊重孩子。

父母要学习尊重孩子，理解孩子的行为，放低自己的位置，耐心地听孩子讲述内心的想法，让孩子知道自己是被尊重的。父母要以朋友的身份去倾听孩子说话，了解孩子的世界，以朋友的身份融入孩子的世界，了解孩子"叛逆"的原因。

4. 学习相关的心理发展知识。

家长可以学习一些心理发展知识，了解孩子心理发展的特点，对照自家孩子的状况，用真诚的态度帮助孩子成长。

【教育提升】

帮孩子平稳地度过青春期，首先需要家长转换教育角色，调整教养方式，直面问题，了解孩子的内心，不能以家长的身份和权威来压制和控制孩子。北京师范大学心理健康与教育研究所所长、北京师范大学儿童家庭教育中心主任边玉芳认为，父母控制有两种类型，一种是心理控制，包括爱的收回、引发内疚和权威专断三种方式，父母采用控制、操纵的方式入侵孩子的内心世界，抑制其心理自主，迫使其顺从父母的要求；另一种是行为控制，即父母在主动了解孩子情况的基础上对其行为作出适当的指导和约束。

心理学研究表明，心理控制会损害孩子的自主感和能力感，从而降低孩子的自我价值感，是一种消极的教养方式；而行为控制是一种指导性的、非侵入式的教育方式，让孩子知道边界和底线，能增强孩子的自制力，减少孩子的负面情绪，是积极的教育方式。因此，在日常生活中，父母应适度增加行为控制、减少心理控制。

青春期孩子最重要的任务，是探讨"我是谁""我将成为什么样的人"，所以，父母不能仅仅希望孩子听话，或者认为听话的孩子就是好孩子，而要看你要孩子听的话，有没有真正为其内心所接纳。

中国公安大学李玫瑾教授说："父母需要改变和孩子相处的策略，要'客气点'。孩子不想说的事情，不要多问；指出他的问题，也要点到为止，相信他自己有基本的判断。"李玫瑾认为："父母的智慧在于，知道孩子想要什么，也知道要提醒他什么，然后把这些选项都给孩子，帮助他分析利弊，把各种可能分享给他。孩子会有自己的判断，作出选择。"

和青春期孩子相处是一门技术，更是一门艺术，只有让孩子感受到父母的真诚，父母能和自己共情，他们才有可能去除内心的屏障，走近父母。

 问题 10：父母在外地工作，如何与孩子沟通交流？

案例

从孩子两岁开始，我和丈夫就到广东工作，女儿一直跟着我爸妈一起生活。由于工作繁忙，我们只有逢年过节才能回家。平时会通过电话或视频联系，但时间不固定，工作不忙的时候才会联系。现在孩子高一了，也很少主动打电话过来，平时和她讲电话通视频感觉她都很敷衍，我们说什么话她也听不进。这次过年回去，看到她和同学的聊天记录，她说最郁闷的事就是和我们打电话，认为我们很无聊，每次打电话只会问那几句话，比如"上课的时候要认真听课""这周有考试，你得了多少分""你应该在家努力学习，我们在外面努力工作都是为了让你有更好的条件"之类的。孩子认为我们只关心成绩，不想和我们多作沟通。其实我们一直努力想改善亲子关系，却感觉无从下手。我们一直在外地工作，没办法陪在孩子身边，不知道该如何更好地和孩子沟通交流。

【原理分析】

留守儿童是指父母双方外出务工或一方外出务工，另一方无监护能力，不满十六周岁的未成年人。由于经济原因，加上路途遥远，留守儿童的父母很少回家，与自己的孩子聚少离多，沟通少，远远达不到其作为监护人的角色要求。而隔代教育又有诸多不尽如人意之处，孩子在身心成长过程中无法得到父母的引导和关心，父母也无法了解子女的心理变化，而有的父母认为只要让孩子吃好穿好就是对孩子好，却忽略了情感的关怀。有专家指出，0~14岁是人格形成发展的关键时期，这个时期的心理发育非常重要，如果父母错过了和孩子的情感陪伴和交流，孩子长大后，无论父母如何加以弥补，对于建立亲密关系来说都是非常困难的。

亲子依恋，是孩子在两岁前与母亲或主要抚养人之间建立的一种特殊的情感联结纽带。一般认为亲子依恋关系在三岁以后就比较稳定了，但是这种稳定性只是相对的，不同人生阶段的亲子依恋会有所不同，即使处在青春期的个体，他们对父母的依恋关系也会发生某些改变。造成孩子与父母之间依恋关系发生改变的消极生活事件包括父母死亡、父母离异等。亲子分离也被认为是一种对依恋关系建立有消极影响的因素，长期的亲子分离会严重削弱儿童与父母之间的依恋关系质量，亲子分离的年龄越小，之后的亲子关系就越差。留守也视为一种亲子分离状态，这种状态会对青少年的亲子依恋产生影响，影响青少年心理的健康发展。

在现实条件不允许常见面的情况下，电话和网络成为亲情联系的纽带。不少已经长大的留守儿童提到，爸妈打电话基本就是那几个问题：学习怎么样了？考试考了多少分？有没有听爷爷奶奶的话？这给他们的电话交流留下阴影，觉得父母只关心成绩，甚至会有学习的压力和焦虑感，产生抵触心理不愿意说话，长期这样下去也就不想和父母交流了。所以父母与孩子进行有效的沟通、更好地培养感情，是让孩子健康成长的关键。

【操作指导】

虽然现在各种通信手段非常发达，但对于远距离养娃的父母来说，在"云"上和孩子沟通，还是会出现这样或那样的问题，所以除了关心孩子的基本生活和学习，父母还应关心引导孩子交友和处事等社会交往方面的能力。下面给出几点建议，希望能促进父母与留守孩子的感情培养。

1. 固定好聊天时间，雷打都不能动。

如果你要去外地工作，在离开之前，要先跟孩子定好每天或每周一起聊天的时间。而且要注意，这个时间一旦定了，最好不要轻易改。无论你在外面有多忙，都要尽量在那时候挤出时间，专心和孩子聊天。

2. 每天聊的内容，不要总是吃饭睡觉学习。

和孩子聊天的时候，不要总是问他们吃的什么、在学校怎么样、作业有没有做完这些千篇一律的话，可以试着找一些更有意义、更具有启发性的问题。不同年龄的孩子关注的重点不一样，6～12岁的孩子，注意建立同伴关系，这个时候，父母可以多问一些孩子周围的情况，比如跟孩子说说他（她）同学、朋友的情况。对于12岁以上的孩子，自我意识开始增强，这时候父母就可以多问一些跟孩子自身有关的话题，比如说男孩子开始注意身高，女孩子开始注意外貌，这些都是跟孩子沟通的好话题。也可以问问孩子最近看了什么电视，有什么收获；说说自己最近遇到的事情和想法，一起讨论现在最热门的话题，鼓励孩子说说自己的想法。

3. 可以进行手写信件来往。

父母多给孩子写信，是向孩子传递爱的比较好的方式。父母在外辛苦打拼是为了孩子，但孩子却不理解家长的苦心，而孩子也很委屈，说父母不理解他们。问题并不在爱上，而是在孩子是否接收到了你的爱。文字具有不可替代性，能给人以想象力，还能保存，反复阅读，亲情需要爱的刺激，不能只靠电话，所以父母可以尽量花点时间给孩子写信。

4. 和孩子身边的人沟通，一点也不能少。

和孩子的爷爷奶奶或是叔叔阿姨这些实际监护人、学校的老师等多沟通，因为他们每天都在照顾孩子，是对孩子日常生活最了解的人。从他们那儿，能知道孩子生活中的更多细节。我们对孩子了解得越多，能给他们提供的具体帮助自然也就越多。

5. 能利用的网上资源，一个也不错过。

在网上，除了可以和孩子聊天外，其实还可以一起做很多事情。比如约好在某个时间一起在网上看一个节目，或者一起玩一局游戏，或者一起学习某项技能……

只要脑洞够大，很多事情都可以通过网络和孩子一起完成。

6. 多留些照片和视频，记录下孩子的成长。

在孩子成长中的一些关键时刻，比如生日、毕业典礼、汇报演出等，请亲朋好友帮忙录下视频或者拍下照片，争取在外地也能远距离参与孩子的重要活动。如果有机会，还可以把自己收集的图片或视频剪辑成孩子的一个个成长记录，留作孩子成长的纪念。

【教育提升】

每个人要想在心理上健康成长，都需要一定的依恋对象。最普遍的依恋对象是父母，但如果父母不在身边，其他照顾孩子的亲戚长辈都可能替代父母成为依恋对象。对大多数的留守儿童来说，依恋对象更多是爷爷奶奶、外公外婆，也就是说爷爷奶奶、外公外婆对于留守儿童来说才是真正意义上的"父母"，而鲜少见面的父母在心理上来说至多不过是个"远房亲戚"。

任何孩子对家庭都有一定的期待和想象，希望能拥有传统的父母子女关系。但是对于留守儿童来说，想要建立起传统的亲子关系已不太现实，而且一旦心理发展期过了，想要建立那种儿童时代发展起来的亲密和信任感，即使不是完全不可能，也是极其困难的。父母应该从孩子的角度考虑问题，再与孩子好好沟通，父母应放下家长的架子，俯身与子女一起进行心灵上的沟通。

所谓心灵上的沟通，不是我们经常看到的父母高高在上、孩子很渺小的这种状态。如果父母总是觉得自己什么都懂，然后去审视孩子，问些有没有听爷爷奶奶的话、有没有好好读书的话，孩子听着是非常容易产生戒备感的，而且是非常有压力的。心灵的沟通就是父母跟孩子像朋友一样聊天的状态。再小的孩子，你把他当成大人，他就能像小大人一样与你聊天。能放松聊天了，我们和孩子之间的隔阂感就会慢慢消除。

 # 问题11：孩子进入青春期，如何做好家长？

案例

林爸爸说："我儿子高二了，很叛逆，厌学，特别喜欢玩手机，还总爱发脾气。原来他发脾气时，我也会忍不住大声呵斥他，结果你说一句，他顶三句，或者爱搭不理，说什么都抵触，不满意就发脾气，有时候还骂父母，和父母有仇似的。现在越发不可收拾了，发展到一不高兴就摔东西，认为一切不好的事都是家长的错。这两天他感冒了，又赶上会考，情绪非常不稳定，怪我们没照顾好他，让他感冒了。我气得教训他'你自己感冒怎么能怪别人'，结果家里又是鸡飞狗跳的。现在父子关系非常紧张，我真不知该如何面对孩子，他有错我们做家长的难道还不能批评指正了？怎么才能和孩子好好相处呢？"

【原理分析】

很多家庭的亲子关系随着孩子进入青春期而变得紧张起来，父母发现孩子浑身带刺，说不得碰不得。这一方面是孩子自身青春期带来的身心变化，另一方面是父母没有跟上这种变化，仍然固守原来的教养方式，这两者出现冲突，造成摩擦不断。

进入青春期的孩子，自主意识增强，渴望自由、平等和尊重，希望父母"像对待成人一样对待我们"，并努力尝试摆脱父母的管束。孩子的身心在不断发展和趋向成熟，亲子关系也渐渐变得不同以往：对孩子而言，家长不再是不可冒犯的"权威"；对家长来说，孩子不再是听话的"乖孩子"，变得"软硬不吃"。面对这种情，家长需要适时调整自己在家庭教育中的角色，思考自己的教育方式是否适应孩子身心发展的新形势。

家庭教养方式很大程度上影响着亲子关系，也影响着孩子的身心健康。家庭教养方式通常分为四种。(1) 民主型，对孩子高要求高满足，爱和规则并重，培养出来的孩子往往具有较好的心理素质，有自信心，有责任感，独立自主，有良好的社会交往能力，出现心理行为问题的概率比较低。（2）专制型，对孩子高要求低满足，培养出来的孩子往往缺乏自信，依赖性较强，容易叛逆，在社交方面比较被动，或者较为孤僻，甚至有攻击行为。（3）溺爱型，对孩子低要求高满足，溺爱是父母情绪和情感的自我放任，培养出来的孩子一般也具有良好的社交能力，适应性较强，但是容易以自我为中心，缺乏责任感，不善于处理问题。（4）放任型，对孩子低要求低满足，培养出来的孩子容易产生自卑感、不信任感和不安全感，并且在与人交往的过程中，容易出现紧张、彷徨、犹豫或者退却，对学习缺少兴趣。这种孩子最容易出现心理行为问题。教养方式是家长在养育孩子过程中无意识的表现，我们提倡民主型的家庭教养方式，采用其他类型教养方式比较容易出现亲子关系紧张，父母最好做些调整。现在的孩子多在民主的家庭空间中成长，平等、尊重和信任是其内核，也说明了这种教养方式是时代的进步和选择。

【操作指导】

亲子关系总是处在动态变化中，就像大多数孩子随着身高的增长，对父母的心态变化：仰视—平视—俯视。在孩子的成长进程中，父母最需要做的是角色转变，从处于控制地位的教育者，转变为辅助地位的帮助者和陪伴者，不再控制孩子，不再强迫孩子按照自己的设计和期望成长，而是以孩子为主，相信孩子有自我成长的能力，用放松的态度来陪伴孩子成长。父母明白这一点，才能减少自己的焦虑感和无力感，才能从家庭教育的困惑中走出来。2015年教育部印发《教育部关于加强家庭教育工作的指导意见》，从文件中可以窥见高中生家长的角色和定位，这几种定位可能贯穿一生，只是不同阶段有不同的要求。

1. 保姆。保姆是服务的提供者和辅助者，意味着家长把自己退居到孩子的背后，给他创设适合成长的必要条件和生活情境，提供物质保障。是否还记得孩子刚开始学习走路的时候，父母要帮助他实现身体直立？现在他开始逐渐步入成年，需要父母再次帮助他实现人格独立。这需要父母不再对孩子的事情作武断性的决策，而是开始征求和尊重他的意见："你是怎么认为的呢？你打算如何处理呢？你打算什么时候开始做呢？"

2. 教师。父母是孩子的第一任老师，教育孩子是父母的天职。青少年张扬个性且容易犯错，期望其不犯错误是不现实的，家长要从教师的角度多宽容。"师者，传道授业解惑也。"父母做好教师的角色，应晓之以理、动之以情、导之以行。父母做好教师的角色，对高中孩子开展性别教育、媒介素养教育，培养孩子积极的学业态度，指导孩子学会自主选择。首先，坚持学习和成长，不断提升自身素质和能力。家长要全面学习家庭教育知识，系统掌握家庭教育科学理念和方法，不断更新家庭教育观念，努力把握家庭教育的规律，增强家庭教育本领。其次，坚持引导和示范，积极发挥榜样作用。行正为范，家长时时处处以自身健康的思想、良好的品行影响和帮助孩子养成好思想、好品格、好习惯，引导孩子逐渐形成正确的世界观、人生观、价值观，让孩子成为成熟的个体。再次，协调家庭内外资源，融合家庭、学校和社会教育资源。主动与学校沟通，支持孩子参加适合的社会实践。创造教育机会，人在事上磨，家长要对孩子进行行为训练。最后，坚持督导和鞭策，盯着孩子的治学和修身，教会孩子做人的道理和做事的方法，把孩子培养成"终身运动者、责任担当者、问题解决者和优雅生活者"。

3. 朋友。家长与孩子是两个独立的生命体，家长只有"蹲下来"平视孩子、尊重孩子，才有机会理解孩子的苦乐，才能相互倾诉、相互支持、相互影响；学会欣赏孩子，每个人都渴望得到他人的认可；分担孩子失败的痛苦，分享他们成功的欢乐，鼓励他们勇敢面对自己的不足和失败，并告诉他你永远爱他，永远支持他。

4. 心理师。随着孩子的成长，内心需求不断发生变化，需要我们积极关注孩子的心理健康，有意识地建立良好的亲子关系，努力用平等尊重的态度对待孩子，在心理上与孩子同频，打开孩子的心扉，疏导孩子的情绪，帮孩子正确认识自己（性格特征、行为习惯、先天条件、能力边界、资源环境等）并明确下个阶段的努力方向。

【教育提升】

1. 父母是孩子最大的命运。在家庭关系中夫妻关系大于亲子关系，是家庭核心，良好的夫妻关系是最好的教子良方。父母为孩子的教育争吵不休、恶语相向，是给孩子最坏的示范，不管花多少钱、上多好的培训课都无法挽回。父母爱孩子的方式里藏着孩子看世界的眼光，父母是孩子人生旅途中的第一个摆渡人。在孩子遭遇挫折和困苦时，心灵总会不自觉地回归早年的家庭生活。父母把目光放回到自己身上，做好自己，这是人生最聪明的活法，也是教育孩子的真谛。

2. 尊重孩子，有边界感。尊重是良好亲子关系的底色。每个人都是独立的个体，有自己的思想和喜好，总期待他人按自己的要求做事，注定收获的是失望和痛苦。首先，充分认可和尊重孩子的成人感。只有这样才能在和孩子的相处中摆正角色心态，才能扮演好新的角色。其次，保持界限，不肆意干涉孩子的生活和学习。亲子关系中的边界，就是孩子成长的空间。认清边界，保持合适距离，什么关系就保持什么距离，这是人与人之间最大的规矩。再次，不要试图去改变对方。这包含了对一个人的尊重，哪怕他是你的孩子。你也许不理解他，但是你必须给予尊重，因为对方也能看到你与他的不同。美国作家爱默生·艾格里奇在《养育男孩》一书中说："如果你只能给儿子一样东西，那就给他尊重。"

 问题 12：想生二孩，但孩子很排斥有弟弟妹妹，怎么办？

案例

妍妍今年 16 岁，读高一年级，是个性格开朗、非常有爱心的女孩，特别喜欢跟家里养的两只猫玩。能让她产生危机感的事情不多，甚至成绩考得不理想她也不会自卑伤心。去年春节家庭聚会时，亲戚劝我们趁现在还能生再要个老二。看着周围的亲戚朋友基本都有两个孩子，先生对这个建议很心动，就和女儿商量："爸爸妈妈给你添一个弟弟或者妹妹好不好？"面对这个问题，妍妍给出了严肃甚至有些狠厉的反对答案，听到这个回答我们都很意外，没想到女儿反应这么强烈。其实小时候她对"二胎"的问题没那么敏感。在她十岁时问过，她当时只要我们保证，以后挣的钱不能都给弟弟或者妹妹花。我们都觉得可能是因为孩子从小被宠爱着长大，习惯了家里把焦点都集中到她一个人身上，所以不能接受再出现一个人分走这些关爱。面对孩子这样排斥弟弟妹妹的到来，我们该如何和她沟通？

【原理分析】

随着计划生育政策的调整，许多家长想生第二个孩子。父母知道独生子女的情感需求和家庭需求，因此，想给孩子一个弟弟或妹妹。然而，很多孩子不愿意接受。孩子不接受二孩的原因可能有以下几个方面。

1. 一胎孩子不欢迎二胎宝宝，通常与家庭氛围有关。他在成长中受到的关爱过多，已经习惯家长围着自己转。

2. 孩子担心爸爸妈妈会把注意力转移到弟弟或妹妹身上，他们得到的关注越来越少，担心弟弟或妹妹会让他们失去一切。

3. 有些父母说话不注意，特别是当孩子调皮时，会流露出再生一个行为良好的孩子的想法。若这样的情况长期存在，大孩子就会对未出现的孩子产生敌意与嫉妒之情。

4. 周围的舆论也可能导致孩子产生这种心态。例如，有成人与孩子闹着玩："你爸爸妈妈要生弟弟妹妹了，以后就不要你了。"这样的话往往给年幼的孩子造成恐惧心理。

父母要观察老大的一言一行，对其对立情绪进行有针对性的疏导。老大排斥二孩是普遍存在的现象，孩子的占有欲比较强，潜在的敌对心理很容易给他们造成巨大的心理压力，若压力无法疏通，很可能做出一些极端的事情，甚至引发悲剧。所以千万不要忽略大孩子的心理感受，也不要简单地把他们的威胁当玩笑。

【操作指导】

1. 建立安全感。

孩子排斥小宝的出现，其根本原因是缺乏安全感，他们害怕父母的爱会被别人给夺走。因此，最重要的事情就是让孩子有安全感，让他们懂得父母在任何时候都不会抛弃他们。在教育孩子的时候，不要威胁恐吓他们，温暖的家庭会让孩子时时刻刻都有安全感，不会再排斥弟弟妹妹的出现。

2. 合理运用"共情"。

孩子会排斥和不能接受是正常的，父母不应表现出责备和不耐烦，否则只会让孩子觉得自己的担忧会成为现实，使孩子更加不安。首先，父母必须表达他们对孩子的理解和认同，这就是心理学中的"共情"。父母的认同能让孩子信任父母，有效缓解他们的忧虑。

3. 让孩子参与"二孩"的事情。

大孩子对弟弟或妹妹不满，只不过是担心在父母面前存在感降低。再一次怀孕，父母肯定会把全部心思放在第二个孩子身上，很容易忽略了大孩子。建议让大孩子参与到迎接二宝的家庭行为中，包括给孩子起名字，给孩子准备衣物等。但是记住，当和孩子谈论这些事情时，不要忘记跟孩子亲昵一些。

4. 多带孩子接触二孩家庭。

可以带着孩子和一些已经生了二孩的家庭接触，让孩子发现二孩家庭真的很有爱，孩子可以感受到其中的乐趣以及当哥哥姐姐的喜悦。让孩子认识到与弟弟妹妹一起成长是一件非常有趣的事情。

5. 带孩子多逛逛婴幼儿商店。

多和孩子去婴幼儿商店之类的地方逛逛，告诉孩子小时候用的婴幼儿用品有哪些，里面发生过什么有趣的事情等。孩子被这些环境所感染，会觉得小宝宝很可爱。

【教育提升】

照顾一个新生儿是一项非常大的挑战，不论第一胎还是第二胎，照顾婴儿常常会让爸妈感到手忙脚乱。既然分出了许多时间照顾刚出生的小宝贝，自然就会压缩陪伴老大的时间，而让老大感到失落。"老大情结"任何年龄都有可能发生，也不会因为孩子的年龄较大就比较轻微。研究发现，大孩与二孩的年龄差距越大，双方越难以融合，随之而来的问题越多。因此，年龄越大才有弟弟或妹妹的孩子，反而会产生更强烈的"老大情结"。我们必须知道，孩子表现出抵触情绪，并非孩子不喜欢弟弟或妹妹，而是表达一种失落感，也就是由不安全感导致的焦虑。避免二胎出生后老大老二关系不和谐，家长需要注意以下几个问题。

1. 做到公平不偏心。

家长应该尽量做到不偏心，公平地对待两个孩子，更不要总是让大宝谦让二宝。大宝对自己的东西有支配权，不要强迫孩子去分享，这样做不利于两个孩子的相处。家长可以引导，但却不能简单粗暴地勉强。

2. 不对大宝二宝进行比较。

尽量不要对两个孩子进行比较。每个孩子都是独立的个体，都值得父母关注，两相比较会增加孩子的心理压力以及彼此间的竞争意识，不利于两个孩子的相处。

3. 引导大宝二宝友爱相处。

家长可以抓住适当的时机，教育两个孩子在以后的成长中要相互友爱，相互陪伴，这是一种非常幸福的体验。

相信每个家庭都有自己的特殊性，对于幸福的定义也各有不同。在对于两个孩子的家庭教育问题上，要结合具体状况进行分析，有针对性地进行化解和协调。

主题三　学习与成长

 **问题1：高中竞争激烈，孩子自信心下降，怎么办？**

案例

小奇上初中时成绩很好，是一班之长，在学校各种竞赛中经常获奖，不仅深得老师们喜爱，也是很多同学心中的偶像。考上重点高中后，他内心踌躇满志，想通过自己的努力取得跟初中时一样优异的成绩，继续闪耀高中。

然而，入学后他发现高中生活并不顺利。学习上他有点力不从心，觉得老师讲课速度偏快，自己听得有点吃力，并且做作业速度慢，有时会完不成老师布置的课内作业，几次小考成绩都不理想。相比之下，班上很多同学看起来学得很轻松，他们不仅能完成课内作业，还有余力刷课外习题，小考成绩也都很优秀。学习之外，他们还参加了各种课外活动，学校的体育和艺术舞台上都有他们的身影。反观自己，由于把大部分时间花在应对课内学习上，小奇原本擅长的钢琴都荒废许久了。

对于马上要进行的班干部选举，小奇也不敢自荐。尽管他很愿意为班级服务，但是他觉得同学们太优秀了，他们不仅成绩好还多才多艺，自己却连学习都跟不上，不配当班干部。在人际交往方面，小奇担心同学们不爱跟这么普通的自己交朋友，也就主动回避了与同学的来往。他十分沮丧，甚至怀疑自己是否适合在这所学校就读，产生了转学到普通学校的念头。

【原理分析】

孩子刚升上高一，面临方方面面的适应问题，可能会出现对新集体的不适应、对新的教学方法和学习方式的不适应等，在这个过程中，他们的自我意识会遭遇到反复的冲击、打磨。尤其是那些初中时的佼佼者，到了强手如林的重点高中，可能面临期望值与现实之间的落差，自信心会受到巨大的挑战，难免会产生心理失衡。这种心理失衡如果没有得到及时调整，会影响到孩子的情绪、学业、人际等各个方面，以致影响孩子的个性形成与未来发展。

关于自信心，心理学家班杜拉提出了一个与之相近的概念——自我效能感。他将自我效能感定义为"关于人们对完成某个特定行为或完成产生某种结果所需行为的能力信念"，简单来说，自我效能感就是人们对自己"行不行"的信念。它会以各种不同的方式对人类自身的活动产生影响——它能激发我们的动机和情感、开发潜在能力、促进积极的自我意识发展。它是"心态"中非常关键的一部分，影响着我们走向成功。

恰当的自我效能感能促进个人能力的充分发挥。自我效能感高的人会为自己设立更高的目标，倾向于把情境看成是可实现目标的机会，对结果的预期比较乐观，对目标的坚持性也更强。在面对困难的时候，高自我效能感的人愿意付出更大的努力迎接挑战。他们相信自己能控制事件的潜在威胁，因此不会被焦虑所困扰，会因对自我能力的坚信所带来的平稳心态而超常发挥。在与个人能力相匹配的前提下，自我效能感越高，选择的活动和环境的挑战性就越高，就越能发挥自己的潜能，也更容易取得成功。

案例中的小奇，由于遭遇学业不适应，他的自我效能感降低，表现在班干部选举和人际交往中，他过多地考虑自己的短处，倾向于想象失败的场景，限制了自己的活动范围，限制了自身发展；还表现在他对个人发展和自我实现持有较悲观的想法，打算以转学来应对当下的困难。这对于他未来的发展是极为不利的。

> 人必须有一种自我效能感，才能应对人生中不可避免的阻碍和不公，走向成功。
>
> ——班杜拉

【操作指导】

提升自我效能感，可以从它的信息源入手。班杜拉认为，自我效能感是人们通过各种不同的信息源获得关于自己能力的信息而形成的，主要的信息源有四种：个人自身行为的成败经验、替代性经验、言语说服、生理状况或情绪唤起。

1. 鼓励孩子坚持，不打折扣地努力。

个人自身行为的成败经验对自我效能感形成的影响最大。研究表明，当个体通过坚持不懈而完成艰巨的任务时，就会获得积极的自我效能感，这种效能感在以后的任务中为个体提供能力的保证，并且使个体遇到失败的时候仍然不失自信。

因此，面对困难不能逃避，"越逃避，越困难"。家长应告诉孩子困难只是暂时的，只有保持耐心继续坚持，完成任务时才会具有更强大的自我效能感。只有经历风雨，才能见到彩虹。

2. 让孩子寻找"榜样力量"。

替代性经验是指通过观察别人的行为，从别人的行为结果里形成对自己的行为和结果的期待，获得关于自己的能力可能性的认识。研究表明，这些替代性的信息对观察者的能力和能力信念的增长起到重要的促进作用。尤其是当榜样与观察者非常相似的时候，观察者对自己能够完成同样任务的信念就越强。家长可以让孩子找找身边是否有与自己遭遇同样困难的同学，去了解他们是怎么应对挑战，逐渐走向适应的。这个榜样也可以是孩子自己，家长可以帮助孩子回忆曾经是否遇到过类似的困境，自己是怎样应对的。让孩子发现，原来自己身上是具备取得成功的能力与资源的。

3. 让重要人物给予孩子肯定和鼓励。

言语说服包括他人的说服性鼓励、建议、告诫、劝告以及暗示。研究表明，当个体在努力克服困难，并出现自我能力怀疑时，如果有重要人物表达了对他的信任或积极性的评价，可增强其自我效能感。家长可以寻找孩子的"重要人物"（如他喜欢的老师、钦佩的长辈），让其对孩子给予肯定与鼓励。这虽然不能提高孩子的智力与技能水平，但可以使孩子对自己已有的能力产生积极的信念。

4. 找到适合的定位，减少压力源。

生理状况或情绪状态所提供的躯体信息也可以帮助人们判断自己的能力。生理上的疲劳、疼痛、身体发抖等也会被人当作机体无能的信号，增强个体的无能感。高焦虑、高抑郁的情绪状态，也往往会使人们低估自己的能力，降低自我效能感。进入高中后，找到恰当的定位，对于减轻心理压力有很大的帮助。家长应引导孩子不要盲目地提出过高的期望。在进行自我评价时，少与他人作比较，更多对自己在不同时期或阶段的状况进行比较，要看到自己努力的点滴成功，及时给予自己肯定。这些都有利于降低生理与情绪带来的消极反馈，避免竞争环境下自我效能感的降低。

【教育提升】

在激烈的竞争环境下，孩子的自信心面临一次又一次的挑战。我们要如何增强孩子的抗挫力，减轻他们的压力，让孩子保持自信与自尊，提升幸福感呢？积极心理学的相关研究表明，运用积极心理品质（性格优势）可以达到以上目的。积极心理学提出了 24 项积极心理品质，家长可以帮助孩子确认自身的性格优势，关注这些品质的培养，而不是只盯着学业成绩看。关注自己的优势能让孩子体验更多的积极情绪,从而提升自身的幸福感。这才是我们追求成功的终极目标。

6 类美德与 24 项积极心理品质

6 类美德	24 项积极心理品质
智慧维度	创造力、好奇心、热爱学习、判断力、洞察力
勇气维度	热情、坚持、真诚、勇敢
仁爱维度	友善、爱、社交智能
正义维度	公平、团队精神、领导力
自制维度	审慎、谦虚、宽容、自律
超越维度	信仰、幽默、感恩、希望、审美

问题 2：孩子学习很努力,但成绩没有提高,怎么办?

案例

丁丁是一个安安静静的男生,以中等成绩考入高中。他希望自己能够考到班级前十名,因此从入学以来,他对学习从没有放松过。班上很多男生课余时间一起打球打游戏,他嫌浪费时间,从不参与。学校那么多社团,他仅报了一个学科类社团,也不担任学生干部。除了必须全班参与的活动,其他活动他几乎都不参加,总是独来独往,一门心思只放在学习上。

丁丁的努力在班上是出了名的。同学说他刷题的数量在班上能排前三,每天课余时间几乎都在图书馆自习,吃饭走路也都在利用碎片时间学习,晚上还经常学到十二点一点。然而考试结果却不如他所愿,半期考他仅仅排到班级中游,期末考甚至还往下掉了几名。他也不知道是哪里出了问题,自己已经这么努力了,成绩怎么就提高不了呢?

高一寒假,他失去了学习的劲头,每天都起得很晚,不想学习。就算坐在书桌前,也一点都学不进去。他对自己越来越没有信心,怀疑是自己太笨了,都这么努力了成绩还没有进步。他觉得自己太失败了。寒假快结束了,丁丁开始害怕起开学来。

【原理分析】

过强的学习动机会影响孩子的学习心态,导致学习效率降低。学习动机过强的原因可能包括过高的学习目标、不合理的认知模式以及他人不适当的强化。案例中的丁丁，他给自己设置了班级前十的目标，这对于中考仅排中等的他来说，有可能存在学习目标过高的问题，这给他带来了不必要的心理压力。此外，他的认知模式也存在不合理的地方，例如他绝对化地认为"努力学习就必须把时间全部花在学习上""努力了就一定有好结果"，这使他给自己安排了高强度的学习任务；而当结果与自己预期相反时，他就觉得自己太笨、太失败了。过强的学习动机反而打击了丁丁的信心，影响到他的心理健康，使他失去了继续学习的动力。

丁丁的案例还说明了一个道理："假努力"不会带来真成功。丁丁几乎把所有时间都投入到学习中，不社交、不休闲，甚至还熬夜学习。丁丁看起来非常努力，但是实际上这是一种低效的"假努力"。我们追求的是高效率的学习，而不是高强度的学习。适当的社交与休闲活动，能够调节我们的情绪，给我们带来积极的心态；良好的休息，能够让我们拥有更加充沛的精力，也能让我们保持更好的专注力和意志力。这些对我们的学习都有促进作用，舍弃它们，得不偿失。

【操作指导】

1. 帮助孩子调整过强的学习动机。

首先，根据自身实际水平设置适当的学习目标，降低过高的期望值。高中学习跟初中学习有很大的不同，因此，要根据高中的学习情况重新进行定位。根据"起跑线"去设定目标，这是更恰当的做法。

其次，调整认知中不合理的部分。要认识到"努力学习并不是说除了学习就什么都不能做""努力了也不一定就能成功""哪怕努力了没成功，自己也不是一无是处"。

最后，家长不要过度强化"只有成绩好才算成功"这一类失之偏颇的理念，以免孩子内化后产生过强的学习动机。

2. 引导孩子对学习进行正确的归因。

合理的归因可以提高自信与坚持性，错误的归因会增加自卑和自弃。因此，学会分析学习成败的正确原因对于学习动机的培养至关重要。要引导孩子全面地分析原因，认识到我们学习的成败是受到能力、努力、学习策略、运气、任务难度、身心状态以及外界环境等多方面的影响。运气、任务难度是外部不可控的，因此我们焦虑也没有用处，我们能做的就是控制努力程度，改善学习策略，把精力放在可控的方面。

3. 努力也要用对力，不要用蛮力。

要找到适合自己的学习方法，使用适当的学习策略。比如，要重视老师在课堂上讲授的内容，主动建立自己的知识体系，不要盲目刷题，捡了芝麻丢了西瓜。

刷题也要有针对性，刷题不是刷简单、已掌握的题，而是刷没掌握、容易错的题。要注意劳逸结合。疲劳战术不是长久之计，休息和运动能让我们的学习事半功倍。可以根据自身条件，每天做半个小时有氧运动，快走、慢跑等都可以。

4. 必要的时候可以寻求帮助，不要单打独斗。

良好的社会交往可以满足我们归属与爱的需求。孩子在受助与助人的过程中，学习可以得到更好的提升，心里也更加充实富足。所以，我们要教孩子有"求助意识"，学会表达自己的需求，学会向他人寻求帮助。

【教育提升】

在我们日常生活中，让家长们操心更多的往往是那些不努力、学习动机弱的学生，而像丁丁这种自觉、努力的孩子，通常都让家长十分放心，他们甚至会成为家长们口中"别人家的孩子"。然而，这个群体的孩子，可能会由于学习动机过强而产生心理健康问题，也十分需要我们的关注。如果他们非常渴望成功，但却长期遭遇挫败，他们就会对自己失去信心，有些孩子可能会产生厌学心理，严重的孩子还可能因为自我评价降低而患上抑郁症。因此，家长不能只看到孩子面上的"努力"，还要看到孩子"努力"背后的真相。孩子怎么看待"努力""成绩"与"成功"之间的关系？孩子是"真努力"还是"假努力"？这些都影响着孩子的心理健康和学业成长。家长应引导孩子认识到：不是只有学习好才能成功，条条大路通罗马；成功必然需要努力，但努力了不一定就能成功，努力的方向和方法都会影响成功。

问题 3：孩子学习效率低，经常完不成作业，怎么办？

【案例】

小力自打上了高中以后，每天都学习到很晚，熬夜是家常便饭，但还是经常完不成作业。她很烦恼，为什么别人的学习效率就可以那么高——除了每天完成老师布置的作业外，还能做自己买的教辅，并且还有时间做自己感兴趣的事情，而自己的学习效率怎么就提不高呢？课堂上讲的内容，写作业的时候很多都不记得了，因此总要翻书，写作业速度很慢。背书也很慢，总要背上好几遍才能记住。是自己太笨吗？

小力的父母留意到，小力每天晚上学习的时候似乎都不是很专心，总是时不时从房间出来喝个水、上个厕所、吃点东西。路过时还经常看到她在看手机，当父母问起时，小力都说在查资料或者请教同学题目怎么做。看小力经常学到深夜，人很憔悴，父母十分心疼，就劝她先睡，第二天早上起来再做。小力说作业没做完睡不着，因此宁可边打瞌睡边写作业也不去睡觉。时间长了，小力白天的精神状态不好，上课时经常走神。

【原理分析】

学习效率低通常是以下几个方面的原因造成的。

1. 学习动机缺乏。学习动机较弱的孩子，学习自觉性差，难以努力，总是习惯找各种借口拖延时间（如口渴、身体不适等），用其他活动（如玩手机、看小说等）来取代学习，占用学习时间。"人在心不在"，毫无学习效率可言。

2. 意志力薄弱。学习的过程经常是枯燥乏味的，如果缺乏意志，容易受到干扰，中断学习。表现为学习时不专注，看不进书，也很难集中精力思考，学习活动经常因其他活动或想法中断。案例中的小力，从其父母观察到的表现来看，她可能就存在这个方面的原因。

3. 学习目标不明确。有些孩子在学习时没有拟定计划，做作业像小猫钓鱼三心二意，做数学卡住了，想起语文课文还没背，语文背到一半，又去做英语卷子……还有些孩子，对自己制订的学习计划没有信心，在学习自己薄弱学科的时候看到同学在做其他科目的题，自己又会动摇。时间就在这样的摇摆中流失了。

4. 学习方法不当。以小力为例，她在写作业前没有复习当天老师讲授的内容，边翻书边写作业，效率自然会受到影响。还有些孩子，背书靠死记硬背，没有理解后再记忆，这样记忆效率和效果都会打折扣。机械记忆的能力在初中达到顶峰，所以有些孩子上了高中后会感觉自己的记忆力下降了，以前背一遍能记住，现在背三遍都不一定记得住。除了高中机械记忆能力下降的原因外，还因为高中的知识在广度和深度上都大大超过初中，如果不使用意义记忆法，肯定会强烈感受到学习效率的下降。

5. 没有劳逸结合。学习效率下降，完不成作业，就牺牲休息时间写作业，导致生理上和精神上都受到影响，形成了恶性循环，学习效率更低。这是广大学生容易深陷的泥潭。

【操作指导】

1. 增强学习动机。每个人都有对知识本身的渴求，是什么原因减弱了孩子的学习动机呢？是因为受挫导致孩子自我效能感不高，还是强化的方式不对？又或是对学习的意义理解不正确？家长可以从这些方面入手去澄清、激发孩子对学习的兴趣。兴趣是最好的老师。当然，有种情况家长要特别注意，就是负性情绪引起的学习动机缺乏。比如处于抑郁状态的孩子，对学习没有兴趣，甚至觉得活着没有意义，什么都不想做。这类孩子要及时带到专业的心理门诊就诊。

2. 提高自己的抗干扰能力。除了做抗干扰训练外，意志力薄弱的孩子，在前期可以给自己设置一个安静的学习环境，尽可能让干扰物远离自己。例如把手机移出房间，给自己设定一个集中查资料、问问题的手机使用时间，这样比较能保证自己的效率。另外，还可以借助闹钟或下载时间管理软件帮助自己。

3. 拟定学习计划并执行。让孩子在学习开始之前就拟定好本时间段的学习计划，目标明确地投入到学习中去。当注意力分散时，用计划来提醒自己，及时把自己拉回来。

4. 尝试使用适当的学习方法。做作业之前先复习当天的知识点，这样会事半功倍；多使用意义记忆法，注意知识体系的梳理，定期复习或配合艾宾浩斯遗忘曲线表进行背诵，可以提升记忆效率。

5. 注意劳逸结合。我们的身体和大脑都需要休息，高强度的工作只会让它们进入"节约资源"的模式，低效运转。休息和运动，是让我们的身体和大脑快速恢复高效运转的最有效的方法。家长要提醒孩子，千万不要掉入"假努力"和"自我感动"的陷阱中。

【教育提升】

孩子的学习效率低，完不成学习任务，家长们不要武断地认为是孩子太笨，不适合学习。"大多数人的努力程度之低，根本还轮不到拼天赋的程度。"因此，家长可以观察孩子学习效率低的表现，并且与之讨论，从动机、意志力、目标与计划、方法以及时间管理等方面去分析，看看是否有可以调整的地方。找到核心问题，有的放矢地去调整，孩子的学习效率肯定会得到提升。孩子获得成功的经验之后，自我效能感也会随之提高，从而形成良性循环。

问题4：孩子学习时注意力不集中，怎么办？

小颖自从进入高中后，一向学习轻松、成绩优秀的她却无法适应高中的学习，学习时总感觉无法进入状态。上课时尽管很认真地听老师讲课，但是会不由自主地分心，无法像以前那样将注意力完全放在课堂上。课后做作业的时候，也没办法做到专心致志，一会起身喝水，一会儿摆弄书桌上的小物件，好像没办法使自己静下来，每天作业都会做到很晚。小颖对此感到非常苦恼，最近总是垂头丧气，无精打采。

细心的父母发现了小颖的这些变化，于是找老师了解小颖在班上的学习情况。老师反映，小颖上课经常走神，最近听课的效果也不是很好，作业虽然都有完成，但是错误比较多。

面对小颖学习注意力不集中的问题，作为父母该做些什么呢？

【原理分析】

注意力作为一种基本的学习能力，是指在学习过程所表现出的对学习内容的指向性和集中性能力。注意力反映了学习者在学习时的专注水平，一般被称为专注力，其对于学习来说至关重要。注意力能够保证学生在学习时持续稳定地聚焦于学习过程而不被其他内外界因素所干扰。

学习时，一个人的专注力状态受到多种因素的影响，这些因素包括：学习本身对学习者的吸引度（想学）；学习者对学习内容的兴趣，与学习内容建立一种良好的互动关系（爱学）；学习者的身体及情绪状态（能学）；学习者的意志表现（愿学）等。

学习时之所以无法集中注意力可能有如下原因。

1. 高中阶段学习内容深度和难度加大，在适应的过程中很多学生没办法像初中那样如鱼得水，游刃有余。这就要求学生在学习方法上作出调整，如果还沿用初中的学习方法，就会产生学习不适应。高中学习内容难度加大，学习的吸引度降低，学生会有虽然努力却效果不佳的表现，产生无力感；不断增多的消极体验让他们对学习心生恐惧，产生回避心理。

2. 高中阶段学习内容增多，学习任务量变大，很多学生为完成学习进度，不得不牺牲休息时间，导致他们早起、晚睡，睡眠不足，身体疲倦加之急于改变现状的焦虑以及改变效果不理想带来的失望和自我否定的情绪状态，让孩子在学习时无法保持积极热情的情绪状态。

3. 学习过程中面临着很多外在和内在的干扰：周围同学的吵闹声、父母高期待高要求下的压力、手机的诱惑、听不懂时的焦虑、想不出背诵内容的烦乱、身体的不适等。面对这些干扰，需要学习者有一定的意志力去排除，如果无法排除就会导致分心。除此之外，一心二用的学习习惯，学习中时间管理不当，即缺少计划性，也是导致学习注意力不集中的重要原因。

【操作指导】

学习时注意力无法集中，学习效率就低，学习效果便大打折扣。面对孩子学习时注意力无法集中，父母可以尝试从以下几个方面给孩子提供帮助。

1. 保持和谐、融洽、沟通良好的亲子关系。良好的亲子关系是为孩子提供有效帮助的基础。只有亲子关系顺畅，孩子才会将自己在学习中遇到的烦恼告诉父母，父母才有可能了解孩子的苦恼，并提供及时有效的支持和帮助。

2. 如果孩子是对高中学习不适应，还没有找到适合自己的学习方法，学习中遭受挫折，自信心不足，学习获得感不强，学习体验消极，此时父母能做的就是和孩子一起分析原因，寻找解决问题的方法。虽然对于实际的学习问题父母无法给出直接的帮助，但是父母仍然可以为孩子提供资源支持。比如家长可以联系老师，让孩子从老师那里获得学习方法的指导。或者当孩子遭遇挫折，自信心受到打击的时候，父母多倾听、多鼓励，降低对孩子的要求，让孩子在学习中慢慢获得成就感，体验到学习的乐趣。

3. 很多孩子进入高中不是不努力，而是太努力，恨不得将所有的时间都用在学习上，导致身心疲惫，从而无法保持长时的注意力。对此，家长应该和孩子一起商量制订合理的作息安排并予以监督，保证孩子有充足的睡眠和休息。另外，家长还应及时提供适量的营养摄入，配合孩子的高强度学习，为孩子的身体健康和充沛精力打好基础。

4. 孩子上课走神，有些时候是自主的、自知的。对于此类的走神，家长可以通过督促孩子强化课前预习、了解老师的授课内容等方法来提高听课的目的性和针对性，从而有效地利用自己的注意力资源。有时候自己走神是无意识的，这时候就需要家长请老师在课堂上对孩子进行适当的关注，并在孩子走神的时候以恰当的方式进行提醒。

5. 孩子做作业无法集中注意力的原因是多样的。可能是做作业时遇到了困难，有些题目不知该如何下手，导致注意力不集中。对于这种情况，父母可以帮孩子作好时间管理，让孩子先跳过不会做的，做完了再回头来做，实在不会的问老师和同学。有时家里的学习环境吵，导致孩子无法专心，对此，父母就要努力为孩子提供安静的、有利于注意力集中的环境，尽量减少外在干扰。

【教育提升】

孩子注意力不集中的问题有多方面的原因，父母在帮孩子应对注意力不集中的问题时，也需要反观自身，将视角转回家庭，了解家庭教育中的不足，并作出调整和提升。

1. 在孩子注意力不集中的情况下应当反思夫妻关系，增进亲子关系。到了高中，孩子对家庭的参与度提升，家庭责任感增强。家庭中夫妻之间的冲突和亲子之间的冲突都会让孩子忧心忡忡。很多时候孩子的情绪状态便是家庭关系的阴晴表。孩子学习注意力的问题很可能会映射家庭关系，而诸多家庭关系的问题都存在沟通的问题。父母可以以此为契机，改善家庭的沟通方式，提升沟通能力，以沟通促进家庭关系的改善。家庭和谐，关系和睦，相互支持关爱，孩子便会因此减少因家庭关系不畅导致的分心，精力也会更多地投入到学习中。

2. 孩子习惯的养成受父母的影响。作为父母，应从孩子的问题中反思自己在做事时是否也有一心二用的习惯，导致孩子耳濡目染，同样在做事时一心二用。如果确实存在这个问题，父母就应该调整自己的行为习惯，起到榜样作用。另外，很多父母会在孩子专注做作业时不自觉地打断，这些都让孩子无法形成专注的习惯。父母需要以身作则，作出表率，给孩子提供一个安静的环境，尽量不去打扰他们。

 ## 问题 5：孩子学习基础差，想学却学不进去，怎么办？

案例

小李进入新班级后，班级的学习氛围比初中更浓厚，班里的同学你追我赶，都在努力学习。班主任和科任老师也经常给他们讲很多实例，让他们明白高中学习的重要性。在老师的引导和鼓励下，小李的学习态度逐渐发生了改变，他暗下决心，要努力学习。为此，他上课认真听讲，课下不懂的主动问老师，课后作业也认真完成。不光如此，小李还主动让父母帮他报补习班，牺牲课余时间进行补习。以前的小李可是对补习班避之不及。面对小李学习上的变化，父母看在眼里，喜在心上。

但是好景不长，不久，小李父母就发现小李有些不对劲。虽然小李在学习上还是像前段时间那样积极主动，不懂就问，认真完成作业，按时去补习班补习，但是每天变得无精打采，有时还会唉声叹气，没了前一段时间的学习劲头。经询问才知道，小李尽管很努力，但因为学习基础差，上课尽管很认真听讲但很多都听不懂；虽然也有问老师和上补习班，但是好像没什么效果。他心里很着急，虽然很想学，却学不会，很是苦恼。

孩子学习基础差，很想学习却学不会，家长该怎么办？

【原理分析】

学习是一个前后相接、循序渐进的连续过程。高中课程的内容确定和任务难度设置是基于高中生达标的知识基础和认知发展水平来设定的。高中阶段的学习与初中相比，对学生的认知能力提出了更高的要求，学习不再是单纯知识的识记和再现，而是对知识的应用。学习基础差所表现出的知识基础薄弱的背后隐藏着学习动机、学习兴趣、学习投入与认知能力等多种问题。对于一个学习基础差的学生，想突破学习困境，从想学到愿学，从学到学得顺、学得懂、学得进，不仅需要激发学习兴趣、强化学习动机、增加学习投入，还需要在学习方法和学习能力方面作出调整。

高中学习不仅要在跟紧学习进度的同时认真听讲，按时完成作业，还要根据自己的学习基础对以前学过的知识点进行查缺补漏。查补的方法有两种：一种是根据现阶段的学科学习进度，对新课所涉及已学知识点，在上课前进行有针对性的复习强化，以保证课堂上能听懂。听懂是听进去的关键。听懂了，课堂学习就产生成就感，从而激发效能感；课后不懂的问老师也会更有针对性，做作业也会更顺畅、更有效。因为听得懂，不懂的问清楚，作业会做，对自己的学习有信心就会学得进去。一种是根据自己的知识基础，对以前的知识进行系统的查缺补漏。这种复习能够从根本上清除知识盲点，强化基础。

在知识点查补的过程中要反思自己的学科学习方法，在知识点查补中注重理解、强化总结，在学科知识的学习和应用中提升自己的思维能力和学科素养。

冰冻三尺非一日之寒，知识基础的强化非短时之劳。即使学习动机强、学习投入度高，学习方法也需要得当。想改变学习基础差的现状，从想学到愿学，从听不懂到听得懂、学得进，需要一个过程。在整个过程中需要经历各种不适，也会经历挫折不顺。只有了解这个过程，相信自己、保持耐心才能度过这个阶段，进入学得进、学得好的状态。

【操作指导】

面对孩子想学却因为基础差学不会的情况，虽然主要靠孩子和老师的共同努力来帮助孩子走出困境，但父母对此并非无所作为。父母仍然可以给孩子提供心理和物质上的支持，和孩子一起面对学习的困境。面对此种情况，家长可以从以下几个方面作出尝试。

1. 了解孩子的困境。想要帮助孩子就要先了解他们，知道他们正在经历什么以及将要经历什么。对孩子所面临的困境及想要摆脱困境的心理有大致的了解，才能更好地理解他们，走近他们，对孩子需要的支持和帮助做到心中有数。

2. 捕捉孩子的变化，给予适当的关注。基础差的孩子开始会干劲十足，但他们急于改变现状，当学习效果不佳的时候，就会变得灰心丧气，自我否定。父母要捕捉这些变化，并给予适当的关心和支持。

3. 理智、沉着地应对孩子的状态。当看到孩子想学却学不会、状态不好时，父母不要慌乱。如果父母着急慌乱，孩子受到父母的影响，会让自己的状态更糟。这时父母应该沉着淡定，相信孩子一定会摆脱困境。

4. 做孩子的知心人，倾听并给予他们心理支持。当孩子内心焦虑时，他们需要的是发泄和倾诉，家长要做好倾听者，去倾听孩子的心声。对于情绪不稳定的孩子，父母对其情绪的接纳和包容尤为重要，孩子的情绪会在自由宣泄和父母的安慰支持中得以平复，并获得面对困难的力量。

5. 和孩子商量，为其提供切实可行的有效支持。父母虽然无法直接帮孩子提高学习成绩，却可以为孩子提供帮助，比如和班主任、科任老师沟通，选择适合孩子学习基础的补习班和补课老师等，为孩子提供助力。

【教育提升】

父母可以从以下几个方面作出应对。

1. 探究孩子学习基础差的深层原因。孩子学习基础差，反映的不仅仅是知识基础的问题，还隐含了学习方法、学习习惯、学习能力、思维能力等多方面的问题，家长不仅要帮孩子在知识基础上下功夫，还需要关注其科学学习方法的习得、良好学习习惯的养成、学习能力的提升和思维能力的培养。只有这样，孩子才能彻底解决学习基础差的问题，才能感受到学习乐趣，获得学习成果，进而产生学习的持久动力。

2. 提升孩子的自信心。留意孩子在学习中所遭遇的困难，关注其学习状态的变化，注意保护好其学习动机。在学习目标制订上采取小步子策略，降低任务难度，提升孩子的效能感，激发学习兴趣。

3. 强化孩子的心理韧性和挫折忍耐力。基础差的孩子想要提高学习成绩，肯定需要经历很多挫折和不适。改变基础差的现状需要时间，也要一个从量变到质变的过程。父母要帮孩子了解这个过程，让孩子作好心理准备；遇到困难，和孩子一起商讨应对方法；在孩子状态不好的时候，保有耐心并接纳孩子的状态。在这个痛苦的改变过程中，始终和孩子在一起，为其提供支持。

问题 6：孩子对成绩好坏无所谓，怎么办？

案例

进入高中的小哲，慢慢对学习失去了兴趣，上课不认真听讲，不做课堂笔记，要么和同桌交头接耳、做小动作，要么一个人趴在桌子上。课下只想着玩手机和电脑，做作业不是抄袭就是不完成。学习时也静不下心来，拖拉，懒惰。一学习就变得无精打采，好像特别痛苦。不谈学习还好，一谈到学习便满脸不悦，表现得很不耐烦。初中时小哲对学习成绩还很在意，每当考不好，都会伤心好一阵子，会主动找老师寻求帮助，也会让父母报补习班。现在成绩好坏对他来说好像无所谓，每天浑浑噩噩混日子。

父母想要给他报补习班，但小哲对上补习班很抵触，为此还经常和父母争吵。

父母也尝试过用奖励的方式，如果小哲成绩提升，就给予小哲期望的奖励，但无法奏效。对于小哲这种情况，父母该怎么办呢？

【原理分析】

学习动机是激发、维持学习者的学习活动并使其朝向一定学习目标的内在过程与状态。学习动机会激发并维持学习活动，强烈的学习动机能够让学习者对学习产生积极的态度，很好地投入学习活动，即使遭遇困难挫折也能坚持不懈。

学习动机分为外部动机和内部动机两大类。外部动机是受外在环境影响而形成的动机因素。对于高中生而言，取得优秀的成绩、考上理想的大学、获得同伴的肯定、得到父母和老师的表扬等都是激发其学习动力的外部动机。内部动机是基于个体的内在需求而产生的动机因素。因为喜欢、感兴趣、获得成就感和自信心、提升自己的能力等努力学习，则属于学习动力内部动机。一般来说，内部动机对学习的激发和维持会更稳定、更持久。

一直以来，学校教育重视分数，也是基于考试成绩进行奖惩，这使得很多高中生为了获得外在的奖励而学习，导致学习被动，无法真正激发学生对学习本身的兴趣与热爱。

高中学习充满挑战和挫折，当面对挑战时，有的学生害怕失败，低估自己的能力，对学习产生反感，并出现退避行为；有的学生则变得更加自信，运用自己的能力解决困难，走出困境。那些低估自己、对学习厌倦进行退避的学生看重结果，重视老师和父母的评价，过分看重学习成绩，成绩好会欣喜激动，成绩跌落则垂头丧气，一蹶不振。他们的自我价值感低，对学习不投入，对成绩无所谓，可能是通过逃避与隔离进行自我保护。

很多高中生一开始面临学习困境与挫折时，会尝试努力学习，试图改变困境，但是如果努力失败，情况没有好转，他们就会感到挫败，产生无力感，而这种挫败感、无力感会对他们随后的学习产生消极影响。由于受学业习得性无助的影响，他们认为自己无力应对高中学习，对困难望而却步，对学习心灰意冷，自我放弃。对学习产生畏惧心理和逃避反应，致使他们在学习上自暴自弃、毫无动力，对成绩表现得毫不在乎。

【操作指导】

父母所看到的孩子学习没有动力、对成绩不在乎是由很多原因导致的。作为父母，对导致孩子缺乏学习动力、对成绩无所谓的原因要有所了解，只有这样才能有的放矢，为孩子提供帮助，改变孩子目前学习动力不足的问题。可以从以下几个方面作出尝试。

1. 合理运用奖赏，强化学习动机。有的家长为了提升孩子的学习动机，经常给孩子奖赏，特别是一些与学习无关的奖赏。这种奖赏方式虽然能在短期内提升孩子的学习动力，但是长期如此会减损孩子对学习本身的兴趣。在给孩子奖赏时，要留意奖赏物是否给学习本身带来消极作用，应尽量淡化奖赏的外部控制作用；家长应通过奖赏帮孩子了解自己努力的价值和意义，给予的奖赏要和孩子实际付出的努力相适应；给予的奖励要符合学生年龄特征和内心需求。对于高中生而言，给予他们一定的自由安排可能更有吸引力。

2. 在学习归因中对孩子进行归因指导。在孩子学习取得进步的时候引导他们对自身能力和努力等内部稳定的因素进行归因。当孩子经历学习挫败的时候则引导他们从情绪状态、心境、努力程度、学习方法等方面进行归因，从而强化其成功期望，激发其成就动机。

3. 助力解决学习困难，提升自我效能感。为孩子应对学习困难提供切实可行的帮助。帮助孩子调整学习目标，降低任务难度，同时进行学习方法指导和学习能力提升，让孩子看到自己在学习上的改变，获得学习的成功体验。鼓励孩子在力所能及的情况下接受挑战性的任务，通过完成挑战性的任务来提升孩子的成就感和效能感，激发学习动力，提高学习积极性。

4. 探讨生涯规划，看清学习的意义。家长可以与孩子谈谈未来想做些什么，希望度过怎样的人生，如何实现自己的愿望，帮助孩子看到当下的学习对自己未来发展的意义，从而激发孩子为自己而学的动机。

【教育提升】

孩子的问题总在一定程度上反映家庭教育的问题。孩子学习没动力，对学习成绩好坏无所谓，看上去是孩子学习动机不强的问题，但背后折射出家庭教育的不当。为此家长可以尝试在以下几个方面进行调整。

1. 反思自己的家庭教育方式。在以往对孩子的教育中，是否过度看重成绩，而忽略对孩子学习过程的关注；是否在孩子成功时给予奖励，失败时给予惩罚；是否在孩子遭遇挫折和失败的时候进行讽刺挖苦、批评指责；是否让孩子与追求成功相比更惧怕失败。这样的教育方式会让孩子在对待成绩上，要么看得很重，认为学习就是为了成绩，成绩决定一切，要么在成绩不佳时悲观沮丧，对成绩冷漠麻木。这样也会导致孩子在学习中自我否定、关注学习结果、逃避失败体验。这样的教育方式形成的学习动机多属于外部动机，不稳定也不持久。

2. 调整家庭教育方式，从关注学习结果转向关注学习过程。淡化对成绩的过度追求，对于孩子的学习过程多加关注。留意孩子学习过程中遇到的困难，并给予及时的鼓励和支持，帮孩子克服困难、战胜挫折。在孩子经历挫折时要多倾听、多接纳，在安慰中给予孩子心理支持，对孩子多肯定，看到他们的闪光点，肯定、鼓励、强化他们在学习中做得好的方面，激发他们的自信心和胜任感。

 ## 问题7：孩子进入高三压力大，怎么办？

案例

高三开学两周了，小凡感觉到压力向自己袭来。同学们似乎都突然努力了起来，班级里说笑打闹的身影少了许多，就连原来上课经常打瞌睡的几个同学也都开始认真听课了。每节课下课都有不少同学围着老师问问题。大家似乎都行色匆匆，忙着学习。

看到同学们的变化，小凡突然开始担忧起来。尽管小凡一直没有放松学习，他的成绩在班级一直位列前三，在年段里也始终没掉出过前十，但他还是担心高三会有"黑马"超过自己，自己就考不上顶尖名校了。因此，他有点焦虑不安，学习时一想到"黑马"就无法专心，担心自己的能力不如别人，对于自己的努力也产生了怀疑，担心自己努力的方向不对，担心努力没有效果。晚上躺在床上，这些想法总是不受控制地涌入他的脑海，令他久久难以入睡。他又担心失眠会影响学习，这就让他更加焦虑了。

【原理分析】

压力是个体在面对具有威胁性的刺激情境而一时又无法摆脱困境时的被压迫的感受。当个体感到压力过大时，极易出现生理上的不适，如心跳加快、呼吸加剧、胸闷气短、肠胃不适、头痛、口干、出汗、尿频等。当个体处于生理唤起状态，体验到消极情绪时，他的认知资源就会被占用，注意力更容易转移到体验上，进而阻碍他们寻求解决问题的办法。

案例中的小凡，因为担心被同学超越而导致顶尖名校梦破灭，对自己的能力与努力都产生了怀疑，内心平衡被打破，引发了焦虑情绪，学习压力持续增大，对学习和生活都产生了消极影响。

由于压力是一种主观体验，它会受到我们认知的影响，因此，在应对压力时，我们可以从对压力源的认知入手。其实学习压力普遍存在于学生之中。一定程度的学习压力对于学习行为有促进作用。小凡的学习压力突然增大，跟他的"参照系"发生了变化有关。原本他一直都专注于自己的学习上，学习也很优秀。上高三后，由于学习氛围的变化，他在心里给自己树立了虚拟的对手——"黑马"。"黑马"的强大和不确定性，分散了他的注意力，极大地打击了他的自信。这个"黑马"其实是他将自己与同学进行比较的结果，而且是非理性结果。过多与别人作比较，只看到别人努力与进步的一面，却没有看到并肯定自己的努力与成长，这会令人逐渐丧失动力与信心。这是许多学生学习压力过大的重要原因之一。

【操作指导】

1. 建议孩子将注意力拉回到自己身上，少跟别人作比较。

每个人的学习风格和学习习惯都不相同，随着高三复习的推进，每个人的学习计划和学习重点更是千差万别。高三学习就像长跑，我们不要被别人的"节奏"打乱了阵脚。我们要根据自己的需求来制订每个复习阶段的学习目标与计划，要肯定自己的"节奏"，让自己跑得更加坚定、更加省力。

2. 帮助孩子澄清认知中非理性的部分。

孩子对"黑马"的过度担忧说明孩子对成绩的期望值存在不合理的信念，比如"我的成绩不允许出现波动""我必须上顶尖名校，否则我就是失败的"。这些绝对化的要求会导致孩子产生过大的压力。因此，要调整这些不合理信念，找到合适的自我期待，降低孩子的心理压力。可以告诉孩子，高三阶段成绩出现波动是正常的，不论考好考差，关键要做好考后归因，知道自己下个阶段该调整什么、保持什么。还可以跟孩子聊聊生涯规划，让孩子理解通往成功的道路不止一条，不要把自己未来的道路限定得过窄，那样只会徒增压力。

3. 客观看待睡眠问题。

首先，要让孩子知道，入睡慢并不等于失眠。而且实验表明，失眠者真实睡眠的时间都比他们自己认为的时间要长。其次，让孩子分析睡眠对自己真正产生了哪些消极影响，是否可以做一些补救（如课间打盹）来降低这些影响。我们在咨询中发现，睡眠问题对孩子的真正影响其实来自于他们不允许自己入睡慢，他们担心的消极影响有时甚至都不存在。让他们认识到入睡慢影响不大，就算有影响，也有应急预案，这样孩子入睡前的压力就会小很多。最后，不要催自己"快点睡着"，越着急越睡不着，就是所谓的"情绪性失眠"。顺其自然，调整呼吸，慢慢入睡就好。当然，如果说睡眠问题真的影响到生活了，建议及时带孩子到专业的心理门诊就诊。

【教育提升】

1. 应对学习压力，可以着重从压力源入手，分析并减少过大的压力，同时也可以做一些减压活动，比如让孩子与朋友多交流、多参加体育锻炼、进行放松训练等。要特别注意的是，高三期间的人际交往能给孩子提供重要的心理支持，是孩子减压的良方。家长千万别觉得孩子跟同学聊天就是浪费学习时间，因而过度限制孩子跟同学来往，那样会适得其反。笔者曾遇到过这样的案例，学生因为担心高三期间人际交往浪费时间，就选择了独来独往，结果一段时间下来，压力陡增，情绪受到了极大的影响。而这些问题在该生恢复人际交往后就自然消失了。因此，高三期间让孩子不要过于脱离集体，而要跟同学保持正常交往，与朋友多交流，这么做可以帮孩子减压，是利大于弊的。

2. 家长尽量少关注成绩，切勿把自己的焦虑传递给孩子。可以跟孩子多聊聊学习之外的话题，多关注孩子的感受与需求。不要让孩子觉得家长就只关心自己的学习，这样会破坏亲子沟通，让孩子不再愿意跟家长交流。

问题 8：孩子一到大考就发挥失常，怎么办？

案例

进入高三下学期，几乎每月都会有一到两次大考，用于检验大家复习的情况。同学们大都跃跃欲试，想把握好每一次冲刺机会。然而兰兰却越来越发愁，因为她遇上了一个怪现象——平时小考她的数学都考得挺好，但是一到大考就发挥失常，要么题目看错，要么计算出错，就连答题卡都会涂错，总是比正常水平少考了十几分。最近的两次大考都这样，兰兰很沮丧。数学是她相对薄弱的科目，她花了最多的时间去学习，因此特别希望能够考好，但是却总是事与愿违。

马上就要省检了，大家都说省检是最能预测高考情况的一次大考，兰兰十分希望能够在省检中展现出自己真实的水平，但是又好怕"心魔"再次出来捣乱。她最近脑子里总在想"这次数学会不会又考砸""这样下去，高考也会考砸吧。我该不会考不上大学吧，真是对不起辛苦为自己付出的爸妈，也对不起老师的期待……"想到这些，她就坐立不安，吃也吃不下，睡也睡不好，学习也无法专心。她甚至有点害怕数学了，不想学数学的情绪挥之不去，但是不学又怕更考不好，内心十分挣扎。

【原理分析】

"小考考得好，大考总失常"，心理学上有一个"詹森效应"可以解释这个奇怪的现象。它指的是一个人平时表现良好，而在关键时刻由于缺乏应有的心理素质，导致发挥失常的一种现象。

詹森效应在运动赛场上十分常见。美国射击运动员马修·埃蒙斯两度与奥运金牌失之交臂的新闻曾经轰动一时。那两次奥运会决赛，他的前九枪都领先对手很多，因此只要正常发挥就能夺冠。雅典奥运会他的最后一枪鬼使神差地打到别人的靶上，北京奥运会他又再次失利，最后一枪打了个不可思议的低分。于是他两次都把即将到手的金牌拱手让人。大家都很为他惋惜，他在接受采访时说道："就是打不好那最后一枪。"埃蒙斯的失利，不是因为实力不济，而是心态不好。这与他太过重视比赛结果有很大关系。他太想要这块奥运金牌了，无形中给自己增添了过大的压力，以致最后一枪无法正常发挥出自己的实力。案例中的兰兰也是如此，由于她太想在大考中证明自己的数学实力了，导致她在考数学的时候压力过大，出现了很多本不该出现的失误。影响大考心态的还有一个原因是不够自信。大考中，学生最常在其比较薄弱的科目上出现詹森效应。由于对自己实力的不自信，学生在考试过程中更容易出现紧张情绪，在慌乱中出错，严重的甚至会出现记忆减退、脑子一片空白的现象。

同样地，心理学上的"瓦伦达效应"也能说明兰兰的问题。过于关注结果，产生了患得患失的心态，从而无法专注于事情本身，难以取得成功。这两个著名的心理效应告诉我们：良好的心态是多么重要！

> **瓦伦达效应**
>
> 瓦伦达是一个著名的高空走钢索表演者,他在一次重大的表演中,不幸失足身亡。他的妻子事后说:"我知道这次一定要出事,因为他上场前总是不停地说,这次太重要了,不能失败;而以前每次成功的表演,他只是想着走钢丝这件事本身,从不去管这件事可能带来的一切。"

【操作指导】

1. 少关注结果,多关注过程。

要破解詹森效应,让孩子在大考中正常发挥,首先不能太过重视考试的结果。家长要引导孩子客观看待大考的意义——大考成绩并不能全面反映孩子高中学业的成败。大考固然重要,但它只能反映某个阶段的学习情况。大考更加重要的作用在于,让孩子从考试中发现自己的优势与不足,为下个阶段的学习提供方向——巩固优势,弥补不足。哪怕是高中阶段最重要的大考——高考,也决定不了孩子人生的成败。高考落榜生逆袭,名牌大学毕业生泯然众人矣,这样的案例比比皆是。我们要教育孩子把眼光放得更加长远一些,不要只盯着高考看。我们追求的是整个人生可持续的发展。

其次,我们要引导孩子把关注点放在考试过程中。就像瓦伦达之前的成功经验一样,不要去想考好考差会怎么样,而是专心准备考试、专心答题,把注意力放在具体问题的解决上,就可以保持更加平静放松的心态,减少无谓的失误,避免詹森效应的发生。

2. 接纳情绪,做好"应急预案"。

家长要引导孩子认识到,人在面临重要的事情时就是容易紧张的。首先让孩子接纳这种紧张的情绪,然后才是处理情绪。可以在考前与孩子讨论他担心的事情是什么、怎么应对(比如"如果在考场上又慌乱了怎么办")。准备好"应急预案"可以让悬着的心落地,减少对注意力资源的占用,孩子就能更好地投入考试。

3. 相信自己,用肯定的语言唤起积极的情绪。

面对不擅长科目的考试,让孩子相信自己,尽力把该拿的分拿到就好。遇到困难时,少用否定性的语言,如"别紧张""千万别出错"等,这样不但无法缓解紧张的心理,还会强化紧张的情绪。多用肯定、正向的语言,如"冷静""放松""沉住气",它们更能唤起我们的积极情绪,有利于考试心态的调节。

【教育提升】

孩子在重大考试时过度看重结果，患得患失，容易出现詹森效应。而孩子为什么会得失心这么重呢？这很大程度上与他人的期望有关。当孩子取得优异成绩时，大家对他好评有加，并对他充满期待，这就让他在心里形成了一种潜台词：我只能成功不能失败，只有成功大家才会对我有所期待，失败的我是不值得被大家喜欢的。无形当中，压力如山大。

因此，家长应当注意自己对待孩子考试成败的方式。在孩子考试取得成功时，家长可以多肯定孩子为成功付出的努力，让孩子谈谈成功后的感受，分析考试反映出的优势与不足，引导孩子用发展的眼光看待考试结果；在孩子考试失利时，家长也不应流露出明显的失望，甚至恼羞成怒、指责孩子，应向孩子表达，哪怕考得不好家长也一如既往地爱孩子，引导孩子从失利中发现问题，寻求解决方案。

家长的认知模式潜移默化地影响着孩子的认知模式。要做孩子坚强的后盾，不能只是嘴上说说而已，而要从认知上作出调整。经常有高中生说："家长说不给我压力都是假的，每次大考，他们比我还紧张。"青春期的孩子是很敏感的，家长是否真心接纳"考试结果不是最重要的"这件事情，孩子一下子就能感受到。所以，要调节孩子的心态，家长首先要调整自己的认知，与孩子共同成长。

 **问题 9：孩子高考前成绩波动较大，怎么办？**

案例

小江是一所重点高中的高三学生。高中阶段他的成绩一直在班级名列前茅，无论父母还是老师都对他寄予厚望，他对自己也信心满满。可是到了高三下学期，小江的成绩开始出现波动。特别是临近高考成绩波动变大，他开始变得特别在意自己的成绩，可是越在意成绩波动越大，时好时坏，极不稳定。小江面对波动的成绩很自责，也很无助，不知该怎么办。之前的信心满满、干劲十足一去不复返，他开始怀疑自己的学习能力，尽管每天还是像以前那样复习备考，但是每天无精打采，备考状态受到很大的影响。

进入高三，小江父母对小江的学习也比以前更加关注，小江参加高考，全家进入备考状态，一切都以小江为中心。父母分工明确，一起做好小江的后勤保障，甚至小江在做作业的时候，父母都轮流陪着。

对小江波动的成绩和目前的备考状态父母也很着急，他们也想办法鼓励小江，不断告诉小江要相信自己，相信小江一定可以的。他们做了各种尝试，但是没有任何效果。孩子高考前成绩波动较大，该如何引导他合理看待呢？

【原理分析】

高三备考不仅仅是知识备考，心态备考也很重要。临近高考，考生出现成绩波动，既有知识难度的原因，也有心态的问题。在知识难度方面，高三下学期临近高考，仿真测试、模拟考试增多，试题也逐渐接近高考，其对知识点的考查越来越综合、细致、全面。考生在考试中如果遇到自己薄弱的知识点、不擅长的知识模块，成绩就会出现下滑波动。那些基础好的学生也会因为对高考题型的不适应导致成绩起伏。虽然同样是复习和考试，临近高考的复习和考试与平时有很大的不同，平时的复习和考试侧重于基础的巩固，而高考前的复习考试则面向高考，侧重于知识的综合运用与创新，这需要考生在复习、备考和应试方面作出调整。有些学生还是按照原来的方式应试，就会导致成绩不理想。

心态方面，进入高三下学期临近高考，各种仿真考试的成绩在一定程度上代表了自己的高考水平，对将来的高考成绩具有一定的参照性，很多学生便对每次考试成绩格外重视。他们看重自己的每一次考试成绩，并开始对自己的成绩患得患失，这让他们变得心浮气躁，无法静下来通过考试进行查缺补漏，吸取经验，提升自己的应试能力。而且很多高三学生在学习中表现得急于求成，恨不得付出马上就有回报，但实际上，付出的努力不一定马上表现在下一次的考试成绩中，付出没有回报，成绩波动下滑或停滞不前让他们很着急。

另外，家有高考考生，全家关注，父母的过度关注会增加他们的紧张感。高三考生备考需要轻松的备考环境，而父母询问每次考试成绩会增加他们的焦虑感，特别是成绩下降会让他们产生愧疚感，在这种焦虑感和愧疚感之下，他们无法安心备考。

【操作指导】

家有考生，每个父母都很紧张，特别是当孩子在高考前出现成绩波动较大，备考状态受到影响的时候，父母更是焦心如焚。遇到这种情况，家长不要过于紧张，因为你的紧张不仅无助于孩子成绩的提升和状态的改善，反而会增加孩子的焦虑。父母可以尝试从以下几个方面对孩子进行引导，帮孩子正确看待和应对。

1. 当孩子成绩出现波动的时候，家长不要大惊小怪，更不要责备埋怨孩子。家长对分数的态度直接影响到孩子对分数的态度，而且一味地责备埋怨只会激发孩子的愤怒与焦虑，无助于孩子成绩的提升。应当理性看待孩子的每次考试成绩，帮孩子理清情绪，聚焦问题，并给孩子鼓励和支持。

2. 引导孩子在高考前淡化对分数的关注，将他们对分数的关注转移到对备考知识点查缺补漏和应试能力提升上。利用每一次考试了解自己知识的缺漏并进行补足，若发现自己应试能力不足，可进行相关的训练，在备考中切实提升自己的应试能力。

3. 父母可以和孩子一起分析每次成绩波动的原因。到底是知识基础的问题，还是心态的问题，或是题型不适应的问题，找到影响此次考试成绩的原因，并聚焦于这些原因，一起制订应对计划和改善方案。家长可以监督这些应对计划和改善方案的实施和反馈。有位参与编写本手册的老师，当年高考前也曾出现过成绩波动，高考前两次模拟考试成绩排名退步了几十甚至一百多名，但她通过认真分析，认为部分原因是模拟题的质量不高，有些题目表述不严谨或是题目太偏，也有部分原因是粗心。基于这样的分析，她不断给自己打气，告诉自己高考的命题质量肯定是很好的，一两次模考成绩说明不了什么。同时总结容易粗心的点，告诉自己高考时一定会更加专注更加细心。通过这样的调整，她在高考时考出了高三以来最好的成绩，比模考足足高了 60 分。

4. 对于孩子的学习状态，班主任和科任老师最了解，对于他们备考中学习上的问题，他们最清楚，家长可以寻求班主任和科任老师的帮助，邀请老师帮孩子分析成绩波动的原因。

5. 倾听孩子的心声，接纳孩子的情绪，特别是当孩子成绩波动，内心焦虑自我怀疑的时候。他们的情绪需要宣泄，父母这时候需要安静地听、耐心地听，允许其自由表达，等孩子表达完后，再给予适当的鼓励，让孩子感觉到你的支持。

【教育提升】

高考前孩子紧张，家长也紧张。高考不仅是对孩子的考验，更是对家长的考验。高考前孩子成绩波动大，父母不仅要将关注点聚焦孩子，也要聚焦自身，从以下几个方面进行深层的反思和调整。

1. 考前考试成绩波动大，如何引导孩子合理看待？父母需要静下心来反思：这是孩子的困惑，还是父母的困惑？真正需要合理看待的是孩子的需求，还是家长自己？会不会因为考前你比孩子更紧张，对成绩变化更敏感，因而把自己的困惑当作孩子的困惑？高中生有了独立的需求，他们需要更多的自由，喜欢自己作决定作尝试，面对考前成绩波动的问题，他们也希望自己独立面对。父母的过多介入与干预会引起孩子的逆反，结果适得其反；适当给予孩子独立面对的自由，并在孩子需要时给出支持，更能得如所愿。

2. 考前对孩子过度关注会让孩子压力倍增。对于高三备考生而言，他们需要父母的关注、支持，适当的关注对他们的积极备考有良好的促进作用，但是过度关注会增加他们的焦虑感。为了自己备考，家庭生活发生了彻底变化，自己成为家庭的中心，这些都会给孩子带来焦虑感和内疚感。家有考生，全家为了高考做适当调整是必要的，但不需要完全以考生为中心。对孩子的学习情况事无巨细都进行了解询问，一旦孩子成绩波动就大惊小怪，这对考生备考毫无益处。不需要完全改变自己原来的生活方式与节奏，让自己变得很紧张，只需要努力给孩子提供一个轻松的备考环境。

3. 孩子不仅遗传父母的身体，同时也是他们心理的翻版，父母的性格、行事方式在潜移默化中影响着孩子。高考前孩子对成绩波动的看待方式是父母看待方式的反映。如果父母本身消极悲观、自我否定，在遭遇困难挫折时无法合理看待，孩子对高考前的成绩波动就会出问题。如果看待问题方式上有问题，需要调整改变的不仅是孩子，还有家长。家长需要反思自己看待问题的方式，在处理问题的方式上选择积极角度，看到自身的优势。父母改变了，孩子也会随之改变。

问题10：如何帮助孩子调整好高考考场心态？

案例

临近高考，小靖妈妈感觉自己比女儿还紧张，中考时的场景不时闪过她的脑海。小靖初中成绩一直很好，也很稳定。送小靖进入考场前，小靖妈妈发现女儿很紧张，考前整晚都没办法入睡，第一场发挥失常，考完回来便垂头丧气，没有了考前的信心满满，志在必得。作为母亲，只能在一旁安慰，告诉女儿不要紧张，没关系，不要太在意，接下来好好考就好了；即使考不好也没关系，肯定有高中读。但觉得这些话好像没什么用，又不知该说些什么、做些什么。女儿的状态没有改变，接下来的考试也受到了很大影响，导致中考成绩不理想，没有考上理想的高中。对此，小靖妈妈一直很自责，觉得都是自己的错，没能帮助女儿调整好心态。

转眼到了高三，马上又要高考了，小靖妈妈便紧张起来。尽管小靖在高中的学习也不错，成绩也很稳定，但是妈妈担心小靖会重现中考时的经历，怕小靖会在高考时紧张，再发挥失常。同时，也不知道孩子遇到类似的问题，父母应该怎么做。

【原理分析】

高考不仅是对考生知识能力的考查，扎实的基础知识、卓越的学习能力和思维水平是高考取得理想成绩的基础，而良好的心态则是让考生的水平得以发挥的关键。很多考生在高考时没有取得好成绩，不是因为知识基础不牢、能力不佳，而是心态不够好。

心态又称心理状态，是一个人在完成某项活动中所呈现的多种心理特征。这些特征包括其注意状态、身体状态和情绪状态。高考考场心态是指在高考考场上考生所呈现的包括注意状态、身体状态和情绪状态等在内的多种心理特征。对于高考，考生需要在应考过程中精神专注、有条不紊、遇难不慌、自信沉着、知难而进。而在应考中，考生完全放松，毫无紧张感、压力感，是不利于应考的，因为过度放松容易导致考生懈怠走神。适度的压力和紧张感反而能让考生精神更专注。心理学上对过度重视结果、患得患失、无法专心的心理现象叫瓦伦达效应或瓦伦达心态。瓦伦达效应告诉我们，在做事情时越在意、紧张、患得患失，越不利于集中精力，越可能事与愿违。特别是曾有过大考失利经历的考生，当进入考场应考时，他们会不由自主地唤起考试失利的场景和痛苦体验，这会让他们对高考担心害怕，患得患失，使他们无法专注于考试，导致发挥失常。

高考应考过程中，考生需要面对不同难度的题目，耶克斯多德森定律告诉我们，不同难度的题目需要不同的动机水平。一般而言，中等难度的题目需要中等动机水平，难度较大的题目则需要较低的动机水平。如果高考中遇到较难的题目，越想做出来就越可能做不出来，因为强烈的动机会激发焦虑感，从而导致考生的思维窄化。

考场心态受考前心态影响，如果考前压力大，过于焦虑，状态不佳，进入考场也势必会呈现高压焦虑状态。面对高考压力的考生，对于外部心理环境比较敏感，父母对孩子的应考表现过度关注会加大他们的压力感，同样父母的焦虑和担心也会让孩子的状态火上浇油。

对考生而言，进入考场紧张、焦虑都在所难免，但考场心态是一个动态变化的过程，许多考生可能在发试卷前焦虑达到最高值，但随着专注于考试过程焦虑值慢慢会降下来，应考状态也会渐入佳境。

【操作指导】

每个父母都望子成龙、望女成凤，都希望自己的孩子在高考中取得好成绩。每个父母也都清楚心态对孩子考场发挥的重要性，所以都想能有所作为，希望能够帮孩子做好心态调整。对孩子的考场心态，父母很重视，也很着急，做了很多尝试，但是很多尝试都事与愿违。父母该如何助力孩子考场心态调整呢？可以从以下几个方面作出尝试。

1. 家长要留意"一定要做些什么帮助孩子"的心态。要反思心态背后的动机和需求是什么。家长做这些是在满足孩子的需求还是家长自身的需求？孩子真的需要心态调整，还是只是家长觉得孩子需要？很多时候家长表面是为孩子，实际上是在满足自己的需求。如果孩子觉得没什么，只是家长担心，家长就需要自己处理好自己的担忧和焦虑。

2. 为孩子提供轻松氛围比帮孩子调整心态更重要。高考前对孩子的关注要适当，孩子高考，全家生活作适当的调整是需要的，但不能以孩子为中心，父母除了关注孩子考前状态外，需要保持原来的生活内容和生活节奏，让孩子感受到考前整个家庭的从容与运作有序。当孩子紧张时，父母尽量放轻松，此时你的淡定沉着和适当的关注与支持本身就会缓解孩子的紧张感，减轻压力感。

3. 父母在考前做好后勤保障。尽量保持原有的饮食和作息习惯。如有需要，可以与孩子商量，在饮食和作息上作适当调整，但调整幅度不宜过大。无论饮食还是作息，在一定程度上满足孩子的选择和要求，此时孩子的需求比科学的理论和建议更重要。

4. 协助孩子做好考前准备工作。面对高考，孩子会因紧张出现准备遗漏，家长就要做好协助，每次提前出门，留出充足的时间，出门前要作好考前准备工作的检查，准备好备考证件和物品，从容不迫地赶往考场。

5. 孩子每场考完后，不主动询问孩子的考试情况，如果孩子主动提起也不回避。当孩子某科考得不理想，伤心失落的时候，父母先不急着安慰劝阻，适当地倾听，允许其宣泄表达，当孩子情绪稳定之后再作安慰鼓励。

6. 引导孩子关注自己的优势和能力，唤起他们曾有的考试成功体验，增强他们的自我胜任感。在此基础上，还可以教孩子进行积极的心理暗示。注意，积极地自我暗示时，应避免使用消极词语，例如不要说"不要紧张""我不紧张"，可以对自己说"我现在状态很好""我会发挥出自己的最佳水平"等。

7. 帮助孩子正确看待焦虑。有些孩子会觉得紧张焦虑是不好的，害怕因为自己的焦虑导致高考失利，以至于更加焦虑。我们可以告诉孩子，面对重要事件，人们有些紧张焦虑是很正常的，而且适当的紧张焦虑可以调动人的积极投入，激发潜能。

【教育提升】

家庭教育中孩子积极心态的培养非常重要，良好的心态能够让孩子在遇到困难时冷静理智，积极应对。对于孩子积极心态的培养应注意以下几个方面。

1. 父母积极的心态有助于孩子良好心态的形成。消极心态会让孩子在紧张、焦虑、恐惧、混乱与冲突中自我怀疑和自我否定。父母要留意自己的心态，反思自己有没有存在着心理脆弱、承压过大、内心焦虑、看重分数、急功近利、攀比抱怨、缺乏自信、担心失败等情况，要留意自己消极心态对孩子的影响。

2. 反思家庭教育中对孩子心态的培养。每个父母都希望孩子能有一个好的心态，同时也有不少父母在为培养孩子积极心态作努力，可是结果却事与愿违。孩子的考场心态便是家庭教育心态培养的结果。如果考试心态不佳，可能是家庭教育心态培养中出了问题。在家庭教育中，父母如果经常居高临下、求全责备、过度严厉、过分保护、专制武断、心理控制，对孩子使用简单粗暴的家教方式，也不利于孩子良好心态的养成。

3. 在日常生活中以身作则培养积极心态，促进孩子良好心态的养成。做具有积极心态的父母，保持阳光快乐，乐观向上，开放进取，冷静理智，果敢坚毅，遇到困难和挫折能积极看待，遇到困难积极归因，对孩子有耐心和爱心，善于发现孩子的优势和力量，学会尊重和接纳孩子。

问题11：孩子高考成绩不理想，要不要复读？

案例

高考成绩出来后，接下来便是填报高考志愿。小豪的高考成绩很不理想，与本科线还有较大的差距。在大家眼里，要上大学就要上本科，上专科没什么用，还不如不上。但以小豪成绩只能读专科或高职。

小豪在填报志愿时想来想去，到底要不要填呢？自己是复读一年还是根据现有的成绩填个专科学校呢？如果复读一年，自己经过一年的努力，成绩有可能提升，明年高考过本科线，考上本科学校。但是想到要再重新经历一次高三，又有些害怕。如果随便上个专科或高职，总觉着毕业之后会低人一等。自己心有不甘，毕竟大家都想大学能读个好学校，好学校意味着机会多、平台好，自己也能找个好工作，有个好未来。

看着很多和小豪成绩差不多的同学选择复读，小豪开始着急，找到父母征求意见。其实父母也希望小豪能上本科，但是对于小豪这种情况，高考成绩离本科线有较大的差距，父母心里很矛盾：不让小豪复读，怕小豪以后埋怨；让他复读又担心复读一年成绩还和今年差不多，又浪费一年的时间。思来想去也拿不定主意。

【原理分析】

决策心理冲突是指个体在作决定时面临的两个或两个以上的选择，但对每个选择利弊反复衡量、犹豫不定的矛盾心理状态。生涯决策的认知信息加工（CIP）理论指出，在生涯决策时，应先对个人的能力、兴趣、价值观等有尽可能充分的了解，同时对可选项相关的信息也有充分的了解。通过分析不同选项、综合各方信息、评估各个选项选出优先项，然后执行所作选择。决策作出并不意味着决策过程结束，决策后还需要在决策执行中以自我的觉察、监控的方式对决策后的执行过程进行调整，以促进决策目标的达成，或者重新调整选择。在这个过程中，如果对自己或者选项了解不充分，或者存在一些不合理的信念，都容易造成选择困难。

考生高考成绩不理想，在降低标准选读大学和复读再战之间犹豫不决，往往也是因为他们对自己的能力、需要以及不同的选项缺乏理性、全面的分析，或者因考虑太多患得患失造成选择困难。对于要不要复读，家长可以帮孩子客观地了解自身的兴趣、能力、价值观和复读与不复读各自所面临的境遇与挑战，并结合自身实际作出合适的选择，并推动孩子在执行决定的过程中进行自我反思和自我调节，以达成决策目标。

对于复读生来说，有人通过复读，成绩提升考上理想大学；也有人复读一年后，身心俱疲，成绩不升反降的情况。复读是有风险的，有些同学对复读时遇到的困难考虑不足，对自己的条件及准备状态盲目乐观，导致复读后挫折不断，甚至不堪忍受中途放弃。在作复读决定前，需要对自己进行客观、全面、慎重的考虑，对复读时可能遇到的困难和将要面临的心理挑战，即将经历的心理煎熬要有充分的准备，要了解复读后最坏的结果，并愿意接受这个最坏的结果。

对高考成绩不满意，很多考生会选择复读，但并不是所有的考生都适合复读。一般来说，以下这些学生相对适合复读：平时成绩不错，但因偶然因素高考发挥失常的考生；成绩优秀、稳定，却没能被理想学校录取的考生；学习基础较好，但是考前贪玩耽误学习，考后遭受打击，幡然醒悟的考生；学习动机强，学习潜力大，学习劲头足，意志坚定的考生。这些考生有可能通过一年的复读使成绩提升。而下面这些考生则需要慎重考虑复读：高考分数过高或过低的考生；在高考时超常发挥考出最好成绩的考生；心理素质不好，大考容易焦虑，自我控制能力较差的考生；学习动机不强，跟风盲从，意气用事的考生；复读意愿不强，为家长所迫而复读的考生。对这些学生而言，一年的复读换来的可能只是时光的流逝、身心的疲惫。

之所以有很多考生选择复读，还有一个很重要的原因，便是大家对高考过度重视，有"一考定终身"的想法。高考取得好成绩，考上好的大学固然有更多的机会，但是并非一考定终身。孟非高考失利，自考本科一路成长为《非诚勿扰》的主持人；马云三次高考，未圆本科梦，却在电子商务叱咤风云改变我们的生活。湖南日报记者曾对1977—1999年间湖南24名高考状元的职业状况进行调查，发现无一人成为所在行业的领军人物，大多数默默无闻光环不再。（材料来源https：//zhuanlan.zhihu.com/p/26333046）高考改革风向也一再弱化社会对高考的关注，让高考热度回归理性，改变高考一考定终身的局面，让条条大路通罗马，给每个考生更多的机会。

在很多考生和家长眼里有一条高校鄙视链，本科好于专科，专科好于高职，存在着非本科不上、专科职校读也白读的观念。他们认为只有读本科才能有美好未来。或许好学校会为学生提供更多的平台和机会，让学生的能力得以提升，但是真正决定一个人未来的不是好的学校出身，而是其在学校学习中培养的能力。对于考生而言，找到适合的学校对他们的能力培养更为重要。

【操作指导】

高考结束后，孩子成绩不理想，离本科线还有较大距离，要不要复读？父母应该做些什么，才能让孩子作出适合自己的选择？这些恐怕是摆在很多家长面前的选择难题。面对这个选择难题，父母要立足现实，理性分析，冷静对待，切忌意气用事，脱离实际，盲目乐观。父母可以从以下几个方面入手。

1. 倾听孩子的想法，尊重孩子的选择，做好孩子的参谋。高中阶段，孩子在成长中有了更多独立的需求，也希望在涉及自己的事情上有更多自主权。在复读与否的问题上，孩子有自己的看法和打算，父母要主动倾听孩子的想法，并根据孩子的现实情况和自身意愿作好参谋，切忌一厢情愿，越俎代庖。

2. 在做复读的决定前，与学校老师作些交流，多听听他们的建议和分析。老师对孩子的日常学习状况及后劲能力有更多的了解，参考老师的意见会让决定更理性，更适合孩子。

3. 根据现实情况，对孩子的复读问题进行客观、全面、深入的思考。综合孩子的复读意愿、知识基础、学习能力、学习动机、潜力发展等多方面的因素，考虑孩子的复读问题。如果孩子的知识基础差，且学习动机低、学习能力弱、潜力发展后劲小，那么孩子可能不适合复读。如果孩子知识基础好、学习能力强，又有学习动机，潜力大，发展后劲足，则可以选择复读。

4. 对于复读与否，父母应该了解孩子的意愿，结合孩子的情况和孩子一起作选择。如果孩子复读意愿强，但是孩子不适合复读，那么需要做一些工作，让孩子作出适合自己的选择。如果孩子硬要坚持，父母无法说服，那么就尽力支持如果孩子适合复读但复读意愿不强烈，父母可以做工作，了解孩子复读的顾虑，帮孩子作出调整，激发孩子的复读欲望。如果孩子坚持不复读，那就遵从孩子的意愿。

5. 如果孩子作出复读的选择，父母需要帮孩子做客观分析，让孩子了解复读时所面临的困难，让孩子对未来复读的挑战有清楚的认识和充分的准备，这样有助于孩子作出理性的决定。

6. 如果暂时无法决定，那么就先搁置。父母可以利用假期这段时间与孩子协商制订一个暑期复习计划，并根据孩子的计划执行情况再作决定。如果孩子能够认真完成复习计划，可考虑复读，否则不建议复读。

7. 如果孩子的学习能力不适合读本科，家长应打破"读本科才能有出息"的偏见，与孩子一起了解职业院校，为孩子的未来做好规划。

【教育提升】

任何问题都是发展的契机，也为成长进步提供平台，在面对孩子复读的问题时，我们不但应立足于问题本身，还需要着眼自身和孩子的成长进行更深入的反思提升，对此我们可以作出以下几种尝试。

1. 对复读问题进行深入的自我反思。了解对于孩子复读，你的选择倾向及此倾向背后的需求。这个需求是为孩子，还是为自己？你觉得是为孩子好，为了满足孩子的需求，但是真的为孩子好吗？真的是符合孩子的需求吗？会不会是以为孩子好的借口，为自己？表面上是孩子的需求，实际上是为了满足自己的需求？让孩子复读是让孩子不后悔，还是让孩子成就你未完成的梦想，满足你曾经的缺憾？深入、理性的反思会让我们的决定更明智。

2. 以复读问题为契机，在平等交流中培养孩子的独立意识，提升自助能力。高中阶段的孩子在心理发展中有了独立的需求，希望作出自己的决定，但是缺乏生活经验，看问题片面、偏激，易受情绪的影响。且此时孩子自我控制能力不足，意志力不坚定，缺乏耐心和恒心。父母需要了解孩子的这些心理发展特点，并给出适当的引导，发展他们的独立意识，提升他们的应对能力。在帮助孩子决定复读与否的问题时，帮助他们对自己进行客观、全面、深入的分析，提升孩子自我认识和自我评价的能力。与孩子建立平等的关系，尊重孩子的自尊心和独立的需求，让他们对复读面临的困境有全面的估计，增强他们作决定的能力，并引导孩子通过作决定后对结果的承受，增强他们的责任心。

 ## 问题12：如何引导孩子作好生涯规划？

> 案例

菲菲是重点高中高一的学生，作为实施新高考政策的第三届学生，她从入学起就知道：选科很重要，选科要慎重。不过她也有点苦恼，不知道该选物理还是历史，她并不擅长物理，虽然投入了很多时间去学习物理，但日常小考以及两次大考的成绩都在平均分上下徘徊；她挺喜欢历史的，但是因为之前没有花什么时间学习历史，所以成绩也是平平。选物理，怕后劲不足，听说高二物理会更难；选历史，也不知道自己的文科潜力到底有多少……从小到大，菲菲都很听爸妈的话，所有的重大选择都是爸妈帮忙做的。这次选科，爸妈建议她选物理，因为爸妈觉得选物理，专业选择面广，读理工科未来也比较好找工作。但菲菲一想到理工科的工作，心里不仅开心不起来，还有点抵触。她也不知道自己想要什么，对未来一片茫然。

> 【原理分析】

案例中的菲菲，因为从小到大的重大决策都是爸妈代劳，所以当她面临复杂的选科问题，而爸妈的意见又与自己的心意不太相符时，就陷入了迷茫之中。这是缺乏生涯规划、缺乏决策能力所致。这种情况在我国高中生群体中十分常见。

著名生涯规划大师舒伯（Donald E. Super）提出的生涯发展阶段理论，把人的生涯发展分成五个阶段，每个阶段又包含若干时期，每个时期都对应不同的生涯任务。高中生正处于"探索期（15～24岁）"的第一阶段"结晶期（15～17岁）"。这个阶段的生涯任务是要发展出较为清晰稳定的职业自我概念，反映自己的职业领域偏好和能力水平，并综合自己的兴趣、能力，对未来职业进行尝试性选择。简单通俗地说，就是高中生要探索自己适合什么专业与职业领域，并基于这些了解，在高中分科以及高考报志愿时作出适当的选择。

然而，我国学生在这方面的生涯能力经常要延迟到本科甚至研究生才发展起来。曾有调查显示，"学生报志愿时不了解自己所选专业""选专业时是盲目的""所学的专业与预期不符""如果可以，愿意重新选专业"，这些项目的选择比例都超过了50%。可是，有些大学生，你让他重新选专业时，他可能对于新选的专业还是不了解，还是盲目的。新高考改革，强调把选择权还给学生，让学生有更多自主权，选择适合自己的学科。这就逼着学生必须重视生涯规划，更早开始进行生涯探索。

【操作指导】

那么，家长要怎么指导孩子进行生涯规划呢？

1. 配合学校开展生涯指导。随着新高考改革的推进，越来越多的学校响应国家号召，开始重视生涯教育，有的开设了生涯讲座或者课程，有的开展了生涯探索活动，还有的提供更细致的生涯辅导和咨询。家长可以先了解学校的生涯教育措施，配合学校一起开展指导。

2. 增强孩子的生涯规划意识。生涯意识的唤醒是一切生涯探索活动的基础。只有孩子打心底觉得生涯规划对自己是重要的而且是有用的，他们才会自动自发地去探索、去规划、去行动。生涯规划，只有孩子自己动起来才有意义，家长代劳的生涯规划并不是真正的生涯规划。孩子的生涯规划能力只有在亲身经历和体验中才能形成。家长可以通过和孩子聊聊未来的愿景、分享成功或陷入生涯困境的典型案例等方式，让孩子感悟生涯规划的意义，增强生涯规划的动力。

3. 协助孩子进行自我探索和外部探索。美国伊利诺伊大学教授 Swain 博士提出"生涯金三角"模式，认为作生涯决定时要考虑"自我""环境"和"教育与职业资讯"三个方面的内容。其中"自我"包括兴趣、能力、个性、价值观等个人特质，"环境"包括家庭因素、社会经济因素及其他阻力与助力因素，"教育与职业资讯"是指通过文本视频、参观访问等各种途径搜集教育与职业的信息。只有了解了以上三个方面的信息，我们才能作出最适合自己的生涯决策。所以，我们要协助孩子不断进行自我探索和外部探索。比如我们可以为孩子的兴趣和能力探索创设条件，也可以带领孩子通过参访、实践了解教育与职业资讯。

4. 为孩子的生涯决策提供建议。高中生正处在心理上脱离父母的心理断乳期。他们的自我意识明显增强，独立思考和处理事务的能力也快速发展。因此，进行生涯决策时，家长可以发表自己的建议与意见，但不要强迫孩子接受，应该以更宽松的态度，允许孩子做自己人生的主人。当孩子的意见与家长相左时，可以与孩子理性地讨论，是价值观不一致还是信息搜集不足，了解孩子真正的需求并提供帮助。例如案例中的菲菲，她对父母提出的理工科的建议不是太能接受，父母就可以帮助她澄清她的兴趣领域在哪里，以及对她而言哪些未来的职业是更重要的。另外，在选科方面还有哪些信息是没有掌握到位的，是否对选科存在误区。当孩子做好了充分的准备工作，家长能做的，就是尊重孩子的选择，并支持孩子坚定地朝自己的目标努力。

【教育提升】

埃里克森的人格发展阶段论认为，青少年期（12~18岁）的核心发展任务是建立自我同一性（也称自我认同感）。他们通过将自己在他人眼里的形象与找到的适合自己的方向相结合，来进行自我认同的建构。自我同一性通常反映在对"我是谁""我要成为怎样的人""我将如何适应社会"这类问题的感受上。自我同一性的发展状态决定了学生会以何种态度和方式度过自己的高中阶段。家长应引导孩子积极进行自我探索，建立积极的自我概念，并鼓励孩子独立思考，给孩子更多自主选择的空间。清晰的自我同一性有助于学生作出生涯决策。

自我同一性按照探索程度分为四种发展状态：同一性扩散、同一性早闭、同一性延迟、同一性完成。家长应根据孩子的状态，给予孩子适当的帮助，促进孩子达到同一性完成的状态。

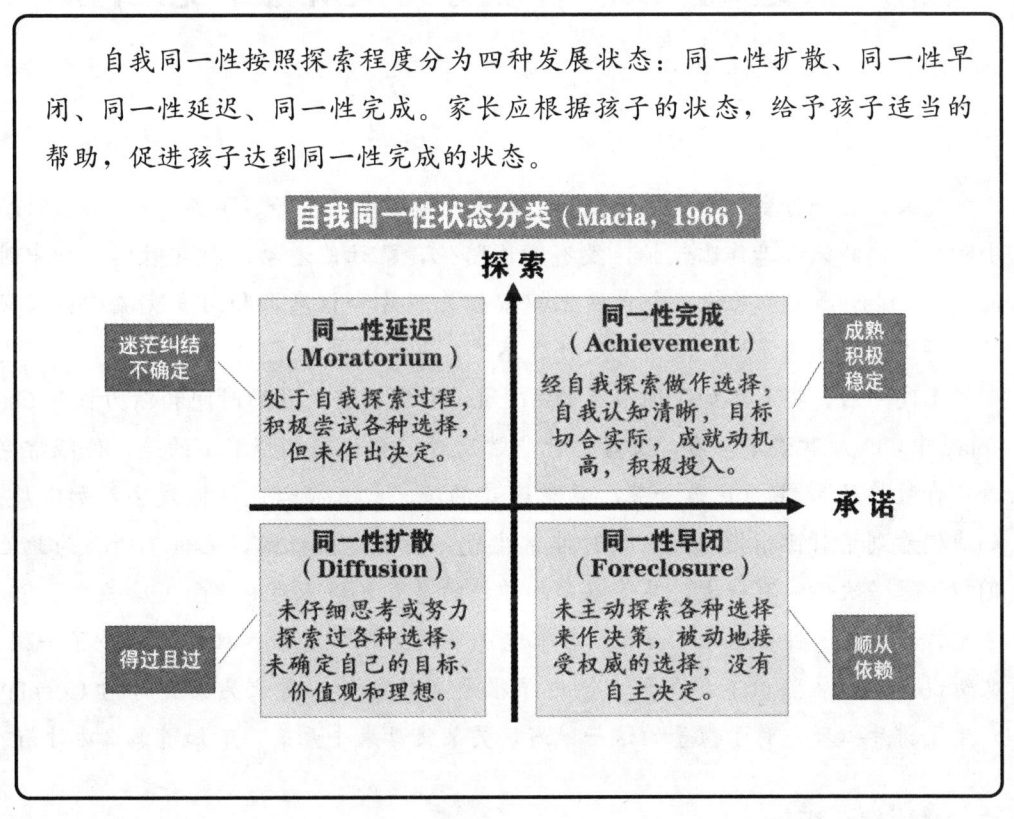

主题四 品德与个性

 问题1：孩子喜欢穿奇装异服，怎么办？

案例

吴某，高一男生，在一所市属普通高中就读，成绩中等。吴某从小喜欢动漫。小时候，他的父母工作比较忙，没有时间陪他，就让他看动漫打发时间。初中时他对Cosplay产生了兴趣，会在网上搜索相关照片和信息，和网友交流心得。父母觉得这是孩子的爱好，没感觉有什么不对，也就随着他了。

上高中后，吴某参加了网络上的Cosplay社团，将大量的时间和精力投入Cosplay中，因此耽误了学习，父母对此非常反对。更让父母受不了的是，他经常穿着"奇装异服"，甚至穿着女装、画很浓艳的妆、戴五颜六色的假发去参加漫展。邻居们看到了对他指指点点，父母非常生气，劝他退出社团，他偏不听，为此他们吵了很多次架。有一次，吴某以参加学校的暑假夏令营为由，向父母多要了500多元钱，买了一件Cosplay女装。后来这件事被父母知道了，双方又大吵了一架。又听说各地漫展频出不雅事件，造成了很恶劣的影响，更让吴某父母对Cosplay产生了排斥心理。对于孩子的这一爱好，吴某父母束手无策，不知道怎么办才好。

【原理分析】

Cosplay，中文译名为"角色扮演"，一般指利用服装、饰品、道具以及化妆来扮演动漫作品、游戏中的角色。近些年，Cosplay逐渐成了当代年轻人追逐流行、张扬个性、展示表演才华的舞台，时尚、酷炫、前卫、新潮的动漫Cosplay表演，是个性独特鲜明的新兴视觉文化，亦是青少年的时尚文化。但在老一辈的眼中，Cosplay可以说很不被待见，甚至一度被认为是不伦不类的行为，被贴上了"奇装异服""不良少年""不学无术"的标签。由于两代人价值观的不同，常常引起很多冲突，不免引发我们的思考，Cosplay为什么如此吸引孩子呢？

1. 在当今竞争激烈的社会，青少年课业压力大，生活显得单调而枯燥。有无限活力的青少年，需要有一个新奇、独特的爱好来张扬自己的个性，释放自己的压力。人天生就有表现欲，通过化浓艳的妆、穿彰显个性的衣服扮演角色，参加社团活动，获得大量的认同，这都是对自我价值的一种肯定与提升。这些体验无疑给青少年的生活带来了不一样的轻松和愉悦感。

2. 青少年在心理上处于半成熟期。他们在这个心理过渡期存在着许多忧郁与迷惘。通过角色扮演，把内心对理想自我的设想与渴望投射到角色上，凭借自身能力塑造出各种各样完美的"我"。在自己建立的"精神家园"中缓解现实中自我的焦虑，获得对自我的认同。

3. 随着性意识的觉醒，青少年对异性产生了好奇。许多Cosplay玩家以扮演异性作为自己的固定偏好，很大程度上出于好玩和好奇心，用戏剧化的形式重新构建自己对异性的幻想，可以深刻地体会到变成异性的心理快感。这种行为承载着青少年对性别刻板划分的挑战以及对性别认同的实践。

Cosplay作为当代流行的文化娱乐形式，对青少年的成长既有积极作用，也有不良影响。我们必须了解它，正视它的积极和消极作用，在正确认识的基础上对青少年进行引导。

积极方面：Cosplay有励志解压的作用，青少年在活动中宣泄了现实生活中无形的压力；Cosplay有显著的团体性，经常需要相互合作，有助于增强自信心，拓展人际关系，培养团队精神；从Cosplay服装配饰的搭配和制作，到组织排练、化妆、摄影、后期图像处理、音效配置，无疑需要花很大的心力去完成，这些过程有利于发展青少年的想象力、创造力和动手能力，也培养了他们的意志品质。

消极方面：将大量的精力、时间和金钱投入其中，严重影响了青少年的学业，养成不良消费习惯。过于沉迷Cosplay可能会导致青少年出现自闭、孤僻等心理和性格问题。某些追求商业利益的动漫中，暴力、血腥、色情的内容给中学生不成熟的心理带来了巨大的冲击。这些都可能成为青少年形成健康人格的阻碍。

【操作指导】

青少年会有求新求异的倾向，这是正常的。他们通过Cosplay达到丰富人生和减压的目的。扮演动漫中的人物形象，也是自我认知的一种体现。家长如果盲目地遏制，可能给孩子的心灵造成一定的伤害，还会增强他的逆反心理，伤害亲子之间的关系。如何去解决这一问题呢？

首先，家长要尝试去了解Cosplay文化。只有走进这个文化圈，关注孩子扮演的角色的意义和价值，才能走进孩子的内心。而且在了解的过程中，可以分辨Cosplay文化中精华和糟粕的部分，为下一步引导作准备。

其次，引导孩子在角色扮演中有所收获。家长要多倾听孩子在 Cosplay 活动中的感受，欣赏并认同孩子在 Cosplay 活动中的收获，比如在这个过程中，他学会了坚持，培养了创新能力，锻炼了动手能力，具有团队合作精神。甚至可以参与孩子的喜好，与孩子一起研究道具，参与后期图像处理，成为孩子的粉丝，欣赏孩子的作品。如此一来，跟孩子有了共同的话题，孩子才能打开心扉，与父母分享自己的收获和困惑。在与孩子探讨的过程中，也可以引导孩子去发现 Cosplay 里的英雄人物身上的优秀品质，以此作为生活和学习中的榜样。

最后，在建立良好关系的基础上，对 Cosplay 圈中的消极影响进行化解。

1. 引导孩子正确辨别"美"和"丑"，正确认识"时尚"与"流行"，自觉规避不良社会风潮的负面影响，告诉孩子不良着装的危害，让他们了解自己正处于长身体的关键时期，衣服过紧，束缚身体，影响正常的生长发育，暴露、反串的衣服并不是酷帅的表现，反倒会让大家觉得不合适。

2. 中学生正是学习的关键期，要处理好爱好及学习之间的关系。家长可以与孩子商量如何合理安排时间，在不影响学习的情况下，适当地发展自己的爱好。

3. 告诉孩子如何保护自己的安全，不要轻易地参加漫展，去与陌生人见面，如有参与的必要，孩子要告知家长，让家长陪同。

【教育提升】

随着网络时代的发展，全球不同文化相互冲击、相互影响，青少年作为网络时代的主力军，其亚文化逐渐丰富并且呈现出多样化的趋势。Cosplay 文化以其个性化、时尚、炫酷的特点，吸引着当代追求标新立异、喜欢寻求刺激的青少年。通过 Cosplay "戏剧化"的风格表征，张扬了自身对于自我、身份、性别等问题的独特表达，达到了丰富人生和减压的效果。随着时代的发展，Cosplay 文化现象在未来仍将继续以势不可当的趋势发展，且影响会越来越大。

家长不要将世俗的一些观念强加到孩子的身上，不要暴力地抹杀孩子的兴趣和需求，这样不仅阻碍了孩子健康人格发展和正确价值观的形成，也破坏了亲子之间的关系。作为信息时代的父母，更应该要不断学习，去适应和接受多元文化下的产物，了解 Cosplay 文化，了解孩子爱好下的心理需求，引导孩子与角色扮演理性并和谐地相处。家长必须探索引导孩子健康积极向上的生活方式，培养孩子形成正确的思想观念，减少动漫及 Cosplay 等流行文化带来的负面影响，提高自我保护意识，提高孩子的审美意识，调动其美化生活、热爱生活和享受生活的积极性，使其最终形成充满青春活力的、健全的现代人格。

 **问题 2：孩子爱撒谎的不良行为习惯如何纠正？**

案例

小卡的母亲来到学校心理辅导中心，非常焦虑地向老师诉苦，小卡总是爱撒谎，她不理解儿子，为什么有时明知躲不过，可还是经常这么做。比如，前两天发生的事情就让她很困扰。上了高中以后，儿子感觉数学科目学习压力很大，就要求参加课外数学补习班。月考结束后，家长问他数学考多少，他说没考好，考了 91 分，刚及格。可是家长从班主任那里了解到实际上他只考了 68 分。母亲当时非常生气，觉得没考好就算了，还撒谎，忍不住说了他两句，儿子不但没有认错，反而情绪非常激动，把正在吃的饭菜打翻，并扬言"我就是个谎言精，你能把我怎么样"，一副破罐子破摔的样子。家长还反映，这孩子从小比较懂事，各方面都挺好的，怎么就是爱撒谎呢？

【原理分析】

每一句谎言的背后都有它的诉求，谎言是假话，但诉求却一定是真的。谎言可怕，但更可怕的是父母的不理解、不作为甚至是不原谅。很多时候，父母都急于去教育孩子，而忽略了孩子谎言背后的需求以及想要表达的心声。所以面对孩子说谎的行为，家长该严肃地对待，还是轻描淡写置之不理呢？这没有绝对的标准，我们只有知道了"为什么"，才能更好地处理。比如，上述案例中的小卡，他为什么要犯那么低级的错误呢？他背后的动机是什么呢？现在结合上述案例，一起来分析一下小卡撒谎的可能原因。

1. 对超越自我的期待。

孩子口中的分数也许不是实际的成绩，而是他理想中期望自己达到的成绩。没有实现自己对自己的期待，也就是小卡对自己这次考试的成绩不满意，很沮丧，希望下次能弥补这个遗憾，于是他就撒了谎。

2. 对负性经历的防御。

可能是以往类似经历带来的负性情绪记忆，让他感受到了情绪上的冲突。哲学家罗素曾经说过,孩子不诚实几乎都是恐惧的结果。曾经做错事讲真话,结果不但没有被谅解,反而被惩罚、被责骂。这样的负性经历,让他产生了自我保护心理的防御机制,所以撒了谎。很多时候父母越是不分青红皂白严厉地惩罚,孩子越爱撒谎,并且一次比一次严重。

3. 对重要他人的讨好。

也可能是当事人小卡比较懂事,有讨好型人格特质,善于察言观色,能从家长的言行中推测出家长的好恶。家长以往表现出任何不满,都会被小卡敏感地捕捉到,他会刻意隐瞒或者掩饰不当的行为以期达到家长的要求。也就是说他会关注家长的情绪感受,担心自己考不好会让家长失望,所以撒了谎。

4. 对观念认知的偏差。

也有可能孩子的内在有一些错误的观念,如"考不好就是无能""考不好就不值得原谅""考不好父母就不爱我了",这些错误的观念都可能导致孩子不愿意接受考不好这个事实,所以就撒了谎。

如果家长能看清孩子撒谎背后的动机或真正的心理诉求,或许就更能理解孩子,就能更好地处理自己的情绪并灵活地应对孩子的撒谎行为了。

【操作指导】

孩子为什么爱撒谎?孩子撒谎背后的心理是什么?怎么教育撒谎的孩子?其实撒谎的孩子更需要爱。如果想预防或减少孩子的撒谎行为,家长可以尝试从以下几个方面努力。

1. 与孩子建立比较良好的亲子关系。

具体做到:用良好的家庭氛围、积极的心态影响孩子;平等地与孩子交流,多尊重、信任孩子;给孩子独立思考、独立做事的机会;让孩子知道你随时能和他(她)谈心;满足孩子的合理需求等。当家长能将这些做法渗透在平时点点滴滴的关系中,孩子就有比较好的安全感,那么撒谎的动机或心理防御机制也就会减少。

2. 谎言的另一面并非是真诚,而是宽容,宽容是能减少谎言的基本途径。

青少年成长过程中,由于心智发育不够健全、阅历不够丰富,犯错是难免的,所以家长要允许孩子犯错,任何事情都不要上纲上线。如果孩子犯了错,出了问题,不要一味简单地指责孩子,把孩子往问题方向推,而是要让孩子知道父母始终是他坚强的后盾,犯了错没有关系,只要改了就是好的,父母会跟他一起应对、一起处理,然后指导孩子学会在错误中成长。

3. 不要给孩子乱贴标签。

很多父母在发现孩子撒谎的行为时,急于给孩子贴标签,生怕孩子记不住撒谎这件事。

然而从心理学角度来讲，潜意识无法分辨否定的说法。一味强调"不要撒谎"的结果，就相当于把"撒谎"的理念一次次地植入到孩子的潜意识中，从而强化孩子说谎的行为。同时当犯错的孩子承认时，应当给予表扬，这是正向的强化，比如"我很高兴你能告诉我真相"。当然同时家长也要让他明白，说实话并不意味着他所犯的错误是被允许的。

【教育提升】

美国马萨诸塞州大学的心理学家罗伯特·费尔德曼做过一个实验，当人们在日常交谈时，他带上隐蔽的摄像机录下现场情景。然后，实验人员一边观看录像带，一边计算人们在交谈中说谎的次数。统计结果令人吃惊：人们平均每10分钟就会说3个谎言。美国新泽西州约翰逊医学院刘易斯博士的研究也显示了这一点。他要求被调查者反省自己每天撒谎的次数，而被调查者承认，他们平均每天最少撒谎次数是25次。

说谎源于人的自我防御机制。在成人的世界里，我们会把所说的谎言用各种理由合理化：有好面子的，有白色谎言的，也有吹牛骗人的。既然成人每天都在说谎，为什么不能善待孩子的谎言呢？在孩子的认知世界中，他们也需要用各种各样的理由来让自己的某些行为合理化。作为家长，我们更应该做的是给予理解和正确的引导。

爱撒谎的孩子，并不是坏孩子。从根本上说，撒谎就是孩子情感表达上出了问题。所以，当我们把定位定准确的时候，面对孩子的撒谎就不会如临大敌了。教育最需要的是对儿童的理解和爱，好的教育是要在儿童的内心世界点亮一盏明灯，把儿童的心灵引向敞亮。只有感受到"被理解、被爱着"的孩子，才能内心富足，健康地成长。

问题3：孩子性格内向不太会交朋友，怎么办？

案例

小可是一个文静而又内向的高一女生，学习成绩优良。在她小学时父母离异，一直跟着父亲生活，因此她感觉自己和别人不一样，有些自卑。父亲管教很严格，除了关心孩子的成绩，其他事情很少过问。她在家话语不多，喜欢独自在房间里做作业和看书，大人问话时，也大多以单音节"嗯""好"进行回复，因此父亲经常指责她没有礼貌。在学校，她尤其喜欢一个人安静地待着，很少主动参加班里的活动，周围人如果过分关心她，她会感到不适。事实上，内向的性格让她很苦恼。初中时因为父母的关系她格外依恋朋友，因为害怕失去朋友而过度压抑自己的需要。可是中考后她唯一的好朋友去了别的学校。小可独自来到新的环境，她很想融入，却不知道如何跟别人交往，面对不太熟悉的人表现得很拘谨和胆怯，别人聊天时她总插不上话，总是有种不被重视的感觉，她怕自己的话题别人不感兴趣。周边的同学也曾向她伸出友谊的橄榄枝，只是由于她的冷漠和拘谨，别人没法靠近她。她觉得过得很压抑，很羡慕那些性格外向的同学，可以交到很多朋友，可以很放肆地大笑，很自然地与别人侃侃而谈。小可希望自己的朋友也能多一些，可是偏偏又做不到，因此很烦恼。

【原理分析】

在心理学中，内向、外向其实是人的气质类型中的指向性特征。气质是个人生来就具有的心理活动的典型而稳定的动力特征，是人格的先天基础，包括心理活动的速度（如语言、感知及思维的速度等）、强度（如情绪体验的强弱、意志的强弱等）、稳定性（如注意力集中时间的长短等）和指向性（如内向性、外向性）。这些特征的不同组合，便构成了个人的气质类型。内向的人心理能量指向内部和自我，关注自己内心的想法和感受，善于自我反省；而外向的人心理能量指向外部和他人，喜欢与人互动。有人对内向性格的人进行了研究，发现他们也许减少了与人建立关系的机会，但他们具备注意力集中、独立思考、较有创造性的性格特点。很多有所成就的人，比如牛顿、爱因斯坦、居里夫人、比尔·盖茨等，都是内向的性格。所以内向、外向，并没有好坏之分，它们在人群中有各自的角色和价值。

人们常说性格决定命运，经常刻板地把外向联想为乐观、开朗、热情、自信，把内向联想为压抑、退缩、胆怯、不合群。大多数人认为外向的性格是受大家欢迎的，而内向的性格却不那么好。当一个内向的人试图变得外向的时候，他可能就失去了自我内心的安宁。就像案例中的小可，内向的性格不被父亲和周围的同学接受，更不被自己接受，从而产生了困扰。内向而又有人际交往困扰的孩子往往受以下几个因素影响：

个人方面，内向的人往往习惯于内省活动，特别在大庭广众下不善于自我表露，他们有着强烈的自尊心和过分敏感的特点，由于缺乏人际交往的技巧，常常有人际交往的失败经历。他们在与人交往时，由于太在意别人对自己的评价而显得缩手缩脚、吞吞吐吐，表现得不自在。

环境方面，家庭的因素对孩子的性格形成有着决定性的作用，如父母的养育方式过于专制，离异家庭让孩子产生了自卑心理，这都会对孩子的性格产生不良影响。而孩子曾经的挫折经历也会影响其个人的交往，形成羞怯心理。

【操作指导】

首先家长应建立良好的心态，接纳孩子的个性，不要过于焦虑，在孩子不想表达的时候尊重孩子的决定。高中阶段的孩子，感情变得更隐蔽，不愿向父母透露自己的内心世界，可是有些家长认为孩子不愿表达就是内向的表现，急于改变孩子。而这个阶段的孩子自我意识明显增强，他们在心理和行为上出现了强烈的自主性，所以如果对孩子强加干涉，往往事与愿违，影响了亲子关系。其实，内向的人也会有自己的社交方式，只是不如外向的人那么容易向别人透露自己的内心，需要比较多的时间，或是更多熟悉人的陪伴。如果希望其在短时间内交到朋友，可能反而会带来太大的压力，让他们对于社交更退缩。

因此家长应该先与孩子建立良好的亲子关系，在此基础上，如果孩子有改变的诉求，家长可以尝试给孩子如下建议。

1. 正视自己的个性，接纳自己。

家长可以帮助孩子正确看待自己的个性，接纳自己，这样更有利于提高孩子的自信，减少他的不安情绪。要引导孩子辩证地看待问题，让孩子认识到内向也有优点，比如注意力集中、感情细腻、善于观察等；不善于在公开场合表露自己，有时候更容易获得真心朋友。内向的人只是不善于表达，缺乏人际交往的技巧。只有发现了自己的优点，接受了自己的不足，才有进一步改变的动力。

2. 多了解一些时事话题，发现和培养自己的兴趣爱好。

内向的人在与人交流时常常因为没有共同的话题而插不上话,怕自己的话题别人不感兴趣。他们可以多了解一些时事话题,发现和培养一些自己的兴趣爱好,尝试着勇敢走出自己的舒适圈去了解他人,找到有共同爱好的人,这样更容易与他人建立友好的关系。

3. 不要拒绝别人的橄榄枝,可以从微笑开始、从自己感兴趣的活动开始。

内向的人并不是一开始就交不到朋友的,只是别人在与他交往过程中,因为得不到积极的反馈,渐渐地远离了他。所以当别人主动伸出橄榄枝时,也要给对方积极的回应,可能刚开始很不习惯,那就从一个微笑开始回应,从自己感兴趣的活动开始,尝试着主动参与到别人的邀请当中。关心朋友,支持他,真诚地对待他,更有利于维护友谊。

【教育提升】

"家庭是塑造性格的工厂"。家庭的气氛、家长的教育态度与教育方式等都对孩子性格的形成与发展有重要的影响。美国心理学家鲍姆令特把父母的教养方式分为民主型、专制型、溺爱型和忽视型。民主型的家长给孩子一定自主权利,家庭成员之间相互尊重、平等交流,对子女既有约束又有鼓励。这种教养方式下的孩子,自尊、自信、乐观、开朗。而专制型的家长要求孩子无条件地服从自己,无视孩子的合理要求,过于苛求孩子,经常惩罚斥责孩子,这种教养方式下长大的孩子,多表现出焦虑、退缩等负面情绪和行为。

作为家长应当根据时代和孩子的年龄特点,创造良好的家庭心理环境,培养孩子良好的个性,发展他们的智能,为孩子营造一个和睦、宁静、愉快的家庭氛围。如果孩子内向,父母不妨从现在开始就给他们的内心注入力量。当孩子相信周围人都接纳认可他的时候,就容易有相对外向的表现了。在日常生活中,家长在一些决定上,给孩子一个机会,平等地让孩子参与,尊重孩子的意见,让他把心里的话和想法说出来。不要给孩子的生活和学习施加过多的压力,当孩子获得一定成果时,要给予肯定,他就会得到成就感,更有信心一些。

安静的孩子并不等于是内向的孩子,有些安静的孩子遇事时就会侃侃而谈,也不对社交感到恐惧,就没必要担心。而不太会交朋友也许只是孩子没掌握好方法,大部分家长都觉得外向的孩子好,其实每种性格都有自己的优势,家长不必担心没法真正改变孩子的性格。接纳孩子的性格特点,因材施教,给予孩子合适的教育环境,才能让孩子健康成长。

 **问题4：孩子过于自卑，觉得自己一无是处，怎么办？**

【案例】

小玲在初中时是个阳光自信、热爱舞蹈、成绩优秀、备受老师宠爱的学生。自从考上重点高中后，发现周围的同学都很优秀，她只能通过更加努力学习来证明自己。可是随着课程的增多、学科难度的加深，她学起来越来越吃力，成绩的下滑让她备受打击。老师曾经也因为她成绩的下滑找她聊过她的学习状态，这更让她深深地怀疑自己的能力。她怕同学瞧不起自己，就将自己封闭起来，与同学关系越来越远，班上几乎没有好友。封闭自己更直接影响了她的生活与学习，晚上总睡不好导致第二天学习状态很差……她每天都沉浸在痛苦的情绪当中，认为自己很差劲，一无是处，感觉怎么努力也没有用了。学校最近正在筹备艺术节，老师推荐她上台表演，她怕别的同学嘲笑她，也不愿意去尝试。

【原理分析】

自卑，即一个人对自己的能力、品质等作出偏低的评价，总觉得自己不如人，悲观失望、丧失信心等。当人们无法达成理想中的自己时，就会产生自卑感。一个人形成自卑感后，会从怀疑自己的能力到不能表现自己的能力，从怯于与人交往到孤独地自我封闭，本来经过努力可以达到的目标，也会认为"我不行"而放弃追求。案例中小玲的自卑表现为对自己的能力评价过低，产生了不安、内疚、抑郁、失望等情绪，从而自我贬低、自我封闭，什么都不敢尝试。

高中生产生自卑的原因主要受个体、环境等因素影响。

1. 个体方面，一个人的身体状况、能力、气质、性格、价值取向、思维方式等都是自卑形成的因素。美国心理学家伯纳德·韦纳的归因理论认为人们对成功和失败的解释会对以后的行为产生重大的影响。他认为一个人如果把成功和失败都归因于自己的努力程度，就会增强今后努力行为的坚持性。反之，如果把失败归因于能力太低、任务太重这些原因，就会降低自身努力行为的坚持性。学业成绩是高中生能力的重要体现之一，学业失败的人，如果性格胆小、退缩，或者把学业的失败归因于自己比别人笨、学科难度大，那么每一次考试失败的经历就会让其产生低自我效能感，认为自己没有能力去完成事情，从而削弱其自信心，觉得自己一无是处，什么都不敢尝试。

2. 环境方面，主要指父母、教师、同伴对自己的评价。社会心理学家库利曾提出人们对自我的认识和判断往往是他人对自己评价的反应。高中阶段正是青少年自我概念形成的关键期，他们自我概念的形成更依赖于他人对自己的评价。社会环境对于高中生的评价往往以学业评价作为重要标准。就像本案例中提到的，身边成绩优秀的学生，老师的耳提面命，都让小玲倍感压力，久而久之就形成了自己无能的自我概念，产生了自卑感。

【操作指导】

父母是孩子成长路上的陪伴者、引导者，当孩子遇到难题与挫折，首先要理解和允许孩子犯错，给予足够的信任和关爱。比如可以说："妈妈知道你因为成绩下滑而感到担心。""有什么需要妈妈帮助的吗？"或者可以跟孩子讲述自己小时候类似的经历："妈妈小时候也曾经因为成绩下滑而很焦虑，那时候妈妈……"当孩子知道自己的情绪被看到、被理解，才能有勇气去克服困难，有信心去迎接挑战。当获得孩子的足够信任后，可以通过以下策略引导孩子摆脱自卑，迎接挑战。

1. 改变错误认知，调整心态。由于孩子将成绩作为评价自己的唯一标准，认为成绩不好，自己就一无是处。父母可以告诉孩子，考试只是检验学习成果的一种手段，通过成绩的高低让学生明白自己在哪方面还存在不足，进而改进学习方法、查缺补漏，要相信自己，只要调整好学习方法，就能迎头赶上。

2. 正确认识自己，提高自我评价。每个人都有自己的弱点和优点，父母可以帮助孩子在看到自己不如人之处时，也能看到自己的过人之处。可以从孩子较擅长的学科，或者孩子的特长方面找突破口，比如积极参加学校的文艺活动，有运动特长的可以参加运动会，这样可以增强孩子的成就感，从而激发其学习的动力和自信心，也提高了其人际交往的能力。

3. 给自己一个准确的定位，制订合理的目标。自卑的人一般都比较敏感脆弱，经不起挫折打击，一旦遭受挫折，就很容易意志消沉，增强自卑感。因此，父母要帮助孩子找准自己的定位，无论生活或学习，先给自己制订一个通过努力能达到的目标，减少挫折的产生，从而提升成就感，提高自信心。

4. 注重培养孩子的成长型思维。成长型思维的孩子会把每次挑战视作一个提升自我的机会，将每次失败看作让自己加倍努力的理由。如何培养成长型思维的孩子呢？（1）把孩子的失败看作是学习机会，鼓励他从失败中得到成长，可以问孩子："我们能从这件事中学到什么？下一步我们该怎么做？我们是不是要去问问老师，怎样才可以学得更好？"那么孩子就会明白，能力是可以培养的。（2）对孩子的表扬一定要具体明确，要表扬过程而不是结果，比如他的努力、专注、坚持、创意、策略等。比如孩子成绩有进步时，不是夸奖"你真棒"，而应该说"这都是你努力的结果，恭喜你！妈妈看到你这段时间每天认真地完成老师的作业，遇到难题也没有放弃，而是在积极地寻求解决的方法，你看你的付出终于有收获了吧，妈妈很喜欢这样的你。"

> "成长型思维"这个概念是由斯坦福大学的卡罗尔·德伟克教授提出来的。成长型思维的人认为，通过自己的努力能够不断进步和提高，因此成长型思维的人做事不易放弃，勇于挑战，更能从过程中享受到乐趣，抗挫折能力更强。
>
> 成长型思维的反面就是固定型思维，固定型思维的人则认为自己的能力和智力是有限的，他们害怕失败，他们只关注结果成功与否，如果超出自己的能力范围，可能导致失败的就不会去做。于是固定型思维的人总是会逃避挑战，将失败的原因归咎给外界，而不会从自身去寻找原因。

【教育提升】

自卑感可以被消极地转化为行动的阻力，让孩子活在自我挫败感中；也可以被积极地转化为行动力，去激励一个人不断前进。自卑的前提是自尊，当人的自尊需要得不到满足，又不能恰如其分、实事求是地分析自己时，就容易产生自卑心理。一个意志品质表现为自觉性、果断性和自制力的学生，在遇到挫折，自尊心受到打击时，不是变得自卑，而是激起更强烈的自尊，及时调整自己的行动，以更大的干劲冲破压抑，努力拼出一条成功之路来。其实，每个孩子都有自己独特的潜质，父母在孩子的教养过程中，应注重提升孩子的自尊水平，帮助其对自己有积极、正面的认识与评价；注重培养孩子的成长型思维，帮助孩子挖掘自己的优点，相信自己可以通过努力来激发自己的潜能；要提高孩子的意志品质水平，让孩子在遇到困难时能准确地定位自己，提高其抗挫能力，才能获得自信，消除自卑的阴影。

作为父母，要有意识地营造一个具有成长型思维的家庭环境，在这个环境里，孩子们不会害怕受到批评，他们知道父母相信他们有成长的潜力，知道父母会全心全意地帮助他们学习，要让孩子相信，他拥有让自己变得更好的力量。

如果您想进一步了解成长型思维，建议阅读相关书籍，例如卡罗尔·德韦克的《终身成长》。

 问题5：孩子不太会说话，经常得罪人，怎么办？

【案例】

小丽是一个高二女生，成绩一般，脾气很冲，说话太直，也经常说脏话。别人有一点点攻击言语，她就会用更严厉的词语回击，因此她在班级得罪了很多人，人缘也不太好。比如有一次下课，她急着上厕所，此时班长正站在班级门口与人聊天，挡住了去路，她大声冲对方说："喂，让一下！"班长看她说话如此冲，就当作没听见。小丽火了，使劲推了他一下，说："你耳朵聋了还是怎么？好狗不挡道！"班长的怒火顿时燃起："你嘴巴给我放干净点！"小丽也不甘示弱："你挡着道你还有理了？哪里不能站，偏站在门口，不是狗是什么？你以为你是班长就了不起了？也就是跟在老师后面的哈巴狗！"这下彻底激怒了班长："要不是看你是女的，我就揍你了！"小丽看到班长的架势，脸涨得通红："你来啊！我还怕你不成？"……就这样，两个人吵了起来，眼看就要打起来了，围观的同学及时把他们拉开，才避免了冲突的升级。那次以后，她与班长反目，谁看谁都不顺眼，经常因为小事争吵。

【原理分析】

沟通是人与人之间最基本的互动模式，是我们解决问题的最好方法，但是不恰当的沟通方式往往不利于双方达成一致，甚至有可能产生误会和冲突。家庭治疗师萨提亚将人的不良沟通方式分为四种：
讨好型、指责型、超理智型和打岔型。总是
指责别人就是典型的指责型沟通方式。指责
型的人只一味重视自己的感受，总认为自己
是对的，从来不反思自己的行为，不去在意
人际的和睦及他人的感受，常常希望自己取
得"完胜"而得理不饶人。就像案例中的小

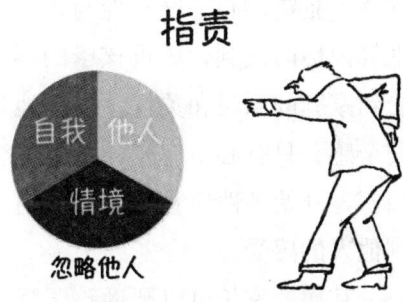

丽，在跟班长沟通时，认为一切错都是班长的，从来不反思自己沟通语气是否恰当，甚至倒打一耙，以至于跟对方起冲突。

　　指责型的孩子看上去理直气壮，其实却反映了其内心的脆弱。因为他本身的能量不足以应对现实的困扰，又害怕承担责任，所以他通过将这些责任推到对方身上，通过强调别人的错来回避自己的错。这样看起来，问题是否能得到解决，不是自己能决定的，而要寄托在对方是否改变。因此，指责型的孩子往往暗藏着一种依赖对方的心理，只有对方改变了，事情才能解决，这一切都由不得自己，自己唯一能做的，就是改变对方，搞定对方。案例中的小丽貌似趾高气扬，实际上有点外强中干，学业成绩差，在班级里人缘也不够好，导致其内心自卑，于是在与人的交往过程中，为了维护自己的一点点自尊，就像刺猬一样用刺来保护自己，实则内心十分脆弱和依赖，无法理性处理自己的情绪状态。

　　指责型的孩子往往有着功能不良的家庭，比如从小缺乏父母安抚和回应，没有建立起安全感，缺乏爱自己和处理自己情绪的能力。再比如他们有一个指责型的爸爸或妈妈，在他们早年的生活里，总是被挑毛病，犯错就要被罚，他们充满了羞耻感。这种羞耻感让孩子太难受，导致其拒绝体验这种感觉，就习惯性地逃避责任，拒绝承认自己的错误，模仿父母的沟通模式，变成了一个指责型的人，用指责的沟通方式来跟人相处，以此来保护自己。

【操作指导】

　　指责型的孩子内心其实渴望得到别人的关心和认可，只是他表达诉求的模式运用了吵架、讽刺、挖苦的方式。作为家长，要看到孩子这种表达方式背后的深层原因是渴望得到关注和认可，内心缺乏安全感，无法处理自己的情绪，缺乏人际关系沟通的技巧。家长不能以指责或惩罚的方式来回应孩子，这样不仅解决不了问题，反而会让相互指责成为你们之间传递情感的模式，破坏了亲子之间的关系和沟通。

　　首先，家长应该理解和包容孩子的这种非正常的诉求方式，让孩子认识到承担责任并不可怕。家长要以身作则，如果自己有错，要勇于向孩子认错，也要允许孩子犯错，心平气和地与孩子沟通，给孩子平等说话的权利，尊重孩子的诉求，让孩子感受到家庭的温暖和关怀，慢慢地帮孩子建立起安全感。只有心中有爱，孩子才会收起满身的"刺"，开始理性地看待自己的内心需求，考虑到他人的感受。

其次，家长可以帮助孩子降低对他人不切实际的依赖和期望，不要过分纠缠于是非对错。孩子往往通过争吵的方式想要赢对方，但有时候希望越大，失望也越大。这世间没有什么是理所应当的，也不是每一个人都要去迎合他的想法，所以不要试图去改变别人。当他降低了对别人的期待，关系就会轻松很多，对自己来说，也就释然了。

此外，家长可以教给孩子一些人际沟通的技巧，比如帮助孩子用"非暴力沟通"模式，即"观察—感受—需要—请求"来与人沟通。例如案例中的小丽，在与班长沟通时先实事求是不带评论地表达自己的观察："你站在了教室门口。"然后诚实表达自己的内心感受："我没办法出去，我感到很着急。"接着大方说出内心真正需要："我需要从这里出去。"最后发出解决问题的请求："你可不可以让一下道。"这样说，就既清楚表达了自己的需要，也能让问题得到解决。家长还可以跟孩子用角色扮演的方式，帮助孩子站在对方的角度想问题；教孩子在情绪不稳或激动、愤怒时，可以离开现场，尽量少说话；用幽默的语言来代替抱怨和咒骂，使用礼貌用语，多鼓励和赞美别人，语气、口吻要亲切和蔼，声调适当；面带微笑，认真倾听，不在众人面前揭别人的短处，等等。

【教育提升】

指责型沟通模式家庭下的孩子是可怜的，他们的爸爸或妈妈，总是带着一个显微镜去放大发现他们的错误、缺点，然后毫不留情地指出来，没有下限地批评、否定甚至惩罚。他们整个童年都在"都是你不好""都是你的错""都是因为你"这些话的不断重复中长大。只是小时候他们的力量不足以与父母抗衡，到了青春期的时候，当他的力量足够大时，拒绝再体验被指责的羞耻感，积压在内心的力量往往会爆发出来，不是对身边的朋友，就是对家长。这样的孩子在人际交往方面常常受挫，经常被同学孤立，比较自卑，且自尊心强，他们的内心渴望友谊，其实也常常自责，只是在人前不愿意承认自己的问题。

作为家长，要注重自身的修养，用"非暴力沟通"模式与孩子沟通，要常常反思自己与孩子的沟通方式有没有问题,是否也在用指责、怒气冲冲的语气对待孩子,是否不允许孩子犯错,以自己的资源优势来胁迫对方顺从。家长要温柔而坚定地对待孩子,要站在孩子的角度,包容孩子,给孩子多点耐心,理解孩子沟通模式背后的真实原因:这只是他求生存的姿态,因为这是他掌握的唯一和世界沟通的方式,其实他内心渴望他人认可与尊重。要帮助孩子建立安全感和自信心,适时与孩子沟通,告诉孩子这种沟通模式其实解决不了问题,帮助他分析同学孤立他的原因,促使其改变沟通模式,教给他情绪调节的技巧和人际沟通的技巧,让孩子成为一个受欢迎的人。

如果您或者您的孩子容易与人争吵,或者想进一步提升沟通技巧,建议阅读相关书籍,例如心理学家马歇尔·卢森堡写的《非暴力沟通》。

 **问题 6:孩子的自控力很差,怎么办?**

【案例】

小轶,男,高二学生,从小由爷爷奶奶带大,父母在外地工作。小轶从小自控力差,做事拖拖拉拉,注意力不集中,难以完成学校任务,总想着玩手机游戏。爷爷奶奶年纪大了,也管不住他。

高一时,父母把小轶接到身边。新的学校,新的环境,新的同学,让小轶感到压力越来越大。在学校,他和同学关系不好,因为一点小事就容易争执甚至打架,同学都不愿意和他相处;高中学习难度高,作业也多,小轶总是不能按时完成,常被老师批评;上课不认真听讲,不是和同学讲话,就是偷着玩手机,总被老师留校。老师、家长和小轶沟通,小轶都能及时认错,也知道自己不该这样,但总是屡教不改。小轶和妈妈说:"我也想做个你们喜欢的好孩子,但是每次我都忍不住开小差,忍不住玩手机,控制不住情绪。"

【原理分析】

自控力,即自我控制的能力,指一个人面对如突发事件、感情问题、金钱权利的诱惑等事物时，对自身的冲动、感情、欲望进行的自我控制。缺乏自控力后，难以形成良好的行为习惯，当严重缺乏自控力时，会因为抵挡不住外界诱惑走上犯罪道路。

自控力是一种能力，它伴随着孩子一生的成长。它帮助孩子学习知识、掌握技能、管理情绪、学会沟通，从而逐渐变得成熟。没有自控力，就没有好的习惯，没有好的习惯，就没有好的人生。因此，自控力是孩子成才路上一个非常重要的因素。

在孩子的成长过程中，自控力受哪些因素影响呢？有研究表明，自控力受生理、心理、家庭等因素影响。对于性别、气质、大脑发育等不可改变因素，家长要学会接纳孩子的差异，对于心理、家庭等可以改变的因素，家长要从生活点滴入手，积极培养孩子的自控力。

培养自控力，要从什么时候开始呢？当孩子在婴幼儿时期，只有吃、喝、拉、撒、睡的需求，此时宜及时满足孩子的需要，并通过言语抚慰、情感的及时回应等来培养孩子的安全感。随着孩子的成长，他们从躺着、被抱着到独立行走，他们的世界变得丰富多彩，同时诱惑也随之而来，这个阶段，我们可以引导孩子用语言表达想法、表达情绪，接纳并管理因需求未满足而产生的负面情绪，理性看待成长过程中的挫折，从而提高孩子对自控力的认知能力。在具体的实践中，家长可以通过引导孩子运用策略抵制诱惑，利用身边资源提高自控力，树立长期目标、中期目标、短期目标提高动机，帮助孩子在生活实践中逐步提高自控力。

【操作指导】

孩子上课走神、作业拖拉、学习成绩极不稳定、坐不住等问题，让父母很是烦恼。这些专注力差、缺乏自控力的孩子，不仅在学业上存在困难，往往在情绪、人际和生活上都缺乏竞争力。父母想要培养孩子的自控力，孩子常常难以达到家长的预期。培养孩子的自控力，家长可以从以下几点入手。

1. 客观认识孩子，调整对孩子的期望值。当孩子自控力差，不及时完成作业、不认真听讲、控制不住玩手机等，父母一般会用说教、没收手机、制订计划进行奖惩等方法，帮助孩子提高自控力。当这些方法无法奏效时，父母的失望情绪便会逐渐产生。而这些失望情绪，往往不是因为孩子没有进步，而是家长的期望值出了问题。如期望值过高、期望与孩子天性不符、是否更关注家长的面子、是否有助于孩子健康成长等。父母应该客观认识孩子，分析孩子自控力差背后的原因，根据孩子的具体情况、心理发展特点调整对孩子的期望值。父母切不可简单粗暴地将孩子与他人进行对比，应该帮助孩子首先成为他（或她）自己。

家长要树立"从零开始"的理念，以孩子现在的学习水平为参考，调整对孩子的期望值。指导孩子制订中长期目标和短期目标，并将目标拆分为具体的、好操作的小目标，让孩子能体验到"跳跳就能摘到果子"的成就感。并且孩子自己制订的计划，自己更愿意去努力完成它。

2. 提高孩子的自我认知能力。提高自我意识、自我认知是提高孩子自控力的根本。对于一个想要提高自控力的孩子来说，如果他（或她）没有清晰地认识到自控力对个人发展的重要性，对提高自控力没有强烈的欲望，又怎么能抵挡住诱惑，始终保持自我控制的能力呢？为了提高孩子的自我认知能力，家长可以帮助孩子分析失控的原因，比如上课的内容太难，老师讲得没意思，或是坐太久了想放松等，将问题拆解得越细，越有助于孩子的认识；学习运用策略抵制诱惑，引导孩子分析向诱惑妥协和控制欲望的不同后果，再让孩子进行选择，引导孩子在实践中反复权衡、灵活运用，真正发展自控能力；树立目标，为提高自控力提供动力，如代币奖励法等。

3. 适当的压力，会成为孩子前进的动力。心理学家认为，每项任务都有一个最佳的唤醒水平，成绩与唤醒水平之间呈倒U型曲线关系，过高或者过低的压力都会产生消极影响。当父母想提高孩子的自控力时，并不是一味地给孩子施加压力，以为"压力就是动力"。这样往往会因为过大的压力而降低孩子改善自控力行为的动力。父母应该及时关注孩子的心理状态，当孩子压力过大时，及时引导孩子用科学的方式（如体育锻炼、听音乐、找朋友谈心等）释放压力；当孩子压力不足时，和孩子商量，制订恰当的目标，在必要的情况下，家长及时督促。保持孩子的压力水平能提高孩子改变的主动性，又不至于压力过大而放弃。

4. 对孩子进行意志力与专注力的训练。孩子的自控力弱，往往在小时候就有表现，并与家庭教育有关，因此，要改变自控力弱的现状并不容易。培养孩子的自控力，必须从小事入手，进行意志力和专注力的训练。比如完成一项作业、一个小制作、一次房间清扫等。父母可以通过提供安静的学习环境、清理容易分散注意力的物件（如玩具、平板等）、制订明确目标（目标小、循序渐进）、指定时限完成任务、制定奖惩制度、父母榜样作用等方式，帮助孩子进行意志力与专注力的训练，从而提高自控力。

【教育提升】

1. 引导孩子全面认识自己，扬长避短。自控力弱的孩子，在成长过程中会碰到各种否定的评价。因为注意力不集中、无法按时完成任务、干扰课堂秩序等原因，被家长、老师批评；面对困难，没有足够的意志力，难以体验到完成任务的成就感；情绪控制能力不强，容易因为小事和同学发生矛盾，影响人际关系。外界的否定，往往让孩子更多地看到自己的不足，影响孩子的自我认知。其实，每个孩子都是独立的个体，他们有不足，也有优点。面对自控力弱的孩子，父母更应该帮助孩子认识自己的优点，接纳不足。在此基础上，父母可以陪伴孩子，扬长避短，完成一项稍有困难的任务，让孩子获得成就感，从而树立自信。自信可以为孩子培养自控力提供更长久的动力。

2. 引导孩子充分利用身边资源，帮助自己提高自控力。自控力，就像耐受力一样，有个体差异。对于自控力弱的孩子，培养自控力并不容易，单靠孩子一个人的努力往往是难以实现的。父母可以引导孩子利用身边资源，帮助自己提高自控力。比如制订计划，让老师、家长帮助督促、提醒；与自控力好的同学为伴，用同学的自控力来影响自己的行为；参加学校、社会组织的学习任务、良好习惯等打卡活动，用团体的力量影响自己；寻求心理咨询师的帮助，用科学的方式分析自控力弱的原因，从根本上提高自控力。

问题 7：孩子害怕当众发言，怎么办？

案例

小花在初中时虽然成绩优秀，却性格内向、沉默寡言，不擅长与他人沟通交流，平时在学校也常常独来独往。这是因为小花从小就有点社交恐惧，害怕与别人交往，这也导致她不敢在公众场合讲话和发言。曾经有老师在课堂

上让小花回答问题，小花却因为过度紧张而说不出话来，无奈之下老师只能重新换别人来回答问题。因此，她只能通过更加努力学习来证明自己。小花跟同学聊天的时候，也时常会因为紧张而说错话，导致同学一个个都离她而去。渐渐地，小花几乎没有什么朋友，也没人愿意跟她谈天。小花为此很烦恼。小花的父母看她如此难过，便去找小花交流沟通，发现了其中的问题。小花的父母建议小花参加演讲培训班去克服社交恐惧，克服自己不敢在众人面前讲话的缺点。对此小花很犹豫。

【原理分析】

紧张是一种情绪，是因为担忧或者害怕等导致身心所处的一种紧绷状态，是人体在精神及躯体两方面对外界事物反应的加强。造成紧张、恐惧、怯场心理的原因多种多样，往往也因人而异。案例中小花的表现是一种明显的紧张、恐惧、怯场心理，我们可以从以下几个角度去分析。

1. 自身的习惯。我们从小所受的教育是一种"填鸭式"的教育。学语文，老师只教我们识字、写作文，却很少去专门引导我们如何当众讲话。我们习惯于私下聊天式的谈话，没有机会当众讲话。有时机会来了，我们却用千般理由推辞逃脱。当众讲话本来是种习惯性行为，平时没有养成，偶然当众说几句时，看到那么多人的目光一下子都集中在自己一个人身上，怯场也就是自然的事情了。

2. 追求完美的心理。人性的弱点中，有一项是人对自己苛刻要求。尤其在众人面前，我们怕说不好，会让别人小瞧了自己，于是才总想把一个完美的自我展现在大众面前。于是每当我们站在众人面前讲话时，心里更在乎的是顾及自己的面子。这样心里一打鼓，"怕"字也就先出场了。

3. 太过在意别人的眼光和想法。太在乎别人的眼光和评价，只会让自己做事放不开手脚，犹豫不决，失去自我，失去个性，丢失自我的价值。如果我们每说一句都要抬头看一看别人的反应，看看别人是否接受自己，我们就会变得畏首畏尾。但凡我们发现别人有一星半点不愉快、厌烦的表情，自己的思路就会不受控制地被打断，演讲也就自然变得一团乱了。

4. 沉默寡言的内向性格。小花所处的家庭环境和她生长的周遭氛围慢慢地造就了她的性格特征。无论做什么事情都是一个人的她，渐渐形成了强烈的自尊心。

最后一种原因，是小花害怕犯错误后被父母责怪。有的父母总是对孩子要求很严厉，孩子的一些缺点，都会被放大，例如孩子发言如果声音小了一些，妈妈就会不满地说："你看你声音那么小，你就不能大一点声吗？"这样一来，孩子觉得自己一无是处，干脆不发言了。还有的孩子是天生腼腆，害羞，胆子小。对待性格迥异的孩子们，我们要一视同仁，并针对他们自身的性格特点因材施教。例如，腼腆害羞胆子小的孩子，要以鼓励、赞美为主，切不可一味指责，严厉逼迫。

【操作指导】

孩子害怕当众发言时，作为家长，我们应该这样去做：

1. 当孩子不愿意当众表现的时候，家长不要勉强，更不要批评斥责，或者用很失望的口气对他说："唉，你怎么这么没出息。"这样只会让孩子觉得自己一无是处，更没有自信心。

2. 家长一定要从心底里接受孩子当下的状态，尊重孩子当时的决定，并且不要将这种行为判断为"错误"。不愿当众发言是他的选择，作为家长要明白，孩子有权利来决定自己的行为，不能强迫他一定按照自己的要求来。只有接纳，才不会产生对立，也才可以更好地引导孩子。

3. 家长可以继续很开心地旁观孩子的表现，但不要隔三差五地对自己的孩子说"你看看人家""你怎么就这么没出息呢"之类的话。家长把孩子和别人进行比较，只会让孩子感觉自己很糟糕，更加不敢做这件事了。正确的方法是，告诉孩子先做一个快乐的观众也是一个不错的选择，也许观众做久了，孩子也想跃跃欲试呢。

4. 等事情过去了之后，家长可以和孩子对于所发生的事情作一个交流。切记：这个交流仅仅是沟通，而不是批斗会。家长一定不要喋喋不休地批评孩子，说他是如何如何的胆小、如何如何的不懂事等，而是应该非常认真地倾听孩子的诉说，了解孩子不愿意当众发表意见的真实原因。家长不要简单粗暴地猜测，更不可以随意发泄自己的不满情绪。家长可以这样对孩子说："孩子，妈妈很想知道，你平时上课不发言，或老师请你发言的时候，你为什么不愿意？你当时是怎么想的？"语气一定要和缓，充满了聆听的耐心。这样孩子也许就会说出自己的真实想法，家长才可以"对症下药"，教给孩子应对这种情绪的好方法。

5. 谈完话之后，不要用期待或威胁的口气说："那妈妈看你下次的表现哦。"而是应该很轻松地说："好了，妈妈终于知道你为什么不肯当众发言了，当然我知道，你一定会慢慢克服自己的心理关，总有一天你能在讲台上绽放自己。"这样一来，孩子不仅知道妈妈没有因为他不肯当众发言而轻视自己，也知道妈妈接纳了自己紧张的情绪。妈妈的这种鼓励也有助于孩子以后在同样的场合自我缓解紧张的情绪，让自己更有勇气。

6. 当孩子期望改变自己害怕当众发言的问题时，可以用系统脱敏法帮助孩子进行一些练习。具体方法是准备一份演讲稿，与孩子商量引起恐惧的情境，并按恐惧强度由弱到强顺序进行练习，例如帮助孩子按照下面的顺序循序渐进地进行练习：

（1）自己一个人在房间里对着镜子大声演讲；
（2）对着自己最亲近的父亲或母亲大声演讲；
（3）对着自己两个以上家人大声演讲；
（4）对着自己最亲近的同学大声演讲；
（5）对着两个以上同学大声演讲；
（6）对着3~5个同学大声演讲；
（7）对着全班同学大声演讲。

通过多次反复呈现情境，当孩子出现恐惧时就进行放松训练，直到不再恐惧当前情境，再呈现下一个程度的情境，直到最后不再害怕当众发言。

【教育提升】

爱默生说："恐惧较之世上任何事物更能击溃人类。"也正因为如此，克服恐惧与自卑感是让人们进行公开讲话的有效方法之一。在这个过程中，练习在公共场合说话至关重要。它不仅可以帮助自己消除不安的情绪、克服恐惧，也有助于建立勇气和自信。

克服当众说话的恐惧，对我们做任何事情都会有潜移默化的助益。那些接受挑战的人，不仅会发现自己口才一天天好起来，还会发现由于战胜当众说话的恐惧，自己已脱胎换骨，拥有了更丰富、更圆满的人生。对于这些人来说，能够克服恐惧和焦虑是件可喜可贺的事情，因为自己成功地挑战了自我，完成了曾经无法完成的事。并且，他们能够从当众说话中获得信心，从而满怀激情、信心十足地面对未来的每一个挑战，把握自己的未来。其实，人们只要能够用积极阳光的心态和百折不挠的决心去迎战生活里的难题和困扰，即使他们面对百般阻挠，也可以将之变成生活中增添情趣的愉快挑战。

最后，也是最重要的一点，家长要耐心，要给孩子足够的时间去克服自己的恐惧，不要以为跟孩子的谈话会有立竿见影的效果，那是不可能的。旧有的习惯模式要慢慢更改，这种改变需要父母的支持和陪伴，绝不是简单的"对"与"错"的较量。

问题8：孩子听不进去别人的意见，怎么办？

案例

小明原本是一个懂事乖巧的男孩，上初中时，他成绩优异，每次考试都名列前茅。平时父母比较宠爱他，事事都顺着他的心意，他是父母和老师眼中的骄傲。但是自从小明考上重点高中以后，由于重点高中汇集了来自各个学校的精英，并且高中的知识体系与初中不同，高中的知识更深更广，而小明仍旧采用以前的学习方式，在第一次考试中，小明考了班级的后几名，这让他很难过。家长和老师多次劝说他应该反思自己的学习方式，但他总是心高气傲，认为自己的学习方式没有错，只是自己这一段时间没有好好听讲。遇到不会做的题，小明不去思考就马上照着答案去写。课堂任务越来越繁重，他基本每天只能靠抄别人的作业才能做完。他的同桌曾提醒他，让他改变学习方式提高学习效率，但他依旧觉得自己应该按照自己的想法来，坚持走自己的路。渐渐地，他发现自己的学习越来越跟不上了。此时的他也很无助，自己也不知道应该怎么办了。

【原理分析】

　　自以为是、听不进去别人的意见的性格是由于父母溺爱、他人赞美、忽略成功时的环境因素、缺少生活挫折等原因造成的。这使一个人过于高估自身能力，心理学解释为"自负"，意思是盲目自大，过高地估计个人的能力，失去自知之明。对青少年来说，一定程度的自负可以激发他们的斗志，树立必胜的信心，坚定战胜困难的信念，使他们能够勇往直前。但是，自负又必须建立在客观现实的基础上，脱离实际的自负不但不能帮助事业成功，反而影响自己的生活、学习、工作和人际交往，严重的还会影响心理健康。

　　案例中小明自以为是、听不进别人意见就是一种自负心理的表现。在家受到父母的过度宠溺，没有经历什么特别大的挫折，在初中受到别人赞美的他，上了重点高中后，因高估自身能力而导致学习成绩下降。我们可以从两个方面去分析产生这种"自负"的心理特点。

1. 社会家庭因素。

（1）过分娇宠的家庭教育。家庭教育是一个人自负心理产生的第一根源。对于青少年来说，他们的自我评价首先取决于周围人对他们的看法，家庭则是他们自我评价的第一参考系。父母宠爱、夸赞、表扬，会使他们觉得自己"相当了不起"。

（2）一帆风顺的生活经验。人的认识来源于经验，生活中遭受过许多挫折和打击的人，很少产生自负的心理，而一帆风顺的生活经验，则很容易养成自负的性格。现在的中学生大多是独生子女，是父母的掌上明珠，如果他们在学校又出类拔萃，老师又宠爱他们，就容易养成自信、自傲和自负的个性。

2. 个人因素。

（1）片面的自我认识。自负者缩小自己的短处，夸大自己的长处，缺乏自知之明，对自己的能力评价过高，对别人的能力评价过低。当一个人只看到自己的优点，看不到自己的缺点时，就容易产生自负的个性。这种人往往好大喜功，取得一点小小的成绩就认为自己了不起，成功时完全归因于自己的主观努力，失败时则完全归咎于客观条件的不合作，过分的自恋和自我中心，把自己的举手投足都看得与众不同。

（2）年龄阶段性特点。青春期的孩子虽然思维还不够成熟，但思维水平逐渐提高，并且开始有了成人感，觉得自己是个大人了。这个阶段的孩子更容易看到别人的不足，容易自以为是，听不进别人的意见。

（3）矛盾的情感需求。一些人的自尊心特别强烈，为了保护自尊心，在交往挫折面前，常常会产生两种既相反又相通的自我保护心理：一种是自卑心理，通过自我隔绝，避免自尊心进一步受损；另一种就是自负心理，通过自我放大，获得自卑不足的补偿。

【操作指导】

改变孩子"自以为是，听不进别人意见"的状况，家长可以从以下几方面做起。

第一，要教导孩子尊重别人，虚心听取别人的意见。家长应该引导孩子树立正确的价值观，自己的观点虽然有其可取性，但是也要虚心听取别人的意见，就事论事，当别人的建议更可取时，就要吸收别人的经验，弥补自己的缺陷。这样做不仅能帮自己解决遇到的困难，更能帮自己交到一些朋友，扩展自己的交际圈。

第二，避免对孩子唯命是从。家长要改变教育方式，平时对孩子有求必应、唯命是从的方式容易导致孩子好面子，虚荣心也很强。因此，父母平时教育孩子的时候，应该注意教育方式，尽量不要对孩子娇生惯养，唯命是从。对于孩子合理的要求可以满足，但是，对于孩子那些不合理的要求，父母就要拒绝，要给他讲道理，让他明白不能满足他的原因。

第三，家庭关系中应该以夫妻关系为核心，不是以亲子关系为核心。反之，孩子容易养成唯我独尊的人格，一切以自我为中心，目中无人，我行我素。武志红在《为何家会伤人》一书中说："家庭是传递爱的载体，从父母传给孩子，再由孩子向下传递。不过，家庭中居第一位的，不应是亲子关系，而是夫妻关系。如果夫妻关系是家庭核心，拥有第一发言权，那么这个家庭就会稳如磐石。"这样，就减少了以孩子为中心的土壤。

第四，运用沟通技巧，让孩子乐于跟你沟通。有些家长看到孩子自以为是的样子非常生气，控制不住自己的情绪，采用简单粗暴的方式去对待孩子，这样非但不能帮助孩子解决问题，更是破坏了亲子关系。因此父母要运用一些沟通技巧，学会跟孩子沟通。例如，对于孩子的言行，父母可以找出其中的合理之处，并进行肯定，然后再装作不经意的样子，对孩子想法不正确的、偏执的部分进行教育。这样，孩子会比较容易接受父母的意见，并且很可能会自愿改正自己那些不合适的想法和做法。

【教育提升】

有自负心理的人缺乏自知之明，对自己的学识与能力评价过高，看不到自己的短处，而一味夸大自己的长处。同时自负的人往往缺乏修养，不尊重他人，而以清高、盛气凌人来标榜自身的优越。因此，自负是一种不良心态，需要家长帮助孩子加以纠正。家长至少可以从以下两个方面引导孩子：首先，要提高自我认识。做到全面地认识自我，既要发现自己的长处与优点，又要看到自己的不足与缺点，绝不能"一叶障目，不见森林"，抓住一个优点不放。其次，要学会了解别人的感受与需要。人与人是平等的，只有尊重别人，自己才会得到别人的尊重。

总之，一个孩子产生这样那样的问题根源往往在于家庭，所以家长要努力提高自身修养，经常觉察并反思自己的教育方式。孩子成长的道路需要家长用心呵护，家长是孩子坚实的后盾，是孩子的依靠，所以家长在教育孩子的时候要有足够的耐心，陪着孩子慢慢改变，慢慢完善自己的性格。

 **问题 9：孩子过于在意别人的评价，怎么办？**

案例

小琳是一名高中女生，来自农村，性格内向，父亲脾气暴躁，从小对她要求较高。她在家总是小心翼翼，十分乖巧。在学校，小琳一直与同学相处和谐，是大家心中的"老好人"，不管同学有什么事情，都有求必应，如果拒绝了别人，她就会忍不住想：他会不会不高兴？我是不是得罪她了？上次单元考，后桌想抄她的答案，她没有满足对方。从那以后她发现同学们渐渐疏远她了，她们总是一起有说有笑，一看到她来，就岔开话题，闭口不聊。后来才知道，原来是后桌在背后议论她，说她长得又矮又丑，家里人都是农民，还装什么清高。小琳觉得又委屈又难过，一想起这事就忍不住想哭，每天睡不好觉，静不下心来学习。现在只要看到同学们有说有笑，就会猜测大家又在议论她了，她觉得很痛苦，很想换一个班级，远离这些是非。

【原理分析】

心理学家库利的"镜中我理论"认为，在与他人互动的过程中，个体通过感知他人对自己的反映和评价，从而建立起个体的自我意识、自我形象和自我评价。而一个过于重视"镜中我"的人，过于顾及周围人的想法，会小心翼翼、唯唯诺诺，忽略了自我内心的声音。案例中的小琳，在跟周围人互动的过程中，过于在意别人评价，担心被否定，希望自己在别人的眼里保持完美的形象，一旦别人对自己有负面评价，就会产生自卑感和焦虑情绪，害怕受到伤害，逃避人际交往。

太过在意别人的评价，实质上是过度的自我关注，其形成主要受个人原因、家庭原因等影响。

个人方面，高中生正处于青春期阶段，这个阶段的孩子自我意识迅速发展，自我概念正在形成。他们开始关注别人对自己的评价，希望自己能够被别人认可和喜欢，但其社会性发展还不成熟，看待事物很可能出现偏差，不能理性地认识事物、全面客观地分析事物，对人际关系的认识更容易受个人情绪的影响，从而出现极端想法，容易以偏概全。由于情绪的波动性，他们可能更容易受外界的影响，遇到问题时过度悲伤失望，身陷其中，无法自拔。小琳来自农村，相貌不佳，在人际交往中缺乏自信，自尊心过强，由于错误的认知方式和不合理的归因，导致她有着极强的自卫意识，缺乏自我安全感。

家庭方面，如果父母的管教较为严格，总以一些很严苛的标准来要求孩子，很少夸赞孩子，总拿自己孩子和别人家的孩子作对比，给孩子的压力过大，那么孩子在紧张的环境下，生怕自己哪里做得不好，被父母"不喜欢"了，就会小心翼翼、唯唯诺诺，产生讨好型的应对方式，过于关注别人对自己的看法。

【操作指导】

父母应该经常对孩子表达自己的支持、理解和赞赏，帮助其认识到自身的优势，增加自信和自我认同，提高人际交往技巧，学会用客观的眼光去看待环境，学会理性地看待自己与他人之间的关系。引导孩子正确对待他人的评价，父母不妨这样进行尝试：

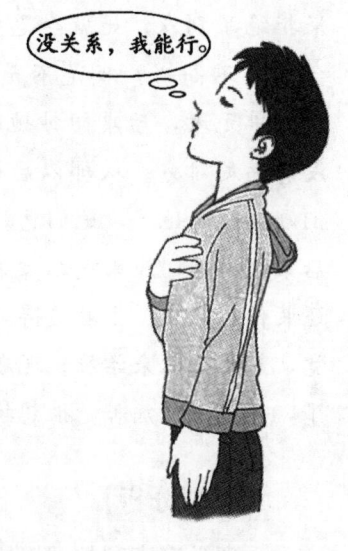

1. 学会理性看待他人的评价。

首先，太过在意别人的评价，本质上是过度的自我关注。也就是说问题的实质根本不在于别人怎么看你，而是你自己将别人对你的看法看得太重要，将别人对你的看法所导致的后果看得太重要。父母要帮孩子淡化别人对自己的评价，认识到：并没有多少人在关注你，也并没有多少人对你有什么"看法"。

其次，评价总是带有个人情感色彩的，父母要帮助孩子分析这些评价哪些是客观的、符合事实的，哪些是随意的否定、恶意的抨击。客观的、符合事实的评价让孩子学着接受，如果对别人造成了伤害或影响，就修正自己的行为，并告诉孩子，他们只是看到了一方面，虽然有缺点但优点也不少，学会欣赏自己。对于随意的否定、恶意的抨击，有可能是别人存在误解、偏见甚至诽谤，你做得再好都会有人说你不好，人不可能得到所有人的认可，对于这样的攻击行为，孩子完全可以置之不理。比如案例中的小琳因为没有答应后桌的无理要求，后桌就在背后歪曲事实来败坏她的名声或者挑拨关系，对于这样的评价，孩子就没必要在意。至于别的同学因为他人的挑拨人云亦云，只能说明他们还没有真正了解你。如果别人恶意的攻击有了实质性伤害行为，那就要寻求老师或者家长的帮助，去反抗欺负你的人。

2. 正确认识自己，提高自我评价。

孩子过于在意别人的评价，是因为他对自我不够了解。在平时生活中，父母需要做的就是引导孩子正确地看待自己，尽可能以事实说话，不要被情绪所影响。例如案例中的小琳，别人说她长得又矮又丑，可以让孩子通过观察同龄人的身高，判断自己到底是不是真的非常矮。父母可以帮助孩子坦然地接受自己的缺点，跟孩子一起分析矮也有很多好处，也要看到自己身上的优点："虽然矮，但是我很善良，我乐于助人……"

同时父母也要降低对孩子的要求，不要事事追求完美，让孩子感受到父母的爱是无条件的，无论她是否漂亮、聪明，是否优秀，父母都会一样爱她。

3. 发现和培养兴趣爱好，增强孩子的自信心。

让孩子多发展一些兴趣爱好，在班级主动参加课外活动，多与积极向上的同学交往。只有增强了孩子的自信心，孩子才会有"走自己的路，让别人去说吧"的勇气。

【教育提升】

父母在教养孩子的过程中，总是要求孩子成为他们所期待的人，有意无意间将孩子与他人进行比较，孩子为了获得父母的认同，会忽略自己内心的需求，觉得自己的想法和感受不重要，导致其抛弃了自我，去迎合他人，寻求认同。所以父母首先要调整自己对孩子的期望，尊重孩子的意愿，学会倾听他们真实的想法。孩子应该是一只展翅试飞的雏鹰，而不是牵在父母手里的风筝。父母要学会适时放手，给他们拓展一片自由的天地。

父母要让孩子做最好的自己，而不是一味想要赢得别人的认同。鼓励孩子多思考自己的感受，多关心自己，多鼓励自己，给自己勇气。要注重培养孩子健全的人格，可以面对任何困难与挫折，毫不气馁；可以自信昂扬，充满斗志；可以顺畅地与他人沟通，人际和谐；可以积极进取，乐观向上，唯有这样，孩子的情绪才不会被别人的评价左右。

所以作为父母必须坚持学习，不断提升自己，提高自己情绪调控的能力，同时，须慢慢调整自身心态，逐步改变急迫的心理。

 **问题 10：双胞胎之间个性差异很大，怎么办？**

【案例】

小岩和小雅是一对异卵双胞胎，从小开始，他们就同吃同睡同学习，随着年龄的增长，姐弟俩的差距渐渐拉开了。小雅各方面都做得很好，生活独立，学习自觉性高，成绩在年段名列前茅，典型的"别人家的孩子"。小岩做事情经常拖拉，作业完成质量不高，学习成绩中下。邻居同事经常和小雅小岩爸爸妈妈开玩笑："你这双胞胎差得有点多啊，是不是你们重女轻男啊，女儿才培养得如此优秀？"

同样一道题，小雅很快就掌握诀窍，小岩听了好几遍都不得要领。为此，父母亲也很纳闷，自己在两个孩子的教育方法和策略上基本一致，为什么两个孩子的差距会这么大呢？

【原理分析】

早在 20 世纪 80 年代，哈佛大学认知心理学家加德纳就提出多元智能理论。他认为每个人都拥有八种主要智能：言语——语言智能、逻辑——数理智能、视觉——空间智能、身体——动觉智能、节奏——音乐智能、交流——人际交往智能、自知——自省智能、自然智能。多元智能理论给我们这样一个启示：每个人都是独特的。父母亲应该接纳孩子的差异性，不应该用统一标准来衡量孩子。

有的孩子在智力方面发展得比较好，有的孩子在肢体、自然、图形、音乐智能方面比较敏感……父母亲应该用赏识和发现的目光去看待每个孩子的独特之处，而不是用统一的评价标准和成长体系来"改造"孩子。当孩子的成长动力和实际成长路径之间的夹角越来越大，就越会耗费他们与生俱来的生命力和成长资源。所以，尽管父母亲希望自己的每个孩子都有所成就，但也应转变观念，用不同的视角去看待每个孩子。

【操作指导】

1. 在同一个家庭中，父母切忌按照统一的标准去考量和要求自己所有的孩子。每个孩子都是一个丰富多彩、千差万别的个体。"没有差别的世界是一个孤独的世界，没有差别的人只是一尊没有个性的木偶。"作为父母要善于发现每个孩子的不同个性，精心呵护这些生命，走进他们独特的个性世界，对他们加以引导和帮助，给予悦纳和确认，予以延伸和发展，让每一个孩子都享受等同的爱与温暖。

2. 善于发掘孩子的不同优势资源。每个孩子都有强大的生命力和足够的资源来实现自己的成长，父母应该帮助孩子挖掘和强化他们各自的优势资源，为孩子的整个人生提供持续有力的供给。

3. 天生我材必有用，资源放错地方就是垃圾，垃圾放对地方就是资源。所谓缺点未必是缺点，所谓优点也未必是优点。父母亲应该转变思路，学会用全面的、辩证的眼光来看待孩子的一切。

【教育提升】

父母应积极"发现优势"而非努力"寻找短板"。每个孩子出生前都差不多，之所以成为形形色色的人，是因为他们的潜能发挥程度不同，他们的努力方向各异，这与我们家长的引导有着密切的关系。

适切的家庭教育，是让孩子保留天分，无限地发展他的潜能。"缺什么补什么"的教育法则，非但不能有效避免短板效应，也使孩子更加畏惧自己的缺点与不足，无法正视原本的自己，也就没有力量去历练提升自己。

所以，在孩子的成长过程中，我们是教育的引导者，更是教育的学习者。最好的教育不是一味改变孩子，而是转变自己、提升自己，与孩子共成长。

 问题 11：孩子常因一些小事控制不住情绪，怎么办？

案例

东东今年已经读高一了，他从小性格相对外向，好交朋友，做事情比较主动。但是这几年最让父母担心的是：有的时候他会因一些小事而忽然发火，有时甚至控制不住，表现得歇斯底里。前两天因为"头发没理好"还冲进厨房拿刀，对父母喊出了"我要杀了你们",真的把父母吓坏了。事情的起因是这样的:周末在母亲的一再催促下,东东到理发店理发,因为经常为他理发的老师傅生病请假,就由一个新理发师为他理发,结果新理发师没有按东东的要求,把他的头发理得太短了。当时在店铺东东不好发火,回到家里以后就不停地抱怨、生气,甚至用脚踢桌子,被妈妈说了两句还顶嘴,后来爸爸没忍住也讽刺了几句,东东就开始摔东西。冲动的爸爸推了孩子一把,东东竟然反推爸爸,结果被爸爸打了一下手臂。谁知东东突然冲进厨房拿了菜刀,咬牙切齿地说"我要杀了你们"。当时父母都被东东的样子吓坏了,最后在母亲的哭泣和苦苦哀求下,他才放下菜刀。

【原理分析】

这个案例从表象看似乎很可怕,其实如果能"跳出问题看问题",并没什么大碍。

1. 从发展心理学角度看,高一的孩子,15岁左右,处于青春期。他们开始把注意力指向自己,并且首先指向自己的身体。青春期心理变化特征表现为自主意识增强,自尊心变强,渴望交流和友谊,易于冲动并富于幻想。他们对自己的身体形成了一定的情感和态度,希望通过外在形象的塑造来获得他人的认同,给他人一个深刻或明确的印象。他们常常会通过刻意的头面装饰、着装、举止来塑造一个在群体里所公认的好形象,从而赢得周围人的好感。在这个案例中,东东也不例外。他很关注自己的外表形象,结果因头发没理好的问题而有情绪,感到生气,是可以理解的。他没有在理发店发火,而是回到家,在一个相对安全的环境里,在家长面前发脾气。这一行为其实挺正常,但家长没有接纳他的情绪,也没有提供让孩子倾诉烦恼的机会,反而说教、忽视甚至讽刺、动手,结果冲突就加剧了。

2. 从遗传学的角度看,东东和他的父亲可能都具有胆汁质的气质特点。他们行为的动力特征和对人对事作出的相对稳定的个性反应方式比较相似。例如:东东的父亲没说几句就打孩子,小时候孩子不听话,也经常这样简单粗暴就动手打人。而东东遇事比较冲动,情绪比较外显,行为容易失控。此外,作为攻击行为基础的神经循环系统是遗传的,在人群中也很普遍。所以,孩子在高情绪状态下冲进厨房拿刀说要杀父母并不是真的要这样。父母事后也与孩子沟通,了解到:东东当时拿刀是为了自卫,他不希望像小时候那样又被父亲打。

3. 从脑科学角度看,青春期孩子大脑的理性控制部分——前额叶皮层尚未完全发育,这要到25岁左右才彻底发育成熟。大脑前部的前额叶皮层,是大脑最后成熟的区域之一,负责判断、理性思考和控制冲动等。青春期大脑的边缘系统已发育成熟,这是情感控制的部分,大脑边缘系统的发育远远快于理性思考的前额叶皮层的发育,这是青春期孩子会经历频繁的情绪波动的原因之一。他们倾向于根据情感作出反应,而不是通过理性的前额叶皮层来控制行为和情感。因此青少年更有可能从事危险行为,而考虑不到由此带来的严重后果。

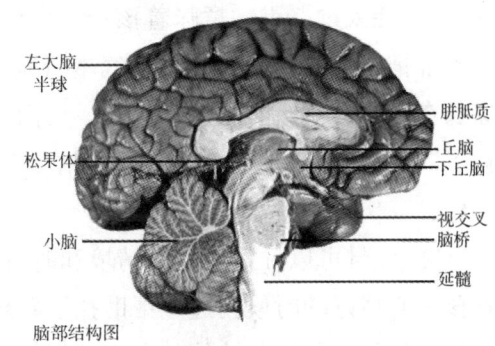

脑部结构图

【操作指导】

1. 父母要理解、共情并接纳孩子当下的情绪。上述案例中东东头发没理好,产生情绪,若父母当时不是无视的态度,而是能充分共情孩子当下愤怒的感受,说一些比较暖心的话,例如:"这理发师也太过分了,怎么没问清楚就乱下手啊。孩子,我觉得你还挺有素质的,如果是我,说不定当时在理发店就发火了,我知道你现在一定很沮丧。"这就是共情。父母若这么说,很容易让孩子感到被理解,从而也没那么烦躁。

2. 跟孩子一起积极寻求解决问题的对策。关于对策,可以是心理上的自我调整,也可以是某种孩子能接纳的行为。心理上的自我调整就是暗示孩子趁这个机会换个形象也不错,"年轻人嘛,本来就不需要一成不变,如果你很自信,也许你就是潮流呢!"行为上的对策就是建议戴个帽子、围条围巾等转移注意力。其实不在乎这些方法对孩子有没有用,关键是父母这种与孩子一

起积极寻求解决对策的态度,会让孩子慢慢地平静下来。

3. 孩子有情绪时,家长别忙着讲道理,别试图立马说服孩子。有研究发现,人的情绪系统的发育程度,优先于理智系统。换句话说,当孩子发脾气时,他的"情绪"最先彰显其存在感,并且"理智"很难"生效"。因此,别想着用成年人的道理去说服孩子,孩子的理智系统还没发育完全。在孩子发脾气时讲道理,他不仅听不进去,还会变得更加暴躁。

4. 父母对孩子情绪状态下的言行不可上纲上线,更不可用冷漠、嘲讽的姿态对待孩子,否则可能给孩子的心灵造成创伤。发脾气,其实是一种发泄途径。人都有情绪,如果一直压抑着,自身的生命力就会不断地被消耗,这也就是"内

耗"。内耗太过严重，意味着孩子一直跟自己的情绪作斗争，无暇他顾，更容易诱发抑郁情绪。所以，孩子发脾气本身是无害的，阻止他们发脾气才有问题。有的家长在孩子有情绪时不但不理解，反而用"给我闭嘴""这有什么好难受的""别说了"等话语来强行压抑孩子的情绪，如果经常这样，很可能给孩子带来心理创伤。

5. 父母可以寻找恰当的情境和时机，与孩子进行正面沟通。比如，可以尝试在孩子心情好的时候沟通，帮助孩子看到乱发脾气可能给自己和他人带来的危害。并教给孩子一些控制情绪的方法，例如腹式深呼吸、暂时离开让自己生气的环境、找好朋友倾诉、听音乐、吃东西等孩子喜欢的方式来转移注意力，调控好自己的情绪。

【教育提升】

有心理学家认为，孩子跟家长发脾气，其实是向家长求助。可是许多家长只看到孩子不听话的一面，却没有想办法好好地理解他们，甚至以最糟糕的方式去应对。这种负性应对方式不仅使孩子心中的苦闷无处诉说，郁结难开，家长自己也可能会出现心理不适。每个孩子的个性不同，有的向外发脾气，有的向内沉默生闷气，家长应针对孩子的具体情况调整应对的方式方法。但是有一点是最基本的，那就是耐心。在任何情况下，别忘了爱的表达。育儿即育己，孩子每一次有情绪、发脾气，其实都是家长和孩子共同学习和成长的好机会，双方都要学会正面沟通，学会换位思考。

# 问题 12：孩子缺乏人生奋斗目标，怎么办？

案例

丁凯，高一学生，成绩优异。父亲是一名海员，半年出海半年居家，同时也是自己商船的大股东之一，每年分红、工资均不低。母亲是一名家庭主妇。丁凯很小的时候，父亲就告诉他一些行船的规矩（包括一些黑暗内幕暗箱操作，因为他觉得孩子将来是要继承自己的事业的，应该尽早掌握这些东西）、为人处世的方式方法（比如如何走关系），他最经常告诉丁凯的便是"老子给你打下了一片江山，等你大了就来接手"。丁凯就在这样的嘱咐中长大。上高中后，他喜欢上了哲学，经常会看那些在其他同学看来很是深奥的书籍，如《资本论》之类的，同学觉得他的思想很怪。咨询时，第一句话便是"人活着有什么意思"。因为他认为，人活着很没意思，从出生那一刻开始就奔着死亡走，谁都逃离不了这个轮回，所有的努力其实也没啥意义，好与坏最终都是一个结果：死亡。就算你取得了很大的成就，最终成就的也是他人而不是你自己，因为那时候的自己已经死亡，一切都不知道了。所以现在的努力还有什么意义呢？

【原理分析】

处于青春期的中学生，正经历着人生中急剧变化的时期，这个时期是他们实现人生价值的重要准备时期。此时，一旦出现人生价值观的迷茫或偏差，都有可能会让他们付出惨烈的代价。人生观是指对人生目的、意义的根本看法和态度，是世界观的重要组成部分，是世界观在人生问题上的具体表现。人生观指导着人的生活方向，决定着人一生的价值目标和生活道路。其内容包括幸福观、苦乐观、荣辱观、恋爱观、生死观等。它所涉及的问题就是：人究竟为什么而活着？人应当怎样度过自己的一生？要让自己成为一个什么样的人？就如案例中的当事人纠结的"人活着有什么意思"的问题。人们对于人生的价值、生活的目的与意义等问题的思考与回答，与自己所处的位置所经历的社会实践息息相关。中学生正处于对外部世界好奇却又懵懂的阶段，其世界观、人生观还未完全形成，很容易受外界的影响。中学生因为受限于自身的经历与实践，很多问题并没有办法认识得那么深刻，对人、事、物的看法，更多来自于书本、成人的引导。因此，怎样引导中学生树立正确的世界观、人生观确实值得商榷。

【操作指导】

1. 创业容易守业难。丁凯父亲因为自己的工作和经历，形成了自己独特的人生观、价值观，并以此教导丁凯，长大后可以顺理成章地接过自己的事业，然后人生一路无忧。这反而使丁凯觉得自己的人生已定，不管他读得好不好，努力不努力，结果都是一样的。这样，他还需要努力什么？确实，因为出海的关系，丁凯父亲的人生阅历要比别人丰富，他的见识和经历，在育儿过程中，能够成为很好的题材，若是运用得当，能更好地激励丁凯去努力去奋斗。比如他现在所拥有的一切，需要经过怎样的奋斗才能拥有，而丁凯可以站在比他更高的起点将这份事业发展得更好。父亲可以告诉他，所有的成果都必须在努力之后才能获得，即使是接过先辈的棒，要想做得好，同样需要努力才能做到。在育儿的过程中，不断培养丁凯一个理念：创业容易守业难。如今的他是站在了巨人（父亲的成就）肩膀之上，但是能不能走向更高的层面就需要他自己的不断努力。眼下，在他的求学阶段正是他不断积累自己资本的黄金时期，至于其他的父亲可以为他护航。

2. 分析目标明任务。丁凯的未来被父亲定下来了：接过父亲的棒，继续出海继续享受着分红。这个目标是很明确的，但并不是他现在需要去做的事情，所以对眼下的丁凯是没有挑战性也没有吸引力的，对他的激励作用自然就不大。其实不管是出海还是行商，即使是和别人合作，这当中涉及的知识与技巧都是很多很深的。如果父亲真的想让丁凯继承自己的事业，那么不妨以此为契机，引导丁凯去思考、去实践。可以以自己出海过程中或者与别人的交往中，怎么去规避对自己不利的危险，怎么让自己的利益最大化等为例，做一个详细的分析。如果能结合丁凯掌握的知识来讲，或许能够引起丁凯更大的兴趣，比如出海航线的选择是否涉及地理、历史等知识的运用，行商中如何运用数学、经济、人文等相关的内容等，从而激励丁凯立下学习目标：掌握更丰富的科学知识，为自己的将来打下坚实的基础。让丁凯对自己现在该做的事更明确——即使将来要继承父业，他同样需要丰富的知识储备。

3. 敢拼敢搏斗志强。所有的成功都不是一蹴而就的。丁父取得的成就靠的是自己的敢拼敢搏。每一分收获背后蕴含着什么，谁都不如当事人清楚。不谈这些而只是让孩子看到成功、结果，他会觉得这一切唾手可得，不会珍惜，更不会有需要再努力再拼搏的冲劲。引导孩子不仅享受结果带来的幸福感，也引导他们去品味在实现目标过程中奋斗的成就感与满足感，而不是用简单的躺赢模式让他失去对人生的斗志，以一种颓废的方式面对人生。丁父可以选取适当的题材告诉自己的孩子：之所以能够耐得住大半年远离家庭，能够忍受在茫茫大海中日复一日的单调与无聊，能够扛住海运中的种种困难，都源于对结果（目标）的渴望：丰厚的报酬，能够为自己和家人创造更便利更优越的物质条件，为自己和家人的幸福添砖加瓦。既要引导孩子在追求目标的过程中遇到困难应有战之胜之的勇气与决心，也要时刻保持乐观进取、敢拼敢搏的人生态度。

4. 爱人保家责任扛。人活着，并不只为自己而活。如果人只是为自己而活，会活得自私而痛苦。因为当我们面临挫折、觉得苦不堪言时很容易就会选择放弃。人若活得那么狭隘，确实很没意义。如何让自己的人生变得更有意义？这是一个值得思考的问题。家庭教育中，即使不能把孩子的眼界放到国家和世界，最起码要培养孩子有爱己爱人之心，要让他们知道自己享受着家人的呵护与关爱的同时，也需要他们有爱家护家的责任。要想履行这个责任，就得储存资本，打下基础，将来才有能力扛起这份责任来。

【教育提升】

孩子的人生观、价值观的培养，不只是学校的责任，同时也是父母的责任。孩子的人生观和价值观影响着孩子对世事人情的感知。拥有积极的人生观、价值观，会让他以积极的心态面对自己的学习、生活等。在家庭教育中，父母经常给孩子更多的正能量，让他体验到更多积极的、正面的素材，少点负面新闻、事件的灌输，帮助孩子树立正确的人生观、价值观。

1. 积极乐观看人生。同样半杯水，悲观者看到的是"唉，只有半杯水"，乐观者发出的是"哇，还有半杯水"。前者是浓浓的失望感，让人充满失落与无力，而后者则是满满的幸福感，让人深感幸福与满足。父母要想培养孩子积极乐观，就不要让他们习惯抱怨、批判，要学着换个角度乐观地看待，积极地思考。"人从出生那一刻起就奔着死亡走"，任谁这么想，都不会感到开心，那还能有什么干劲去做呢？坐吃等死不就好了，那么努力干吗？不妨教孩子换个想法：因为人活着，就可以拥有很多很多的可能，我们可以享受美食美景，可以感受知识的魅力、运动的快乐，还可以拥有与家人朋友在一起的幸福……甚至可以在有限的生命里，为自己为他人创造许许多多的快乐与幸福。这样一想，是不是更有盼头，更乐意去生活去学习呢？乐观看待人生，积极面对生活，感觉与收获自然不同。

2. 生生不息薪火传。生儿育女不仅只是为了完成传宗接代的任务，还有人类爱的延续、文明的传承。父母可以带着孩子多走走看看，既带他感受自然环境中静（植物）与动（人或动物）相映的生机盎然，也带他感受人文变迁中人类文明发展的绚烂多姿；可以感受现代城市的快捷便利，也可以感受原始村庄的乡土气息……有生命体的存在与活动，才使得这片土地有了生机与活力。让孩子感受生命的悸动，学会珍爱生命。

主题五 家教与家风

 **问题 1：离异或单亲家庭，教育孩子需要注意什么？**

案例

小灿，17 岁，高二学生，最近父母在闹离婚。高中学习强度大，各种压力压得她喘不过气来。

小灿自幼生活在一个温馨幸福的家庭中。家庭条件好，家人关系和谐，父母经常陪她学习、旅游、运动、谈心，是同学们羡慕的对象。小灿从小懂事、听话，不仅学习成绩优异，而且多才多艺，深得老师、同学们的喜爱，是大人眼中"别人家的孩子"。

小灿顺利地考进重点高中，但高中的生活并不顺利。高一时，小灿发现父亲经常加班，回来得很晚，连周末都很难看到他，半夜隐隐约约听到父母吵架。高二选科后，小灿的成绩并没有如她预期的那样得到提高，反而有所下降。她很苦恼，找父母倾诉，他们也都敷衍了事，只是责怪她不懂得提高效率。

一个月前，父母离婚了，虽然他们都说很爱小灿，但小灿的心里还是接受不了。想起以前幸福的生活，小灿总是泪流满面，她不知道自己的生活怎么突然就变成这样。压抑、烦躁的情绪让小灿睡不好觉，第二天没精神，上课老打瞌睡，听课效率极低，成绩从年级前五十名降到二百多名。

小灿脑子里的想法常常喷涌而出："爸爸妈妈都不爱我了。""我是他们的累赘。""我要回到原来幸福的家庭，爸爸妈妈不能离婚。""我静不下心来学习，我的人生就要毁了。""我不知道活着有什么意义。"……这些想法时时袭来,小灿想控制却控制不了,这让她痛苦不堪。

【原理分析】

自20世纪80年代以来,我国离婚率出现上升趋势。进入21世纪后,我国的离婚率进一步攀升,已超过绝大多数欧洲发达国家。随着我国离婚率的持续上升,越来越多的未成年人生活在仅有父亲或仅有母亲的离异单亲家庭中,若抚养人再婚,他们又与继父母以及继父母的孩子生活在一个重组家庭中。父母离异,不仅使家庭结构发生变化,在此前后,孩子还常常经历父母矛盾和家庭冲突,甚至遭受家庭暴力。这些都将影响亲子关系,给孩子带来巨大的心理伤害,以致孩子焦虑水平上升,甚至引发行为问题。

有调查显示,离异单亲家庭的孩子,在其父母离婚前后,心理会产生较大冲击,行为上会发生一系列的反应和变化。

1. 自卑心理。家庭的变故直接冲击孩子的自信心,产生自卑心理。孩子往往会将家庭变故的原因归咎于自己,他们的内心会有"是不是我不乖,爸爸(或妈妈)不要我了"等之类的想法;父母的关爱减少,甚至父母将情绪发泄在孩子身上,孩子会出现孤独、悲伤、抑郁、胆小、精神紧张等表现,严重时还会出现自残等行为;家庭变故使抚养人的经济水平受到影响,也会给孩子造成心理压力,产生自卑感。

2. 社交焦虑。离异家庭子女在父母离异前、离异过程中甚至离异后,看到的是亲人之间的互相攻击、互相伤害、互相敌视。这些经历严重影响孩子人际交往的自信心,他们往往觉得人不可信任,会互相伤害。如果抚养人没有走出离异的阴影,极易将失控的情绪带到孩子的抚养过程中,出现情绪暴力甚至肢体暴力。生活在没有安全感的家庭中,孩子整天提心吊胆,势必影响孩子的人际交往,他们往往感到不安、敏感、怕责备、退缩、焦虑等。

3. 妒忌。虽然我国的离婚率不断攀升,但离异单亲家庭孩子的周围大多数是完整家庭的孩子。相比而言,单亲家庭孩子在物质上和精神上的资源会少一些。当看到完整家庭的孩子容易得到的关爱,自己却不容易得到,他们的心理很容易从最初的羡慕变为妒忌、憎恨。如果他们不能正视这种差距,就容易心理失衡,甚至出现反社会行为。

4. 逆反。离异单亲家庭的孩子,常常出现缺少关爱、缺乏安全感、自信心不足等现象。他们渴望自己的需求、尊严、优势等被看到。当"被看到"的需求无法满足时,他们便会在言行上刻意表现出与众不同,以获得周围人(特别是父母)对他的关注。因此,他们特立独行、不听从安排、顶撞长辈等逆反行为的背后,往往是想告诉家长："你要关心我、爱护我，看到我的存在。"

【操作指导】

父母是孩子成长过程中最坚强的后盾。当家庭因为各种原因而不完整时，孩子和抚养人都将面临巨大的压力。在离异单亲家庭中，抚养人首先要保持积极乐观的心态，作好足够的心理准备应对各方压力，才能做好孩子的教育工作。其次，要树立"陪孩子成长"的理念，将自己的成长与孩子的成长结合起来，在教育孩子的过程中，不断充实自己、提高自己。最后，学会适当示弱，抚养人要承认自己的不足，在教育孩子的过程中，适当向另一方示弱，让另一方参与到孩子的教育中来；适当向孩子示弱，激发孩子成长的动力，提高孩子成长的主动性。为了更好地教育孩子，离异单亲父母可以从以下途径入手。

1. 包容、接纳孩子。孩子是家庭的一面镜子，离异单亲家庭的孩子不仅仅是抚养人的镜子，也常常会有另一方家长的影子。当孩子身上呈现出抚养人难以接受的另一方家长的特点时，抚养人往往会用"你看你，就跟你父亲（或母亲）一样，你就不能改改"等语言给孩子消极的语言暗示，让孩子感受到不被接纳，难以产生安全感；离异单亲家庭的孩子，因身边缺少一位家长的关爱，也将降低其安全感。因此，离异单亲家庭在教育过程中，要足够重视孩子安全感的建立与培养。建立和培养孩子的安全感从接纳入手，抚养人应做到包容、接纳（但不溺爱）孩子。抚养人可以回忆孩子成长的过程，换位思考孩子在家庭变故中受到的伤害，从而真正站在孩子的角度，更好地包容、接纳孩子。

2. 向孩子表达爱。父母可以跟孩子谈谈离婚是什么意思，爸爸妈妈为什么离婚，告诉孩子父母离婚是自己的问题，不是孩子不够好，即使离婚了父母仍然都很爱孩子。不要拒绝和排斥另一方向孩子表达关爱。

3. 帮助孩子认识自己。孩子的成长过程是自我认识的过程。他们通过认识父母、认识家庭、认识社会，不断完善对自己的认识。离异单亲家庭在教育孩子时，需要在各方面帮助孩子完成自我认识。比如帮助孩子客观、全面地认识非抚养一方家长，切忌一味贬低对方；积极、乐观地看待周围人不友善的眼光，切忌以偏概全；平和、理性地与孩子一同分析家庭给孩子带来的心理影响，切忌放大问题、放大影响。当孩子无法接受自己的父母、无法接受自己的家庭时，他（或她）的内心深处将无法接受自己，也就无法完成自我认识。同时，孩子还会在不能接受的部分显得过分敏感，从而影响生活。抚养人可以陪伴孩子一起完成"周哈里窗"（如下图），让孩子更全面地了解自己，明白每个人都有无限的潜能，树立信心，做更好的自己。

周哈里窗（Johari Window）

	自己知道	自己不知
他人知道	大众我	盲目我
他人不知	隐藏我（秘密）	未知我（潜能）

4. 陪伴孩子走出阴影。家庭变故，对孩子来说是心理上的一次地震。震后最好的心理安慰便是陪伴——陪伴孩子感受家庭变故给他（或她）带来的心理影响，陪伴孩子面对周围环境的变化，陪伴孩子共同克服成长过程中遇到的困难、挫折。陪伴的过程没有责备、没有自责、没有过高的期望，它是平等的交流、心灵的安慰、共同的成长。当抚养人成为孩子心中的坚强后盾时，孩子才能把心里的感受说出来，走出家庭变故带来的阴影，让阳光照进孩子的心房。来一场说走就走的旅行、看一场都喜欢的电影、做一次心与心的促膝长谈……都会成为孩子成长的心理能量，冲淡孩子心中的阴影。

5. 培养孩子积极心态。孩子在成长过程中会遇到各式各样的问题，离异单亲家庭在教育孩子时，更要注意培养孩子积极、乐观、向上的心态。家庭变故不仅增加了抚养人的经济压力，也增加了抚养人教育孩子的压力，在教育孩子上，往往存在精力不足、缺少性别互补等问题。培养孩子积极、乐观、向上的心态，可以让孩子有能力去面对各种问题，承受更多压力，有能力与抚养人一起克服困难，共同成长。抚养人可以将自己面对家庭变故的心路历程与孩子分享，用积极、乐观的态度影响孩子，提高耐挫能力。

【教育提升】

1. 引导孩子理性看待感情，树立正确的爱情观。家庭变故，往往会让孩子对感情有片面的认识，觉得感情不可依靠。这种不理性看待感情的方式，会直接影响孩子的爱情观。凡事皆有利弊，家庭的变故让孩子看到了感情脆弱的一面，同时也给孩子提供了理性分析感情的机会。抚养人应该理性地与孩子分享自己的亲身经历，分析抚养人与另一方做得不够好的地方，分享对感情的认识，在共同分享、理性分析的基础上，进一步培养孩子辩证看待事物的能力，理性看待感情，从而树立正确的爱情观。

2. 引导孩子开发身边资源，促进心理成长。离异单亲孩子需要面对更多困难、承受更多压力。单亲家长在面对孩子缺少关爱、缺乏安全感、自信心不足等问题时，可以引导孩子开发身边的资源，如亲戚、同学、老师、志趣相投的小伙伴、心理咨询师等，都可以带来不一样的温暖与帮助；培养一个兴趣爱好，并能持续、深入，让自己的生活更加充实；参加公益活动，感受关爱他人产生的成就感，让爱流动起来；与抚养人相互依赖，感受温暖，又能各自独立，发展个性。家庭变故已成事实，那就试着开发身边的资源，让自己的生命更加丰富多彩。

 问题2：父母感情破裂，要等孩子高考完再离婚吗？

【案例】

小叶是一名高二学生，最近被亲子关系的问题所困扰。

小叶的父母感情不和，从小叶记事起，家庭中就充斥着父母的争吵。妈妈文化程度不高，说话声音大，性格大大咧咧，常常出语伤人却不自知，但妈妈其实是个刀子嘴豆腐心的人。爸爸是小学老师，心思细腻，有些敏感。爸爸觉得与妈妈没什么共同语言，觉得妈妈不好沟通，经常无理取闹。他们常常因为一些小事，各执己见，说着说着，妈妈声音越来越大，语气越来越差，爸爸刚开始忍着不说话，受不了了，就会动手。

每次吵架，爸爸妈妈都说要离婚，但考虑到孩子还小，都将就着过。两人私下约定，等小叶考上大学就办离婚。父母从吵架到冷战，小叶感觉父母的关系越来越差，家里的氛围也越来越压抑。虽然父母都很关心小叶，但小叶感觉父母过得并不开心，觉得自己是父母的累赘，如果不是因为自己，他们可以各自寻找幸福。

在父母一次激烈的争吵后，小叶很冷静地对父母说："你们离婚吧！我不想看到你们在我面前装作很好的样子，心里却不开心。"还有一年小叶就要高考了，在这个节骨眼儿，小叶说出这样的话，让父母很矛盾。父母是该维持家庭稳定，等高考后再说，还是面对感情无法复合的事实，办理离婚呢？父母又该怎样做，才能减少对小叶的伤害呢？

【原理分析】

婚姻是两个人的修行，需要两个人挽手同行，而现在，有越来越多的夫妻在这条修行路上选择分道扬镳，这势必给孩子带来影响和伤害。是勇敢地追求幸福，还是为了孩子而隐忍呢？

很多感情不和的夫妻选择隐忍，为了孩子暂时保持婚姻关系，直到孩子高考结束。因此，每年高考结束后，到民政局办理离婚的人数都会剧增，这种现象叫

"高考后离婚潮"。这些夫妻背负着"一考定终生""为了孩子，可以牺牲一切"的压力，把孩子当作自己生活中最重要的部分，或者把孩子作为维系婚姻关系的借口。不管夫妻最后如何决定，都应厘清思路，理性选择。

1. 低质量的"完整"，不如高质量的单亲。给孩子带来伤害的不是离异，而是不稳定的家庭环境。冷漠、争吵、暴力等家庭不稳定因素给孩子带来的伤害远远高于父母离异。如果只是一味追求表面的家庭"完整"，而忽略了和谐的家庭氛围，孩子常常会在"如果不是因为你，我们早就离婚了"之类的语言中怀疑自我，影响心理健康。

2. 与其各自演戏，不如敞开心扉。孩子的感知能力不容小觑。随着年龄的增长，孩子的感知能力也在不断增长。父母的婚姻状况，孩子了解得比父母想象的更多。父母尽力维持"完整"的婚姻，孩子为了不让父母伤心，也会陪着父母演戏。在这种环境中成长，孩子学会察言观色、委曲求全。与其各自演戏，不如敞开心扉，让孩子参与到家庭的决定中来，培养孩子的判断力与承受力。

3. 无谓的牺牲，不如勇敢的追求。父母总觉得"牺牲"自己的幸福，能让孩子在高考取得更好的成绩。事实是这样吗？父母的"牺牲"真的可以成全孩子吗？诸多事实已经证明，健全的人格比成绩更重要。父母能正视问题，勇敢追求幸福，这对孩子人格的影响更加深远。

【操作指导】

家是孩子成长的港湾，父母是孩子的第一任老师。当父母感情不和时，家庭的氛围直接受到影响，家庭的港湾作用也被削弱。此时的家，不仅不能成为孩子心灵的港湾，有时还可能给孩子带来严重的心理伤害。当父母感情不和，婚姻关系受到威胁时，父母该怎么做，才能最大程度地减少对孩子的影响呢？

1. 慎重对待离婚决定。建立一个家庭容易，维持一个家庭不易。婚姻是不同成长背景、不同经历、不同性格的两个独立个体的结合。婚姻需要磨合，和谐的家庭需要经营。在经营婚姻过程中，观念不合、冲突、争吵都是难免的，共同寻找解决方案，共同营造和谐家庭氛围才是重要的。

离婚对夫妻双方、双方父母、孩子都将带来巨大的影响。夫妻双方对待离婚的决定应该慎之又慎，重要的不是在何时选择离婚，而是理性地、积极地面对婚姻中出现的问题。夫妻双方在作出离婚决定前，应留有一段冷静期，婚姻不易，离婚应三思。

2. 理性分析，厘清关系。当夫妻双方感情破裂时，是马上离婚，还是隐忍到孩子高考后，是每个家庭的选择，无关对错。夫妻双方应该根据家庭、自身、孩子的具体情况，理性分析两种选择的利弊，尽快作出选择，厘清关系，并想好弥补方案，尽可能地减少对孩子产生的影响，让孩子能尽快适应家庭的变化。

如果夫妻双方无法理性分析，无法正视问题，在选择上拖泥带水，往往会给家庭带来更大的伤害。比如选择离婚，却心有不甘，互相埋怨、互相诋毁；选择隐忍，却难以控制情绪，把自己的"牺牲"变为孩子的束缚和负担；不作选择，不沟通，不搭理，有婚姻之名却无婚姻之实……这些情况，都会影响孩子心理健康。

3. 共同维护孩子的心理健康。伤害孩子内心的不是离婚这件事本身，而是婚姻中的各种冲突、争吵和冷漠，完整的爱远比完整的家重要。如果父母选择隐忍，待孩子高考后再离婚，父母需要保持家庭成员间良好的沟通，提高情绪管理能力，避免对孩子道德绑架，比如"我们都是因为你才不离婚的，我们牺牲了自己的幸福，你再不好好学习，怎么对得起我们"之类。如果父母选择在孩子高考前离婚，要告诉孩子父母对他（或她）的爱不变，理性、平和地告诉孩子父母离婚的原因，不贬低、辱骂对方，维护孩子对亲人的认知。

4. 努力追求自己的幸福。孩子是父母的一面镜子，父母是孩子的榜样。面对感情不和，父母的应对方式，将对孩子处理与朋友的关系、与感情的关系产生影响。父母在应对婚姻中的困难时，应该努力提高自己追求幸福的能力。不管离婚与否，都能积极、乐观、勇敢地追求幸福，理性、平和、智慧地处理矛盾、经营感情，这些将会潜移默化地影响孩子，让孩子拥有追求幸福的能力，这将是影响孩子一生的精神财富。

【教育提升】

1. 培养勇于面对困难、积极解决问题的能力。婚姻中夫妻感情不和，这是大多数人在一生中会碰到的困难。面对困难的态度远远比困难本身更具有意义。夫妻双方勇于面对自己的问题，积极寻找解决问题的办法，或是继续挽手前行，或是各自追求幸福。在这整个过程中，父母给孩子呈现对人、对事的态度，将直接影响孩子的人格发展。困难也是契机，不管作什么选择，我们给孩子做榜样，让他（或她）学会勇敢面对困难，积极解决问题。

2. 在依恋中寻求独立，在困境中寻求成长。孩子在12岁以前，与家庭有着强烈的依恋关系（即我不需要任何条件，心甘情愿地听你的），12~18岁时进入青春期，其独立意识和逆反心态迅速发展，慢慢离开家庭，进入社会。孩子与父母之间良好的依恋关系直接影响孩子的心理健康。父母感情不和，但不影响父母与孩子的依恋关系，父母要抓住孩子心理成长的关键期，12岁前与孩子保持良好的依恋关系，让孩子有足够的安全感步入社会，面对各种困难，帮助孩子从家庭的依恋过渡到自我的独立，引导孩子在解决困难的过程中成长。

 **问题 3：如何减轻父母离婚对孩子的影响？**

案例

亚美是一个即将升入高三的高二女生，在这个本应全力为即将到来的高三而努力学习的时候，她却无心学习。因为最近感情不和经常吵架甚至大打出手的父母终于决定让他们的婚姻走向尽头——离婚。亚美虽然知道父母已经没有感情，彼此都视对方为仇敌，可是她依然不希望他们离婚，她想要一个有父有母的家。父母一旦离婚，这个家就再也没有了。她不知道以后自己会怎么样，心累难受的时候还能不能有一个家让她回。更担心同学知道了自己父母离婚后会看轻自己。她很羡慕姐姐，不需要有她这样的恐惧与担心，因为出嫁的姐姐有一个属于自己的家，而她，即将失去……她很彷徨，不知所措，不敢和老师同学诉说内心的烦闷，只有自己一个人苦苦支撑着，对学习也无法像以前一样专心致志，更害怕即将到来的高三，因为她明白，以她现在这样的状态进入高三，根本不可能取得好成绩，而这让她更加痛苦。她怨父母为什么不能继续再将就，非要在她这个关键时期闹离婚。每次在她学习累了，想要回家时，看着别的同学高高兴兴地回家，她就特别纠结：既想回家又害怕回家。以前面对父母的吵闹，她有时候也不想回家，但情况并不会这么严重。在父母提出离婚后，二人之间的关系降至冰点，每次在家，都是一种冰冷冰冷的感觉，这让她更加难受。她不知道应该怎样面对这种情况，她想劝他们直接离婚但又舍不得，希望他们继续维持婚姻又不现实，真的左右为难。

【原理分析】

家庭是社会的最小单位。家庭的稳定特别是父母之间和谐的关系对孩子的健康成长至关重要。国内外大量研究资料表明，家庭冲突与离婚影响孩子的身心健康。面临父母离婚的孩子，安全感会急剧下降。因父母关系的破裂，家庭氛围自然会变得较紧张或冷漠，对孩子的关注与照顾就会有所疏忽，孩子的内心有可能变得敏感、自卑，担心自己会失去父母，感觉自己被遗弃，没有安全感。如果离异后孩子由母亲抚养，还有可能因为经济困境陷入沮丧或抑郁之中，母亲因生活重担引起的情绪状态也很容易影响到孩子。有的孩子经历父母离婚，会进入一个自我防御模式，为了保护自己，他们会封闭自己拒绝与外界交流，如果和再婚后的父母生活，也会因家庭成员的变化（继父或继母）变得小心翼翼。若再进入一个关系不融洽的家庭，更容易使孩子对人甚至婚姻充满疑虑、不信任感。严重的会因为父母离婚变成了恐婚族，不信任婚姻，怀疑感情，长大后不愿意结婚。不可否认，父母离婚对孩子多多少少都会有影响。但是，如果拿着孩子当借口拖着不离婚却又每天吵架冷战，对孩子的影响也不好。所以，如果真的过不下去必须走到离婚这一步，就需要考虑对孩子的安抚与安排问题了。

【操作指导】

1. 纵是离婚，父母仍是父母。父母离婚，夫妻关系的解体导致家庭的崩塌。对于孩子来说，最怕的不仅仅是失去家庭，更害怕失去父母。父母在，家就在，父母不在，家也就散了，自己也就变得无家可归、无家可依了。因此，家长若是面临着离婚的事实，就要让孩子明确一点：即使爸爸妈妈离婚了，也依然是你的爸爸妈妈，爱你的心依然不变。只是，后面可能会因为立场不同，有时会顾不上照顾你而已。其实，离婚后的父母，更应该多关心孩子。逢年过节时，不要忘了与孩子商量，由谁接孩子一起过节，千万不要出现遗忘孩子的事，如果有事没办法做到也要事先和孩子沟通好。同时，对孩子成长所需要的物质需求，也不能因为离婚的事实而变得越来越糟。孩子总有一天会离开父母而独飞，在他/她独飞前，父母的职责并不会因为离婚与否而改变，父母要做的就是陪着孩子度过这一个阶段。

2. 换位思考，让孩子理解父母的选择。从孩子出生那一刻，他就来到了一个与他人共处的空间，学会了与他人的交流与往来。除了与家人相处，还会与外人接触和交往。在这个过程中，并不都是顺利的，也就是说，并不能做到真的和所有人和谐共处。比如与同龄朋友一起玩，会因为各自的性格和喜好不同，有相处得来的，也有相处不来的人。父母要让孩子接受自己离婚的决定，在和他们谈及此事时，不妨让他们学会换位思考：就如同他碰到不喜欢的人不想在一起玩自然分开一样，父母已经没办法一起生活了，父母不会强求孩子与不喜欢的人一起玩，同样希望孩子尊重父母不想再和不喜欢的人在一起而分开的选择。离婚后，尽量不要在孩子面前提对方的错，也不要在孩子面前提自己对对方的怨与恨，这样只会让孩子与父母之间的关系变得复杂，让他左右为难罢了。

3. 让孩子正视成长，学会独立自主。即使是雏鸟，也终有离巢展翅独飞时。人类也是如此，孩子在成长过程中，不断地储存知识学习本领，不也是为了自己的独立作准备？离异家庭的父母可以引导孩子正视自己成长的事实，试着在心里逐渐放下对父母的依赖之情，当然这不意味着父母完全不管。当孩子外出求学时，除了经济上无法完全独立，其实已经开始学着独立面对生活学习中有可能出现的问题了，此时的父母常常只能作为参谋、后援而存在，他们更多靠的还是自己的摸索与实践，并在这个过程中渐渐脱离父母的保护而走上独立的征途，在这种情况下，父母的监护作用逐渐弱化，孩子对父母的依赖也慢慢变少。

4. 帮助孩子交友，获得新情感。人是情感动物，需要情感的浇灌。从家人之间的亲情相伴，到朋友之间的友情相融，再到后来与爱人之间的相濡以沫，都是人生中值得珍惜的宝贵精神财富。父母离婚，会造成亲情的动荡（尽量不变成丧失），会使人的情感出现空缺。这时候，父母首先可以帮助孩子转移注意力，然后尝试弥补孩子，让孩子在其他方面得到弥补。爱情在中学时代不大适合，尤其是离异家庭的孩子由于缺乏安全感，很容易陷入爱情的旋涡，这时候需要父母留意孩子的动态。最好的办法是引导、帮助孩子多结交几个朋友，和他们结成正常的同学朋友关系，在友情的陪伴下，与朋友一起携手进步，共同成长。

【教育提升】

离异家庭的孩子相比之下会更敏感，对情感的渴求也会更强烈，对他们的教育需要更上心。

1. 健全人格促成长。父母离异后，孩子会因为父爱或母爱的缺失而造成人格偏差，如父爱缺失的孩子可能会出现偏阴人格，表现出懦弱、多愁善感、自卑、缺乏毅力、果断性不强等特点，母爱缺失的则偏阳，表现出孤僻、冷漠、缺乏爱心与同情心、暴力、冲动等特点。所以，对于离异家庭的父母来说，要特别注意消除因缺少父爱或母爱给孩子带来的消极影响。要引导他们注意自己的性格缺陷，有意识地弥补其不足，如对缺乏父爱的孩子，要加强对他们的独立、自主、勇敢、果断等方面的人格教育，有意引导他们多看看表现男性优秀品质的影视与书籍，多接触一些成熟、自信、有责任心的优秀成年男子。

2. 理性看待辨是非。在国内，离婚后的双方很多会老死不相往来，相互仇视诋毁对方，这会让孩子陷入情感纠葛中。父母双方要理性看待离婚的起因与事实，一个巴掌拍不响，即使是面对错误方，在与孩子描述过程中，也尽量以客观理性的口气来表述，目的在于提醒（孩子不要犯同样的错）而不是指责与怨恨。同时交代自己的亲戚朋友，在孩子面前不说或少说对方的事，如果做不到，则尽量少接触爱说的亲戚。在日常的家庭聚会中，可以根据情况尽量让孩子多参与，带领孩子多与人接触交流，教会他们分辨善意与恶意，理性地看待别人的评论，不一味沉溺于自怨自艾的情绪之中。

 **问题 4：爷爷奶奶重男轻女，对孙女冷漠，怎么办？**

案例

小静，女，高二学生，生活在重男轻女的家庭中。爸爸三代单传，在家庭所有人对生男孩的期待中，小静出生了。爷爷、奶奶虽然嘴上不说，但他们看到别人家男孩时流露的遗憾情绪，对待小静态度冷漠，都表明了他们重男轻女的思想。

2016 年，二孩政策全面放开，爷爷、奶奶催着妈妈再生一个，还各方打听生男孩秘方。小静七年级时，在家人的期待中，弟弟出生了。爷爷、奶奶、爸爸、妈妈都很宠弟弟，却经常冷落小静。奶奶经常夸弟弟，时不时说小静的坏话，还要求小静什么事都要让着弟弟，弟弟只要一哭，奶奶就责怪小静，甚至谩骂嘲讽。

小静有时觉得弟弟可爱，可有时又非常讨厌弟弟，觉得就是因为弟弟，自己才会遭受更多的责骂。每次奶奶夸弟弟，还带上讲小静的坏话，小静就很暴躁。爸爸、妈妈责怪小静不该对奶奶不敬，应该对弟弟多一些包容。当一个人独处时，小静的情绪非常低落，常常想"家人都不喜欢我，为什么要带我来到这个世界"。最近，小静常常因为一点小事而悲伤不已，动不动就哭起来。

【原理分析】

重男轻女，指重视男性、轻视女性的封建思想。我国重男轻女思想最早可以追溯到周朝。《白虎通·嫁娶》："嫁者，家也。妇人外成，以出适人为家。"意思是说女儿长大以后要出嫁，嫁人以后就是人家的人了。随着中国的开放与发展，男女平等思想开始慢慢被大众接受。随着教育的全面铺开，现如今的重男轻女思想虽已慢慢消散，但依然顽固地存在。

二孩政策满足了老一辈重男轻女需求的同时，也给重男轻女家庭中的女孩带来了较大的影响。二孩政策之前，家庭中的女孩作为独生子女很受重视，随着二孩的出生，长女的地位受到影响，心理也发生了一系列的变化。重男轻女原生家庭中孩子的心理健康需要学校、家庭、社会共同来维护。

【操作指导】

重男轻女的原生家庭对家庭中的男孩、女孩都会带来影响，相比较而言，对女孩的直接伤害会更大一些。当家庭中的女孩受到伤害，父母作为孩子的第一监护人，应该承担起保护孩子心理健康的责任，反省自己、分析家庭、帮助孩子，为孩子营造健康的成长环境。当孩子已经遭受重男轻女原生家庭的伤害，家长可以从以下几点入手，保护孩子。

1. 分析原生家庭，放下重男轻女思想。在重男轻女的家庭中，男、女均会受到伤害，男孩子的伤害在"重"，女孩的伤害在"轻"。小静在原生家庭中被轻视、责骂、嘲讽，心理受到伤害。在小静的家族中，也有不少女性受此伤害。比如小静的妈妈、奶奶、姑姑等。她们曾经受到同样的伤害，又不自觉地将这种伤害延续到下一代身上。父母需要冷静下来，回忆自己成长过程中看到的或经历的重男轻女的伤害，进一步深入分析原生家庭，让重男轻女的伤害在父母这辈终止。

2. 以父母的教育为主，制定家庭规则。时代在进步，孩子在发展，教育方式不断更新。父母在教育上不能图省事，不能盲目地延续长辈老的教育方法，要因地制宜，有所取舍。父母在教育孩子的过程中，应该不断学习、提升自己，担当起教育的责任。当父母与长辈的教育方法、教育目标不一致时，应该以父母的教育为主。为了避免长辈过多地干预家庭教育，父母可以与长辈制定家庭规则，比如，不同意见私下沟通，不在孩子面前冲突；当两个孩子有矛盾时，找双方的问题，不可只责怪一人；长辈以爱孩子为主，孩子问题由父母处理。

3. 用行动告诉孩子，父母是始终爱她的。如果孩子因为不被重视，出现敏感、自卑、否定自己、情绪低落等心理问题，父母要从根本上给予孩子心理能量，给予足够的陪伴和关爱。父母可以从小事入手，陪孩子看一场电影、逛一次街、吃一顿大餐、看一本书、做一种美食……在陪伴的过程中，可以用牵手、搭肩、拥抱等肢体动作，让孩子真切地感受到父母对她的关注、对她的爱；也可以和孩子一起制作和翻看成长相册，与孩子一同回忆成长过程中美好的时刻。与此同时，在言语上，要不断和孩子强调，父母是始终爱她的。

4. 化解家庭矛盾，营造和谐氛围。爷爷奶奶之前对孩子的伤害，势必影响他们的关系。父母可以和孩子分享自己的成长经历，比如成长中对长辈的不满，对不满情绪的处理，对长辈感情的变化等，特别是对长辈的爱的感受，让孩子可以从父母的成长经历中，学会包容长辈，从而从心理深处化解与长辈的矛盾。当孩子与爷爷奶奶的矛盾得以化解，家庭才能呈现和谐的氛围，形成宽松的心理环境，让孩子更好地成长。

【教育提升】

1. 引导孩子认识自己的优点，树立自信。受到重男轻女伤害的孩子，在自我意识发展上会遇到困难。她们往往会降低自我评价，觉得自己一无是处，他人眼中的优点也会被她们看作缺点。她们感受不到他人的关注，或对他人过于敏感，或防御外在的一切,这些都将影响到人际关系。伴随而来的,她们开始觉得生活没有意义、活着没有价值、生活目标渺茫。父母如何帮助孩子客观地认识自己呢?父母可以从生活的每个细节去发现、挖掘孩子的优点,引导孩子认识自己的优点,并不断鼓励、强化。告诉孩子"是爷爷奶奶重男轻女的思想落后,不是自己不够好",让孩子从受伤害的情绪中解脱出来,从而顺利完成自我认识。

2. 陪伴孩子感受过去受伤的经历,获得新的能量。如果在孩子的心中有很多受伤的情绪没有处理,父母可以陪孩子一同感受过去受伤的经历。比如,让孩子说说被伤害的事件、当时的情绪、现在回想起来的情绪;让孩子把自己觉得受伤的事写在纸上,有仪式感地处理;找心理咨询师,帮助处理受伤情绪,建立和谐亲子关系。当孩子能正视过去受伤的经历,处理受伤的情绪,才能走出过去的阴影,获得新的能量,在成长的路上轻装上阵。

问题 5:家人有暴力倾向,如何减少对孩子的伤害?

案例

小美是一位典型的成功都市白领,与丈夫关系一直挺好,育有一 16 岁男孩。两年前,丈夫所在企业倒闭了。丈夫一时找不到工作,就待在家里,包揽家务、教育孩子。

长时间待在家里,负责单调枯燥家务的丈夫与社会接触越来越少,话越来越少,情绪也开始变得不稳定。从去年开始,丈夫总是找些小事儿和小美吵架,比如打电话没接、下班迟了等。一次,小美发现丈夫偷偷翻看她的微信,便质问丈夫。丈夫怀疑小美出轨,双方争执中,丈夫一时气急,打了小美一巴掌。事后,丈夫觉得自己动手不对,不断向小美道歉。小美考虑到孩子在读高中,丈夫一直对自己不错,也很顾家,或许是一时生气才动手的,便原谅了丈夫。

可是,事情的发展并不像小美想得那么乐观。这次事件只是家暴的开始,此后丈夫常常以一些小事甚至是没有的事为借口对小美实施家暴,家暴程度渐渐发展到拳脚相加。小美刚开始以为是丈夫在家做家务太憋屈了,便建议丈夫去找份工作,却遭到丈夫的百般羞辱:"我才不愿意去赚那些臭钱呢!"小美提出离婚,丈夫不同意。每次想到孩子看到父母吵架时害怕的眼神,小美心都碎了,她不知道怎样处理与丈夫的关系,不知道怎样才能减少对孩子的伤害。

【原理分析】

据全国妇联统计，全国2.7亿个家庭中，有30%的已婚妇女曾遭受家暴，并且有70%的施暴者不仅打妻子，还打孩子。从统计数据看，我国家庭暴力的现状比我们想象的严重。

家庭暴力不仅侵害了受害者的人格尊严和身心健康，甚至威胁生命，还会对孩子的身心健康产生极其严重的影响。一方面，家庭暴力必然影响夫妻感情、婚姻关系，当家庭破裂时，孩子的正常生活和成长受到了影响；另一方面，当孩子看到家庭暴力行为，甚至直接被暴力伤害，很容易使孩子产生恐惧、焦虑、厌世等心理，进而出现自卑、孤独、厌学等心理问题，甚至走上犯罪的道路。

家庭暴力会对孩子产生怎样的影响呢？

1. 暴力效仿。人类生活的基本社会技能，都是经由模仿而来的，孩子的成长从模仿开始。父母是孩子的第一任老师，他们的行为对孩子的影响最大。当孩子在成长的环境中看到或者遭遇家庭暴力时，大多会效仿暴力行为。如父亲采用家庭暴力的方式来维持自己的地位与权威，那么孩子极有可能在以后的生活、工作中采用同样的方式。比如，在与同学的交往中，容易使用暴力；如果孩子比较弱小，无法实施对外暴力，则会把暴力指向自己，出现自残甚至自杀行为；孩子长大成人后，更容易实施暴力行为，甚至走上犯罪的道路。

2. 安全感不足。家庭是孩子避风的港湾，父母是子女坚强的后盾。当家庭中发生暴力行为，家庭的稳固性降低，孩子会产生恐惧、焦虑等情绪，这些经历会在孩子的内心烙下深刻的印象，甚至伴随一生。在家庭暴力的环境下成长，孩子极其缺乏安全感。当安全感不足时，孩子便会产生自卑心理，常常害怕犯错误而畏首畏尾，不敢承担责任而逃避困难，软弱怯懦而不敢反抗。这些都将影响到孩子自我意识的发展，影响孩子的适应力。

3. 婚姻观扭曲。美国著名心理学家斯腾伯格提出了"爱情三元论"。他指出，爱情的三个要素是激情（陶醉感和性兴奋）、亲密感（感到被爱的人理解和亲近）和承诺（长期的忠诚），三个要素的不同组合，形成不同类型的爱情，完美的爱情应该是三者俱备，且合而为一。因此，婚姻需要双方共同努力、不断磨合、互相包容以达到最完美的状态。当家庭中充斥着家庭暴力，间接给孩子传达了错误的婚姻价值观，使孩子觉得婚姻是爱情的坟墓，是互相伤害，从而畏惧婚姻，产生扭曲的婚姻观、爱情观。

家庭暴力给孩子带来的心理影响是深远的，甚至有些深层的伤害是不可逆转的，这些伤害往往伴随孩子一生。

【操作指导】

家庭是孩子学习的起点，父母是孩子的第一任老师，家庭环境的好坏直接影响孩子的身心健康。当孩子看到父母间的暴力行为，或孩子遭受父母作用于自己的暴力行为，都将使孩子处于恐惧的高度紧张状态，对孩子心理成长产生不可估量的负面影响。当遭遇家庭暴力，家长该如何减少家庭暴力对孩子产生的伤害呢？

1. 积极向社会求助，保护自己与孩子的安全。当遭遇家庭暴力时，受害者要积极向社会求助，首先要保护好自己与孩子的安全。当家暴正在发生时，可以大声呼救，寻求邻居的帮助，并打110报警电话；及时向丈夫所在单位、居民委员会、村民委员会、妇女联合会等单位投诉，反映情况，寻求帮助；直接向公安机关报案，法律手段是解决家庭暴力的重要途径；如果当事人因遭受家庭暴力或者正在面临家庭暴力的现实危险，可以向法院申请人身安全保护令。

2. 勇敢拿起法律武器，保护自己与孩子的权利。当遭遇家庭暴力，婚姻受到了威胁，为减少对孩子的伤害，应该勇敢拿起法律武器，保护自己与孩子的权利。家庭暴力一旦被认定，离婚时无过错方可以提出赔偿请求，所以利用法律武器的前提是收集家暴证据。首先，当遭受暴力攻击时，不要羞于让邻居们知道，他们往往是重要的人证，同时，可以向街道、社区、妇女组织等社会机构求助，相关机构会有工作记录或证明等书面材料，也能作为家暴证据；其次，收集家暴前、中、后的相关证据，如家暴过程、家暴现场、受伤情况等相关照片、视频，与施暴者的通话录音、聊天记录等，以及施暴者写过的保证书、忏悔书、承诺书等材料；再次，要有报警的意识，派出所出具的报案记录和反家庭暴力告诫书等都将是有力的证据；最后，如有受伤，保管好医院的诊断证明、治疗凭据、验伤报告、伤残鉴定等材料。

3. 尽快解决家暴问题，带领孩子重新开始。家暴的行为一旦出现，家庭成员都将受到极大的心理伤害，孩子作为弱势群体，他们受到的影响更大。当遭遇家庭暴力，受害方切不可以抱有"家丑不可外扬"的心理，忍气吞声只会助长对方的暴力行为。为减少家暴行为对孩子的伤害，受害方要尽快解决家暴问题，如果在婚姻内无力解决，则应该带领孩子尽早离开家暴环境，重新开始生活，并用关爱抚慰孩子受伤的心灵。

4. 寻求专业的心理帮助，降低家暴对孩子心理的伤害。孩子经历了父母争吵，看到父亲对母亲施暴，有时家长甚至对孩子施暴，这个过程对孩子心理的冲击很大，有的孩子还可能出现创伤后应激障碍的症状。当孩子出现不断回忆、重现父母争吵或家暴的场景，睡梦中不停出现与父母争吵、家暴有关的噩梦，对事物的兴趣下降，疏远、隔离外界，记忆力下降、注意力难以集中等症状，家长要及时寻求专业心理咨询机构的帮助，尽量降低家暴对孩子产生的心理伤害。

【教育提升】

1. 陪孩子成长，共同走出阴影。在家庭暴力中，受害一方和孩子都需要较长一段时间进行自我成长，从而走出阴影。受害一方可以把自己的心理感受、心理成长体验与孩子分享，让孩子认识到因家庭暴力而产生负面情绪、负面想法等是正常的。在此基础上，孩子才能更有安全感，并把自己的感受、想法、体验与家长分享，家长与孩子一同直面家暴的负面影响，一同成长，一同走出阴影。在这个过程中，让孩子感受家长的陪伴，体验信任的力量，培养爱的能力。

2. 理性认识婚姻，树立正确的婚姻观。在家庭暴力中成长的孩子，往往对婚姻产生片面甚至歪曲的认识，认为婚姻是不稳定的、是爱情的坟墓。家长应该引导孩子理性认识婚姻，看到婚姻积极的一面。如果需要，可以找专业的心理咨询机构进行家庭心理咨询，为孩子树立正确的爱情观、婚姻观，减少家庭暴力对孩子未来婚姻的影响。

 ## 问题6：孩子恋爱了，如何正确引导？

案例

我的孩子小丽现在是高一年级学生，学习成绩一直不错。因为是单亲家庭，我平时工作比较忙碌，所以交流得不多，但最近发现这一段时间她很兴奋，经常晚上讲电话一讲就是几小时。后来通过老师了解到她和一个叫大左的男孩子来往密切。虽然曾经也想过孩子大了有可能会面临恋爱的问题，但没想到她刚进高中不久我就听到这个消息，对此我比较震惊。但是现在孩子大了很多话也不和我说，我不知道该怎么和她谈这件事，也不知道该坚持让他们分开，还是需要慢慢引导或继续观察看看。面对孩子在中学阶段恋爱的情况，我们做父母的该如何引导比较合适呢？

【原理分析】

在青春期阶段（通常指10～20岁），孩子会受到生长激素和性激素的协同作用，产生明显的生理和心理变化。此时，女孩出现月经初潮，男孩出现遗精现象。身高、胡须、乳房、腋毛等第二性征的发育也在时刻提醒着孩子两性之间的差异。这些身体上的变化，尤其是性器官、性机能的变化，使他们感受到性的兴奋和冲动，这些变化使他们开始关注性、关注生殖知识和两性关系。

家庭对青春期的恋爱选择具有一定的影响。有学者表示，中小学生的恋爱行为可能与家庭提供的情感支持息息相关。国内的一些经验观察表明，当家庭没有满足孩子的情感需求时（如家庭沟通不足、亲子关系恶化、监护人缺位等），孩子可能会从家庭外寻求情感满足，以保持身心平衡。

孩子在青春期可能受到书籍、歌曲、网络、影视剧作品、朋友社群等多方面因素影响，形成对恋爱的向往、对他人的憧憬，或单纯是跟风模仿的好奇。

总之，青春期恋爱的形成受个体发育和群体文化的共同影响。

我国科学家将青少年性意识的表现和发展大致分为三个阶段：疏远期、爱慕期、浪漫恋爱期。疏远期一般从儿童末期开始到少年中期结束，女孩子在这一时期表现得更为明显和激烈。爱慕期一般从少年初、中期开始，到青春期的中、后期结束，是青少年异性意识的表现和发展的重要阶段。浪漫恋爱期一般从青年初期的中后阶段开始，是青春期异性意识发展相对成熟的阶段。

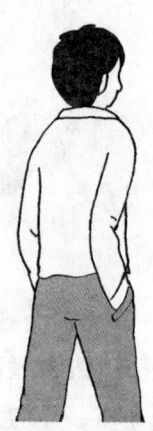

无论生活上还是心理上遇到困难和障碍，来自同伴特别是异性同伴间的同理、共情以及心理安抚是最有效的。青少年在面临考试时，遇到厌倦、烦恼和郁闷情绪的时候，只有懂得他的内心、与他所处情景相似的好朋友，才能真正起到心理和情感上的相互关注、相互沟通、互相安慰、互相关心作用，进而达到快速释放不良情绪和压力的目的。

【操作指导】

高中阶段谈恋爱是家长最不希望看到的现象，可是，这个阶段也是学生谈恋爱的高峰期。对于青少年恋爱的问题，家长应该合理引导，而不应该采取高压政策。感情需要宣泄，堵是堵不住的，强硬压制只会适得其反。建议家长可以从以下几个方面入手。

1. 恋爱是必经的成长历程，必须与孩子站在同一战线。

家长首先要尊重孩子的人格和感情，尊重他们在生活中的合理要求，这是取得孩子尊敬和信任的前提。面对自己孩子谈恋爱，最好的办法就是让孩子知道父母跟他们站在同一战线，尽量聆听孩子的想法，多丢一些问题给孩子思考，增强亲子间的互动；如果父母一味反对，只会更激起孩子的叛逆，跟异性越走越近。这个阶段的孩子其实是跟自己谈恋爱，他们所暗恋（好感）的人是自己的投射，而且这是孩子的成长经历，作为父母，只可引导孩子，不能取代孩子，帮孩子过他的人生。

2. 以"我"的关心语句搭起沟通桥梁。

与孩子沟通时，第一句不要说"你"，应该说"我"。例如："你怎么那么晚回来……"这是父母一般的反应；而正面的沟通技巧，应该说："我一直很担心，不知道你发生了什么事……"如果还没想清楚要怎么跟孩子开口，可以透过新闻事件的分析，了解孩子对爱情、性的看法，让亲子之间对这些事有所交流。父母利用同理心、信任这两点，提醒孩子错在哪里，并告知正确的做法，点到即止，孩子表示明白了，父母就要表现出信任，不要一再强调孩子的错误与自己的见解。

3. 父母要学着和孩子"谈情说爱"。

对于爱、性这类话题，父母的态度通常显得尴尬又难以启齿。现代社会很开放，大部分青少年也都明白"性"是什么。父母绝对不可以只依赖学校的健康教育，只要父母态度自然，用健康的态度去面对这件事，孩子势必会受到父母影响。如果孩子表现出有兴趣，证明他是愿意跟你讨论这个话题的，那父母为什么不顺着孩子的话来谈情说爱、谈性说爱呢？

【教育提升】

1. 优化家庭环境。

家长在对青少年恋爱现象的教育、引导方面负有不可推卸的责任。家长一方面要控制自己在子女面前某些过分亲昵的行为，以及有意无意之中对性问题的津津乐道；另一方面，要利用家庭教育在伦理道德、家庭责任、社会义务等方面的特殊优势，让子女从自己的社会地位、社会责任、家庭义务、家庭责任中，认识到人在生理、心理、思想成熟之前，恋爱有可能带来的困惑、不适应和艰难，从而使青少年心目中盲目幼稚的异性憧憬加入现实成分，使他们逐步成熟起来，恋爱冲动也就自觉地受到遏制。对于有特殊家庭背景的学生，家长应更多地关爱孩子，使孩子感受到家庭是最温暖的地方，是自己避风的港湾。

2. 鼓励孩子勇敢地面对现实、解决问题。

面对恋爱之中的孩子，或许父母已经做了很多，但是，这些都是外在的因素。

要帮助孩子真正解决早恋问题,还需要家长相信孩子,鼓励孩子去面对问题、解决问题。父母在做好以上几方面的同时,还要给孩子留出足够的时间和空间,让其去思考、去面对、去解决,使其自身内在的因素发生转变,这一环节对解决孩子的恋爱问题具有至关重要的作用。

问题 7:孩子很会花钱,怎么办?

【案例】

小林在一所县级中学读高中,父母是普通工薪阶层。小林高中寄宿在学校,家里每星期给他固定的伙食费和零用钱,但钱总是不够用,因此常常问家里要额外的零花钱,说要买书、买练习本、买衣服、买鞋子……

妈妈觉得平时吃、穿、用,比如衣服、日用品、手机等,该买的都给他买了,而且小林都在学校,哪里需要花那么多钱,所以经常问小林,钱都花哪儿了。对这个问题,小林也不知从何说起,不知不觉钱就不够花了,成了"月光族"。

父母非常头疼,不知道该怎么引导小林树立正确的金钱观,合理适度地消费,学会打理自己的零用钱,形成一定的理财观念。

【原理分析】

《财经界》2016 年 33 期《高中生消费习惯和理财观念调查报告》显示:高中生的"收入"状况,直接影响和制约着他的消费水平,他们收入的主要来源是父母给的零花钱、长辈给的压岁钱(多的上万,少的几百);每月消费水平,大约 10%的学生生活费在 1000 元以上,50%的学生在 500 至 1000 元之间,40%在 500 元以下;每月结余,50%左右几乎没有剩余,30%左右有 100 元,20%缺乏统计,不确定自己是否有结余,同时发现收入越多的学生结余反而越少。消费主要内容,一是饮食,这是寄宿生的常规花销,也是他们的重要花费项目;二是服装、日用品,多倾向于购买品牌甚至名牌服装和日用品;三是人际交往、娱乐活动(如聚餐、看电影等）；四是参加课外培训辅导或购买书籍等学习用品。理财观念，近50%没有理财观念，20%有朦胧的理财想法，少数有理财意识，了解简单的理财知识，并开始量入为出初步规划自己的"收入"。

青少年大多比较冲动，容易受到他人的影响，这导致他们容易产生不理智消费、盲目无计划的非理性消费。消费行为受消费观念指引，消费观念主导着消费行为。通过调查发现，大部分高中生没有记账的习惯，常常随性花销，较为"佛系"，在住宿生中有较多的同学会将一周的生活费在前几天就挥霍一空。中学生浪费现象较为严重，饮食、学习资料、日用品、衣服等各方面都存在浪费现象。与此同时，在高中生的消费行为中，不同程度地存在着从众、攀比、品牌符号化等非理性消费。

【操作指导】

父母是孩子最好的老师，父母自己先要有比较明确的金钱观和理财习惯，才能在日常的言行中传递给孩子关于金钱和理财的态度和行为。

1. 传递正确的金钱观和理财观念。

（1）树立正确金钱观。可以概括为三句话："取之有道，用之有益，用之有度。"一是用自己的劳动赚取合理合法的财富；二是当用则用，把钱用在刀刃上；三是适度消费，理性消费，量入为出。

（2）培养理财意识。理财就是合理规划钱财，从而提高生活的质量和品位。首先，生活处处是理财。它发生在你领取薪水、购买物品、缴纳水电费、跟银行打交道等时候。其次，人人都可以理财。理财不是有钱人的专利，它不分阶层，不分贫富。再次，理财的诀窍是开源节流，增加收入，规划支出。

（3）学会科学理财。坚持发展主业，不可舍本求末。建立风险意识，实现稳健增值，牢记"安全第一，盈利第二"，自觉抵制过高投资回报率的诱惑。制订量化的、合理的理财目标，完善财务组合（固定支出、固定储蓄、投资理财、保险），有的放矢合理配置资产，实现风险分散。理财是一个长期过程，需要"时间和耐心"，不可能一夜暴富。投资资金应该是正常支出以外的"闲钱"，才能放宽心态。理财目的是提高生活质量，不要因为投资而降低目前的生活质量。科学理财就是有效地实现资金的保值增值，有计划地改善家庭和个人生活，并为美好的明天做储备。

2. 言传身教，引导孩子形成正确的金钱观和理财观念。孩子会无意识地学习父母的言行。家长日常的理性消费习惯和规划理财行为，会潜移默化地引导孩子形成正确的金钱观和理财观念。首先，适度公开家庭的收支状况。让孩子对自己家庭的收入心中有数，抑制盲目攀比和过度消费。其次，让孩子适度参与家庭消费。家庭消费中，大到家电小到垃圾袋的选择，都可以征询孩子的意见。家长还可以带孩子一起逛市场、商场，让孩子有机会观察父母的消费行为，了解家庭日常支出及当下的物价水平。再次，学会记账。让孩子参与家庭消费记账和学会个人记账，一家人每月一起复盘一次消费情况，检讨是否做到"当用不省，当省不用""量入为出，适度消费"。最后，和孩子分享、交流身边或者媒体中有关消费理财的事件，遵循少说多听适度引导的原则，共同探讨消费和理财经验。

3. 学习理财知识，提升理财技能。知识就是力量，接触和学习新资讯可以开阔视野，积累知识和经验。家长和孩子可以通过互联网学习理财课程，也可以开展理财书籍的亲子共读。

4. 实践出"真知"，创造实践机会。理财，是一门实践"科目"，仅仅通过学习是不够的。高中生要有自己的银行账户，确定理财目标，控制收支，尝试理财。家长给孩子提供适量的零花钱，还可以通过发布家庭劳动任务，或者鼓励孩子找兼职，利用闲暇时间自己挣钱，尽早摆脱不劳而获的状态。一方面，在孩子个人的花销上，尽量尊重孩子，比如买衣服、生活用品、电子产品等，父母只负责监控预算和提供参考；另一方面，在家庭开支上，比如伙食、家具、外出旅行等，让孩子逐步实现"知情—参与—规划—实践"。

【教育提升】

1. 做金钱的主人。金钱观是人生观的重要组成部分，孩子只有在高中阶段形成正确的金钱观和理财观念，才能有效预防非理性消费，也为大学阶段的自主支配金钱和理财打下基础，不至于在金钱上迷失自我；今后在大学阶段，周围是来自五湖四海有着不同家庭背景和消费水平的同学，拥有比高中更多的零用钱，收支也脱离了父母的监管，树立正确的金钱观，孩子才能维持心态的理性和平和，不至于因为非理性消费去踩高利贷的雷。

2. 理财就是理人生。任何人都需要进行理财规划，确定理财目标，实现在一定风险条件下的资产保值增值，进而实现规划人生的目标。理财规划的核心是立足于当下的收支状况，通过理财来综合平衡现在与未来的收支，通过合理运用金融工具和有效配置资产，在风险可控下实现最大回报，从而建立一个独立、安全、自由的财务体系，以实现个人和家庭各阶段的目标和梦想。可见，会理财的人更有规划，理财的过程就是在金钱上规划和平衡近期目标和远期目标的过程；理财的人更懂自律，理财的过程需要延迟满足、承担责任、尊重事实、保持平衡。因此，理财也是规划"钱途"和成就自律的过程。

 ## 问题 8：孩子怕被同学嘲笑，不想申请困难补助，怎么办？

【案例】

小昱，高一学生，家里有父亲、母亲、姐姐和她。母亲有精神障碍，二级伤残，需要别人照顾；前几年，父亲意外车祸失去了一条腿，现在靠打零工赚钱养家；姐姐在读高三。小昱性格内向，心思敏感，自尊心强，接受资助常常让她感到自卑、低人一等，在人际交往中自信心不足。

家庭的困难并没有成为小昱的绊脚石，反而给了她强大的学习动力。去年，小昱以优异的成绩考进重点中学。到了新的学校，小昱想改变初中的状态，她觉得接受资助会被同学嘲笑，因此，当学校有助学活动或困难补助时，小昱都拒绝了。父亲觉得小昱太不懂事，家里经济困难，接受资助能减轻家里的负担，并直接与班主任联系，申请困难补助。父亲的做法让小昱非常生气，一边是经济困难的家庭，一边是自尊心受伤的痛苦。家长、老师、同学都觉得她想得太多，没有人会因为她接受资助而看不起她。但小昱却真实地感受到了心里的痛苦，她觉得没有人能够理解她，不知道找谁倾诉。

【原理分析】

20 世纪 80 年代中期，我国扶贫工作逐步展开，通过三十多年的努力，数亿中国人甩掉了贫困的帽子。针对扶贫工作中存在的低质、低效问题，2014 年，我国实施精准扶贫，瞄准扶贫对象进行重点施策。精准扶贫及时修补和完善了原有的粗放扶贫，取得了显著的进展。值得关注的是，我们在给扶贫对象物质上的帮助时，还应该注意到扶贫对象的心理健康，如果将心理健康扶贫纳入精准扶贫举措中，将会产生事半功倍的效果。

著名心理学家马斯洛将人的需求由低到高分成生理需求、安全需求、爱和归属感需求、尊重需求和自我实现需求五类。他认为某一层次的需求相对满足了，就会向高一层次发展。随着我国扶贫工作的开展，当今家庭经济困难的孩子，较少部分在成长过程中出现生理需求、安全需求、爱和归属感需求等低层次需求上的缺失，大部分在较高层次的尊重需求、自我实现需求上难以满足。较高层次需求的缺失，往往会给孩子带来敏感、自卑、适应力差等心理问题。

【操作指导】

当孩子因为怕被同学嘲笑而不愿意接受资助时，往往会因为内心的敏感、自卑而产生负面情绪，进而降低理性分析能力。家长、老师要站在孩子的角度，感受孩子的情绪，从提高孩子理性分析能力入手，学会分析自己、家庭、助人行为，家长具体可以这么做：

1. 感受孩子内心，尊重孩子选择。每个人都是独立的个体，同一件事，不同的人会有不同的心理感受。当孩子面对接受资助产生心理压力时，家长、老师应该先放下我们常规的判断，先听听孩子心里的声音。有时，给孩子一个安全的环境，让他（或她）把内心的感受说出来，压力便会释放不少。当心理的压力得到释放，孩子才能冷静下来，进行理性分析。如果孩子在情绪稳定、理性分析的基础上，作出的选择与家长不同，家长应尊重孩子的选择，切不可粗暴干预、进行道德绑架。

2. 分析成长经历，完善自我认识。家庭经济困难背景下成长的孩子，往往在自我认识阶段存在困难。过强的自尊心，会让孩子变得敏感、自卑，过度解读周围的人和事。为了更好地帮助孩子完成自我认识，家长、老师可以引导孩子进行更深入的自我分析，分析原生家庭、成长经历以及它们可能带来的影响。引导孩子认识自卑、敏感不是自己的错，而是每个有同样经历的孩子都可能面临的问题，从而减少孩子的愧疚与自责。当孩子能够深入分析原生家庭、成长经历，认识并接纳不完美的自己时，才能顺利完成自我认识，获得进一步的发展。

3. 学会换位思考，理性看待助学。当孩子因为自卑、敏感而不愿意接受资助时，往往感性占了上风，缺少了理性的判断。家长、老师可以尝试引导孩子从被资助者的角色中抽离出来，换位思考问题。比如，问孩子"如果某某同学家庭经济困难，他（或她）申请助学或困难补助，你对他（或她）会有什么看法"之类。当孩子从被资助者的角色中抽离出来，才能从旁观者的角度理性地看待助学行为，从而减少对周围同学语言、行为等的过度解读。

4. 主动与人交往，乐观面对生活。人际关系是影响心理健康的重要因素。当孩子因为敏感而过分解读周围的人和事时，他（或她）的人际关系势必受到影响，从而影响心理健康。引导孩子主动与人交往，建立积极、乐观、稳定的人际圈，可以给孩子注入心理能量，培养耐挫能力，提高心理健康水平，为个人发展保驾护航。

【教育提升】

1. 参加公益活动，体验高层次需求的满足。因接受资助而自卑、敏感的孩子，往往在自尊需求上得不到满足，家长、老师可以引导孩子参加学校、社会组织的公益活动，让他（或她）在帮助他人的过程中，体验自尊需求得到满足的心理体验。在此基础上，引导孩子认识到助人是让被助者和助人者都有收获的双赢行为；被助者可以在力所能及的范围内帮助他人而成为助人者；被助者与助人者平等、友善地交流、互动，能让双方得到更多的心理满足。当孩子以助人者的身份参加公益活动时，角色的变化会让他（或她）放下被助者的敏感，从另一个角度看待助人行为，从而获得全面、理性的分析能力，接纳在被助过程中感受到的负面情绪。

2. 树立发展目标，促进个人成长。每个孩子的成长，都需要超越从出生开始就伴随他们的自卑感，逐步从自卑走向自信。当孩子能正视自卑，接纳自我，才能积极、乐观、努力地追求更好的未来，获得更好的自己。引导孩子树立适合自己的发展目标，鼓励孩子积极、勇敢地面对挑战，抚慰孩子失意时的负面情绪，让孩子做到"当他回首往事时，不因虚度年华而悔恨，也不因碌碌无为而羞愧"。从充实的生活中培养自信，才能真正超越自卑。

问题 9：孩子对两性关系的态度很随意，怎么办？

案例

小林进入高中后，看见班上有些同学开始玩暧昧甚至谈恋爱，仿佛恋爱成了一种潮流。他对同班的小叶一直有好感，两人初中就在同一所学校，某天在闲谈之中向她表白，小叶当时没有明确拒绝。之后两人往来增多，常在放学后和周末一起学习和交流，偶尔也会有些恋人之间的亲密举止。这种情况，看在老师和同学眼里，渐渐也传到了小林父母的耳中。

小林父母对此有些着急，一个周末的晚上，妈妈旁敲侧击地聊起学生谈恋爱影响学习的事情。妈妈刚开头，小林就知道自己谈恋爱的事情被父母知道了，害怕父母找班主任，更怕对小叶造成压力，于是急忙抢过话头，说谈恋爱在学校是普遍现象，他和小叶只是互有好感，常在一起交流而已，是不会耽误学习的。妈妈听了有些激动地说，感情的事情不是那么好控制的，也没法保证以后不会有出格的行为，更不能保证不影响学习；你现在还不

能自立，无法为感情负责，现在谈恋爱为时过早。小林则说，现在的高中生谁还没谈过几次恋爱，别把我们当小孩，我们有自己的想法。爸爸在旁边干着急，不知该说些什么好。

对于感情和两性关系的话题，家里很少谈及。对于孩子的性教育，很多父母都感觉束手无策。

【原理分析】

如今的孩子由于高蛋白饮食、环境类雌激素增多、媒体黄色信息、多元文化传播、课业压力等原因，性发育大大提前。随着性生理的发育，性心理也随之唤醒，性需求逐渐显现，就如同身体对水和食物的需要。国家卫计委发布的《中国家庭发展报告（2015）》显示，在15～17岁青少年中，性行为发生率为4.1%，发生初次性行为的平均年龄为15.9岁，初次性行为避孕的比例为53.3%；曾有性行为经历的青少年中，本人或女朋友曾怀孕的比例为25%，而且其中26.7%曾经采取了避孕措施。上海社科院发布的《上海社会发展报告（2019）》显示，有过恋爱经历的高中生比例为37.2%；有过接吻体验的高中生比例为24.9%；有过性交体验的高中生比例为8.3%；在调查中认为"即使没有爱情，也可以发生性关系"的男女生比例分别达到20.5%和7.2%；有23.0%的青少年在遇到性困惑时通过网络（含社交软件）寻求答案，而通过学校课程寻求性困惑答案的青少年比例为14.2%，从朋友和同学处寻求性困惑答案的青少年比例为12.4%。表明我国青少年性与生殖健康知识缺乏，性行为低龄化趋势明显，避孕知识及能力严重缺乏；有相当比例的高中生在谈恋爱，对于发生性关系的态度较随意，青春期教育引导有待加强。

家庭、学校和社会在性教育上存在缺位和误区。一方面，在大多数父母的成长经历中，性教育几乎是空白的，而这份空白如今延续到孩子的身上。与此同时，许多父母给孩子留下了失败的性教育启蒙：亲热背着孩子，吵架当着孩子，离婚后对孩子说着另一方的不是……孩子看到的是不堪和可怕的婚姻。另一方面，中国把性教育主要看作是知识教育。而性教育是一个包含性生理、性心理、性道德、

性法律、性审美的综合教育，本质是人格教育"如何建立自我"的一个组成部分。因此，性教育不仅要教授性知识，更在于传递性观念。

【操作指导】

性教育伴随孩子的一生，是家庭教育的重要组成部分，父母对此有义不容辞的责任，不该放任它被文学、影视、漫画、成人视频等途径带来的良莠不齐的性观念侵占。

1. 树立正确的性观念。

很多家长的性观念存在一些问题，需要通过科普网课、书籍等先补上性教育这门系统课。性是正常的，是人的生物属性，就像植物开花、动物求偶一样自然美好。正确的性观念包含三个方面：一是性行为。人的性行为应该建立在感情的基础上，是爱的表达，是感情交流和升华的结果。性行为范畴很广，性交只是其中的一种形式，还包括爱抚、亲吻、拥抱、自慰、性幻想等。二是性行为问题。在性生活出现问题时，如男方阳痿、女方无性高潮体验等，要以正确的态度看待，妥善解决，不相互抱怨，也不必过分在意和自责。三是性道德。性道德是每个人在性行为中都必须具备的道德观念，是保护自己、避免伤害他人的行为准则。性道德包括自愿、无伤、爱、专一、忠诚等很多方面。

2. 开展家庭性教育。

首先，在态度层面，尊重孩子在性关系上面临的困惑，不压抑、不打压、不道德评判本能的性需要，对孩子在性生理、性心理、性行为方面的发育和发展保持坦诚开放的态度。对孩子的感情问题，父母的态度决定教育的成败；孩子面对性诱惑，亲子关系的好坏决定教育的成败。

其次，在认知层面，对性教育坦然不遮掩。孩子对性知识的需求和对性关系的探索，不会因为父母的回避而停止，性教育的任务是要使孩子将来享有负责任、安全、愉快、幸福的性，高中阶段性教育侧重于"性道德教育，树立正确的人生观、幸福观和恋爱观"。

再次，在行为层面，家长要经营好亲子关系，保持通畅沟通，这是有效开展家庭性教育的大前提。具体可以从以下几个方面去尝试：（1）父母之间的家庭生活本身就是最生动的性教育。每个孩子，对男性和女性的认知，都源自父母。女孩以父亲作为理想男人的原型，男孩以母亲作为理想女性的原型。所以，父母对另一半的态度，就是孩子对待异性的模板，也是孩子认知和思考两性关系的原点。（2）亲子共读，如《金赛性学报告》《亲密关系》等；共同观影，探讨剧情中涉及性的部分，如《亲密治疗》；一起聊聊父母、名人、伟人的爱情，从他们的事例中感悟亲密关系。（3）同性别的家长，介绍青春期身体变化，讲解应如何应对、宣泄、升华性冲动,以及如何对待异性;介绍人类的性具有选择性和排他性,一旦选择了对象,就应该自觉遵守排他性,保持性关系的忠诚。(4)丰富孩子的业余生活。培养兴趣、爱好,通过运动、阅读、集体活动等来转移孩子的注意力,缓解和升华性冲动。

3. 引导孩子为自己的性行为负责。

父母要让孩子知道,性行为是正常两性关系发展程度的标志,由爱而性并不可耻,但不要超越实质的关系,循序渐进会让彼此的感情更美好。在发生性行为前,首先问问自己是否真的愿意(以后回想起来不会后悔),双方是否可以对行为负责,是否有能力保护双方的身心健康。还可以用逻辑演绎法,和孩子一起对"不安全的性行为可能产生的后果"进行推演,让孩子认识到没有安全保障的性行为可能面临的生理、心理和社会后果,学会对自己的行为负责。

【教育提升】

1. 尊重孩子性生理和心理的发展规律。在高中阶段他们对异性有好奇心,甚至有生理欲望,这是身心正常发展的表现,是值得高兴的事情。对孩子在这方面的求知欲,堵不如疏,不回避家长的教育职责,否则就会把孩子推向未知。尽管家长可能不愿意接受,但仍然要严肃地告诉孩子"你可以尝试恋爱,但不要急于尝试性,即便你要尝试性,也要先把保护措施做好"。即使出现最坏的情况,也要告诉孩子父母会坚定地和他(她)站在一起,共同面对和承担。

2. 引导孩子的性动力。我们不必把孩子性发育和成熟视作只会带来破坏的洪水猛兽,还应看到这股强大的性驱力能为孩子的成长提供不竭的动力。喜欢一个人,可以让他获得前进的动力,可以是学习的上进,也可以是言谈举止的优雅。性动力可以转化为个人学习知识、技能、完善自我个性的不竭动力。成就更好的自己,遇见更好的他(她)!

问题 10:教育孩子时,如何合理使用奖励?

案例

小林是个高中生,总觉得自己的日子过得很苦逼,除了学习还是学习。如果说父母初中还会盯着他学习,时不时地检查作业,那么到了高中就不看过程只问结果了,每回考完试就等着他的成绩。考好了能得到几句肯定和再接再厉的鼓励,退步了就拉着他唠叨,从生活到学习,从考场发挥到学习态度……父母心中备好了两套方案:A 方案,考好了你要戒骄戒躁继续努力,想吃什么,想买什么,想要什么奖励,都好商量;B 方案,考差了你先分析原因自我检讨,然后说你不够努力,还有很多地方做得不好,有时连陈芝麻烂谷子的事情都可能被翻出来,总之要力证你做得不够好,有负所托。

小林父母也愁啊,小林是个乖孩子,学习也很努力,只是没有太大的上进心,成绩也起伏不定。他们在边上干着急,却不知道要怎么给他加油鼓劲,才能激发他的斗志。

【原理分析】

奖励是对行为的肯定和回报,是一种激发人们的荣誉感和进取心的激励手段。奖励可以源自个体内心自我强化,也可以来自外部给予。内部激励是指活动本身就能带来满足感和乐趣,所以从内心里产生自觉主动的驱动力,驱使我们做出相应的行动。外部激励则是指外部给予的奖励,促使我们做出被动的行动。外部奖励如果使用得当,能进一步调动人的积极性,激发人的自我成长和完善;如果使用不当,反而会削弱内部激励。

心理学家德西讲述了这样一个寓言:有一群孩子在一位老人家门前嬉闹,叫声连天。几天过去,老人难以忍受。于是,他出来给了每个孩子 10 美分,对他们说:"你们让这儿变得很热闹,我觉得自己年轻了不少,这点钱表示谢意。"孩子们很高兴,第二天仍然来了,一如既往地嬉闹。老人再出来,给了每个孩子 5 美分。5 美分也还可以吧,孩子仍然兴高采烈地走了。第三天,老人只给了每个孩子 2 美分,孩子们勃然大怒:"一天才 2 美分,知不知道我们多辛苦!"他们向老人发誓,他们再也不会为他玩了!在这个寓言中,孩子们"为自己快乐而玩"就是内部激励,"为得到美分而玩"就是外部激励。德西效应认为适度的奖励有利于巩固个体的内在动机,但过多的奖励却有可能降低个体对事情本身的兴趣,削弱其内在动机。

今天很多父母面临的困境,可能源于自身经验的匮乏。我们自己成长过程中,很多家庭刚刚解决温饱问题,父辈文化水平和教育能力不足,兄弟姐妹多,因而本身受到的激励就很少。再者，社会教育在家庭教育素养方面的培训稀缺，没法填补这块空缺。

【操作指导】

每个孩子都有自我完善的需要，都渴望被看见、被肯定，渴望被支持和鼓励，尤其是来自父母的关注和肯定。家庭教育中如何激励孩子，家长可以从以下几个方面进行尝试。

1. 和孩子一起制定奖励办法。就像成人的工作中有绩效考核进行衡量和鞭策，孩子的成长和进步也同样需要。父母可以和孩子商定一套"成长绩效考核标准"，明确孩子做出什么行为或者达成什么目标，相应地收获什么奖励。唯有给孩子一个清晰的可预期的奖励，才能更好地引导和激励孩子，帮助他养成良好的学习和生活习惯，更好地适应家庭、学校、社会生活，从而真正发挥奖励的作用。考核内容，应该但不限于生活作息、家务活动、学习习惯、社会活动等范畴，确定一些定性、定量的标准和具体奖励。父母要自觉维护和执行标准，同时又要注意留有弹性和灵活性，可以不断修订更新，以适应孩子的新需求。

2. 警惕"过度理由效应"。人们总是为行为寻找原因力图使自己和别人的行为看起来合理，更是倾向于那些显而易见的外在原因。如果人们对活动本身有兴趣，则外加的奖励会成为过度理由，消减原有的内在理由，损伤原有的兴趣，伤害内在动机。与此同时，如果取消外在的理由，通常是奖励，则会造成"不充分理由效应"，人们会终止行为。因此，我们并不主张过度的物质奖励，因为长此以往会消减孩子的内在动力。如果我们希望某种行为得以保持，就不要给它过于充分的外部理由。

3. 合理运用三种奖励形式。一是精神奖励，如微笑、关注、表扬、拥抱等；二是物质奖励，如食品、礼物、金钱等；三是特权或活动，如允许上网、游玩、吃大餐等。三种奖励，家长可以单独运用，也可以组合运用；多用精神奖  励，少用物质和特权奖励。精神奖励，适用于对具体行为或品质进行肯定，帮助孩子发现自身忽略的优点，增强自信。比如表扬可以是一句肯定的话、一个满意的微笑、一个赞许的眼神、一个认可的点头……这些精神层面的奖励可以融入日常生活，在孩子做出好的行为时及时给予。经常使用精神奖励还能营造温馨、和睦、充满信任的家庭氛围，能帮助孩子内化规则、自觉改进行为。因此，奖励孩子，精神奖励为主，物质奖励为辅，灵活融合活动奖励。

4. 给予孩子有效的奖励。好的奖励，能激发孩子的上进心和求知欲，坏的奖励会迟滞和破坏孩子前进的动力。有效的奖励遵循三个原则。首先，需求原则。给予的奖励，无论从质到量都能基本符合孩子的期待，比如孩子在考试中取得了明显进步，期待你大大的表扬和奖励，而你却只是轻飘飘地夸奖几句，就会挫伤孩子的积极性。其次，适度原则。奖励程度，最好与孩子的自我评价和预期一致。奖品性质适当，应集中在能帮助孩子成长的事物上，如学习用品、书籍、旅行、观展等；奖品价值适中，要与孩子的年龄、取得的成绩相适应。比如有的家长因为孩子某次考满分，就给孩子买游戏机，结果孩子玩物丧志。再次，物质激励和精神激励相结合的原则。物质是基础，精神是根本，对孩子的奖励要逐步过渡到以精神激励为主。

【教育提升】

1. 让学习和工作变成"为自己而玩"。如将不稳定不可控的外部评价当作参考坐标，那它很容易偏离我们的内部期望，让我们产生不满和牢骚等负性情绪，为了减少痛苦，我们就只好降低内部期望，最常见的方法就是减少"工作"的努力程度。基于外部动机产生的外驱力，往往带来的是较劲、痛苦和内耗，这种动力难以持久，容易反噬；基于内部需要产生的内驱力，更容易持久地维持。而家长总喜欢用表扬、批评、物质奖惩等控制孩子，忽视孩子自己的动机。时间久了，孩子就忘记了初心，做什么都很在乎外部的评价和奖励。上学时，忘记了学习是为了满足好奇心和收获学习的快乐；工作后，又忘记了工作是为了收获成长的快乐，上司的评价、收入的增长成了工作的最大快乐以及痛苦的源头。父母要学会克制自己控制孩子的无意识冲动，才能帮助孩子打破外部评价系统，建立自我评价体系，养成自我激励的好习惯。成为一个自律的人，终究要靠内驱力，而轻易地把奖惩施加在孩子学习上，是舍本求末的做法。

2. 父母给孩子最大的奖励就是无条件的爱与支持。孩子获得足够的爱与支持，便能逐渐成为一个独立自觉的人，有足够的选择权和试错机会，发现自己的兴趣，敢于表达自己，做真实的自己，变得专注和自律。他们轻易不会因为外在的奖励改变初衷，更不会因为外在事物患得患失。以平常心面对包括奖励在内的任何事物，属于自己的奖励，积极去争取；对于自己喜欢做的事情，没有奖励也没有关系，依然能够坚持努力下去。孙瑞雪《爱与自由》中有这样一段话："儿童必须生活自立而获得身体上的独立；必须通过自由的选择而获得意志上的独立；必须通过不受干扰的工作而获得思想上的独立。"

 **问题 11：孩子爱攀比炫耀，怎么办？**

案例

小叶是一名市重点高中的女生，长相身材整体看还可以，但家庭条件一般。班里随便拉出来一个同学都有几双名牌鞋，爱打篮球的男生就更不用说了，班上不下十个有两三千元一双篮球鞋的人。

小叶有十分强烈的虚荣心，比如手机、衣服、化妆品都要买好的，约男生出去玩就算没必要也要硬撑着买比较好的东西，假装自己很有钱的样子。周围看不出真假的同学说她有钱，她从来不否认甚至暗自窃喜，总想比别人高一头，会不由自主地在各种方面和别人进行比较，如果发现自己不如别人时，会陷入深深的悲伤和自我否定中。

小叶爸妈对这个爱打扮、追求名牌、爱攀比炫耀的孩子，不知道该怎么办。

【原理分析】

我们总是在和别人比较，以别人为参照系建立坐标，确定自己的位置，从而建立起自我概念。当我们评价某个人的表现时，也会把他和自己作比较。此外，每个人都有攀比心，都希望得到认可，这是一种很正常的心理需求。我们需要警惕的是因为过强的攀比心、过分追求荣誉、喜欢表面光鲜亮丽，而滋生的虚荣心。它是自尊心的过分表现，也是自尊心的扭曲。

1. 社会环境影响。00后生长在国家经济崛起的好时代，物质极大丰富，受新媒体、电视节目、娱乐明星的影响，社会上兴起攀比之风。我国的消费领域已经出现奢侈化的迹象，贝恩公司与天猫奢品联合发布的《2020年中国奢侈品市场：势不可挡》报告显示，中国奢侈品市场总体增长迅猛，预计在2025年占据全球奢侈品市场的最大份额。此外，学校教育以成绩论英雄，存在不和谐的竞争，忽视对孩子们进行正确的价值观教育。

2. 家庭教育不当。家庭教育的不当是孩子产生虚荣心的主要原因。所谓上梁不正下梁歪，孩子的问题往往是家长行为的映射。首先，很多家长常拿自己孩子跟别人家的孩子作比较，比身高、成绩、乖巧等。其次，很多家庭过度宠溺孩子，不愿让孩子受委屈，无条件地满足孩子的要求，助长了孩子的攀比之心。再次，很多家长自身过于追求名牌，认为只有穿名牌、住大宅、开豪车才有面子，这种盲目的攀比潜移默化地影响孩子。最后，很多家庭没有从精神上滋养孩子，没有给孩子足够的认可和欣赏。"越缺少什么就越炫耀什么"，孩子在外面追求虚荣爱炫耀，暴露孩子潜意识里的自卑，觉得自己弱小，或者有不如别人的地方。

3. 孩子自身不足。孩子心理还不成熟，往往不能正确地评价和认识自己，尤其是一些家庭条件相对较差或者学习成绩较差的孩子，往往缺少自信，自尊心过强，过于敏感，过于在意他人评价，就更容易滋生虚荣心，寻求物质攀比带来的满足，陷入"死要面子活受罪"的状态。

【操作指导】

孩子爱攀比、爱打扮、追求名牌的情结，始于家庭，同时受周围环境影响，家长应引导孩子形成合理的消费观、人生观、价值观。

1. 做好榜样。家长在言行举止上杜绝爱攀比追名牌的不当做法，并把生活中的不良现象作为反面教材教育孩子。比如：打扮，不是为了干净得体，而是为了追时尚、与众不同，不考虑收入、职业和自身条件限制，盲目追风过度打扮；买房，不是为了住，而是为了让别人羡慕自己，盲目追大、追体面，为此不惜成为房奴；买车，不是当作交通工具，而是为了炫耀，挣面子；很多家长还喜欢通过满足孩子过度的物质需求来炫耀自己。很多事情不用刻意教，只要家长做好，孩子自然有样学样。

2. 告诉孩子什么才是值得骄傲的。炫耀是在相对优势的比较中获得满足，而外在物质、容貌的优势，都是相对的且容易消逝的，而拥有"高尚品德、高洁品行、高雅品位"的内在美，拥有"根植于内心的修养，无须提醒的自觉，以约束为前提的自由，为他人着想的善良"的文化修养，拥有发光发热温暖他人的能力，这些才是真正值得骄傲的。

3. 适度满足孩子的合理需要。首先我们要承认"爱美之心人皆有之"，追求美是正常的心理需要，它本身没有问题。在特定的环境下，有些需要是合理的，有些需要是不合理的。对一名中学生来说，对正常营养的要求是合理的，而不顾实际攀比的需要就是不合理的；对干净整洁、符合学生身份的服装需要是合理的，而为了追时尚、过分关注容貌、浓妆艳抹的需要就是不合理的。如果经济条件允许，孩子可以适当地打扮、适度追求品牌，但是盲目攀比是不可取的。认清虚荣的虚假实质，努力摆脱它，学会知足常乐，保持心态平和。

4. 用好比较这把双刃剑。一方面，比较能激发个人奋斗的潜力，给人带来向上的动力。我们可以把别人当作自己的目标，努力成为像他一样优秀的人。另一方面，比较也让自己活得很累，让自己的心理失去平衡。如果只是拿自己的缺点和别人的优点比，拿自己的弱势对抗别人的强项，这种比较往往是自讨苦吃。山外有山，要允许别人比自己好。要学着接受自己是个普通人，有自己的优点，也有自己的不足，不可能事事都压别人一头。不要把别人当作对手，人最大的敌人永远是自己，要不断地超越自我。把眼光放回到自己的身心上，拿今天的自己和昨天的自己比，只要每天多进步一点，生活就会多一份快乐与满足。

【教育提升】

1. 从精神上富养孩子。孩子成长的最好养料就是父母无条件的爱、重视与尊重，只有感受到了父母无条件的爱，孩子潜意识里才会有安全感、同理心和爱别人的能力；当感受到自己很受家庭的重视，会提升他的自信心和自我价值感，比起物质上的无条件满足，这才是一个孩子真正需要的富养。当然，在自家经济条件允许的情况下，适当地满足孩子，让他更加快乐和自信地成长，也是一件好事。请记住，精神富养，才是孩子受益一生的宝贵财富。

2. 尊重是一辈子的财富。人应该自尊自重，不要看轻自己，也不要去忌妒别人。不该因为别人弱小就欺负别人，别人强大就贬低自己。生活中各个阶层的人都有，无论他是有钱人还是穷人，告诉孩子要尊重每个人，因为尊重是人与人交往最基本的底线，是我们行走于世间的通行证。人，各有各的位置，各有各的价值，"天不言自高，海不言自深"，做人无须太过炫耀，因为藐视他人，不懂得尊重他人，也绝不会得到别人的尊重。学会尊重每个人，不因外物而区分，这是修养，是一辈子的财富。

 ## 问题12：孩子越大越不服管教，怎么办？

案例

妈妈："你现在高二了，还有一年半就要高考了，不能再跟没事人一样，成天想着看小说、打篮球、玩游戏。你知不知道，一个人如果没有考上好的大学，将来在社会上很难有好的工作？"

小林："行了，知道了。"

妈妈："你走路就不能挺直腰吗？本来个子就不高，还喜欢驼着背，一点年轻人的朝气都没有。"

小林："行了，知道啦。你烦不烦？"

妈妈："以后不要跟小赵玩了。那个孩子，学习差，从小没有爹妈管。你跟他一起玩，能学到什么好的？还是多和小李、小王一起玩，那俩才是好孩子。"

小林："小赵怎么了？我就喜欢跟他玩。你能不能别管我？"

妈妈："我像你这么大的时候，在学校住宿，经常吃不饱穿不暖，生活学习条件差，但我的成绩在班里名列前茅。看看你，我供你吃供你穿，除了读书也没叫你做其他的事，还能考成那样！你对得起谁？"

小林爸爸感叹："以往一顿板子能解决的问题，现在两顿板子也没用了。"孩子长大了越来越不服管教了，家长该怎么办？

【原理分析】

随着孩子进入青春期，很多家庭亲子冲突加剧，家长在管教孩子方面有心无力，束手无策。孩子进入高中以后，部分家长只关注孩子的学习成绩，放松了家庭教育，有的家长认为孩子已经长大，他们说得再多也没用，只要学校教育就行了。家长的这些态度对孩子的成长十分不利。学生问题行为的背后往往与家庭教育不力有关，如离异、寄养、放任、溺爱等。家庭是孩子成长的主要环境，家长如果不注重创设良好的家庭氛围，没有时间和孩子沟通、交流，孩子在家没有养成良好的学习、生活习惯，他在学校的成长也会受到负面影响。

心理学家吉诺特说，十几岁的孩子努力让自己显得成熟、独立和自主，对不请自来的关注和建议感到愤怒。这就是"不知好歹"的青春期，也是"混乱痛苦"的青春期。高中生处于心理上脱离父母的断乳期，随着身体迅速发育，自我意识明显加强但还很不稳定，对他人的评价很敏感，心理和行为上表现出强烈的自主性，有强烈的自信心和自尊心，迫切希望并开始尝试从父母的保护和管理中解脱出来；在社会、他人与自我之间的关系上，容易出现困惑、苦闷和焦虑，对家长、教师表现出较普遍的逆反心理和行为。

有些家长管教方式一成不变，无法与孩子的身心发展水平相适应，削弱管教效果。有些家长缺乏沟通技巧，不会表达关心和爱，致使管教没有温度。有些家长管教不当，亲子关系紧张，导致管教无效。比如：（1）差评式。这类家长经常用唠叨、数落、训斥等带有谴责、负评价的语言来教育孩子，容易让孩子产生自卑和逆反。（2）打骂式。信奉棍棒底下出孝子，容易让孩子认为过错随着打骂一笔勾销，失去教育意义；是处理问题的错误示范，往往换来的是孩子的逆反、对抗、以暴制暴；给孩子带来心理伤害，你打孩子，孩子不会停止爱你，但会停止爱自己。（3）达标式。给孩子的学习定不切实际的高目标，剥夺孩子的学习自主性，加重孩子的精神负担。（4）包办式。包办孩子学习以外的所有事情，甚至经常陪读，转移了孩子的家庭、学习责任，剥夺了孩子的自由空间，是一种令人窒息的爱。这几种管教方式，背离了把孩子培养成一个独立的人的初衷，不利于孩子的身心健康，需要引以为戒。

【操作指导】

亲子之间因为管教发生冲突，不是必然的，有些家庭就几乎没有出现明显的冲突。有些家庭，父母基本是完全放手的状态，一种是孩子养成了自我管理的好习惯，事事不需父母操心；另一种是父母放任不管，无原则地退让妥协，无视孩子的问题，美其名曰把一切都交给时间，相信孩子会顺利地度过成长的烦恼自然长大。父母如何使"管教"生效，甚至事半功倍，不妨从以下几点开始尝试。

1. 明确教育目标，做好榜样。教育的根本是培养孩子成为一个独立、有文化、被人需要、为人服务、有益社会的人。父母最好的教育就是做给孩子看。俗话说，有其父必有其子，你想要孩子成为什么样的人，你先得是什么样的人。

2. 更新教育理念，掌握科学方法。首先，学习和了解青春期孩子的身心发展特征，增进对孩子的了解和理解。如可阅读《解码青春期》《写给青春期男孩的书大全集》《亲爱的安德烈》等书籍。其次，学习家庭管教、家庭心理等课程，或者阅读亲子关系书籍文献，如《正面管教》。再次，向身边亲子关系融洽的父母请教，他山之石可以攻玉，汲取触手可及的教育智慧。另外，分享身边的事例和网络热点事件，说别人的事，悟自己的理。

3. 形成教育共识，及时调整规矩。父亲和母亲在家庭教育中各有角色，严慈相济，彼此搭台，达成教育共识，形成统一战线。孩子小时候，父母用规矩和约束来给孩子划界线，也是给自己划界限；孩子进入青春期后，需要和孩子达成新的规矩和约束，并共同维护和遵守。

4. 学会有效沟通。如果把管教看成是一个信息沟通的过程，其中70%是情绪，30%是内容。情绪不对，内容就会被扭曲。沟通是管教的途径，也是管教本身，包含了内容和关系两个层面。只有确保关系良好，情绪层面才会通畅，内容层面才能事半功倍。在亲子的沟通中，每个人都渴望被看见、被鼓励、被信任、被接纳、被需要。一场有效沟通，在环境与心理、情绪与内容、形式与效果等方面需要充分准备。以下是关于实现有效沟通的一些注意事项。

（1）学会闭嘴。《沟通的艺术》一书中写道："消极的沟通越多，带来的消极结果也只会更多。"家长要避免"说教型""说服型"的沟通，当你开始说教，孩子就会启动自我防御机制维护自我价值，阻挡沟通内容，使沟通变得没有意义。大多数父母在教育孩子方面往往陷于固定的模式，循环往复地说着了无新意的车轱辘话，既浪费了时间，又消磨了耐性。所以，当我们觉察自己要启动"唠叨模式"时，学会闭嘴，提醒自己避免"过度"沟通。另外，闭嘴，不是直白地说出孩子的缺陷，而是引导孩子觉察和反思自身的不足。

（2）学会倾听。在沟通中，全身心地倾听孩子的感受，保持关注、适时反馈和及时共鸣，注意情绪比单纯谈论事实更重要，而过于理性地摆事实讲道理会让人反感。学会倾听是父母表达平等与尊重的重要方式。

（3）学会共情。共情，指能够从孩子的角度出发，尊重他们的感受，能真诚地对孩子的情绪和感受作出"同频"回应。共情是认同孩子的感受，却不等于认同行为。尊重和认同感受可以催发孩子行为的积极改变，并改善亲子关系。

（4）学会表达。学习表达模式"事实＋感受＋想法（需求）"，先陈述事实，再表达情绪，最后说想法。例如"你昨晚没来，我很失望，因为我想对你说一些烦心事"。掌握一些温暖的表达，比如"我看到了你的努力，你已经很棒了""遇到困难不要怕，努力想办法解决，我们一直在你身后""你已经做得很好了，我以你为荣""成绩很重要，但是你努力学习的过程更值得肯定""我相信你，你自己一定能独立完成的""虽然你做错了事，但是你的诚实值得鼓励"。

（5）学会批评。学会"三明治"式批评：在厚厚的两层表扬中夹着一层薄薄的批评，即"表扬—批评—再表扬"。这一策略，能营造友好气氛，打开情绪的门，让孩子愿意听你说话，接受你的批评，意识到自己的问题，心里感受到你的关心，带着你的鼓励激励更加努力。

5. 学习一些影响孩子的技巧。

（1）适当示弱。一方面，假装自己"不行"，顺势将机会留给孩子。另一方面，科技迅猛发展，孩子往往比大人更容易接受和掌握新知识和技能，父母多向孩子虚心请教和学习，增进孩子的自信心和成就感。

（2）多商量少命令。心理学上有个"南风效应"：北风和南风比威力，看谁能脱掉行人身上的大衣。北风吹出刺骨的寒风，行人为了保暖裹紧大衣。南风吹出温和的暖风，行人觉得热脱掉大衣。在和孩子沟通交流的时候，父母多用"也许""是不是""好不好"之类带有商量语气和有弹性的词语，少用"你应该""你必须""你懂什么"之类带指示命令不留余地的词语，尊重孩子的成人感。

（3）发现和肯定例外。有的家长评价孩子的时候，可能习惯于用"你总是""你经常"等以偏概全的词语去批评孩子，但只要你留心，而不仅仅是高高在上做孩子的"差评师"，就能够发现孩子并不是我们以为的总在重复犯错，总能有某个时刻、某件事情是表现好的，是值得肯定的。善于发现孩子身上的"例外"，及时表扬、肯定、强化例外，使例外成为常态，增进孩子的自尊感和成就感。同时，也可以分析例外发生的原因，帮助孩子找到自我改善的内在力量。

6. 丰富家庭活动，改善亲子关系。分配家务劳动，自己的事情自己做，有担当；参加家庭会议、大家庭聚会、追思祭祖扫墓，一起做饭，一起散步，一起郊游踏春、秋游、登山、旅行，一起探望长辈；提升家庭温度，让生活富有仪式感，一起过生日，一起过传统节日，一起庆祝结婚纪念日等。亲子之间通过参与家庭活动实现陪伴、交流，增进了解和互信，改善亲子关系，同时这也是一场场无言的教育，帮助孩子实现家庭角色的定位，促进孩子形成良好家庭观念。

【教育提升】

家庭管教，是一种赏罚严明的教育，目的在于帮助孩子学习社会规则、养成良好习性，并纠正偏差行为，其终极目的是帮助孩子实现自我管教。

1. 不争是非对错，接受孩子不完美。我们的管教不是为了证明自己有多对，事实是你有多对就有多错；也不是为了安慰自己有管教，更不是为了发泄情绪，而是为了引导孩子觉察情绪，发现需求，寻找问题，探究解决办法，找准努力方向。生活中没有完美的父母，同样也没有完美的孩子。但是坚持学习和实践能让我们趋向完美，是我们跟上孩子成长脚步的唯一方式。

2. 发掘行为背后的正面动机。意识到孩子不适当行为背后的动机。心理学认为，任何行为的背后，都有一个正面的动机。想想成年人，在受到冷落的时候，也会努力地获得注意；在需求被忽视的时候，也会争取权利；在做不想做的事情时，也会用拖延策略来消极怠工，甚至会放弃。面对问题层出不穷、难以调教的孩子，家长要学会发现孩子行为背后的正面动机。

3. 彼此成就的亲子关系。父母伴随着孩子的成长，拥有了实现自我的二次成长的契机。家长对孩子多一些理解、接纳、和解，懂得放手也是一种爱。所有的"管教"都应该趋向放手，"不管"才是真境界。管教是一种严肃的爱，希望父母们能看到管教的美好，善用合理的管教，养育出明是非、懂事理、正直谦让、有教养而令人如沐春风的孩子。

主题六　家长自我提升与家校合作

 **问题1：孩子上课总担心被老师提问，乃至无法听课，怎么办？**

案例

　　晓丽是一名高一学生，独生女，从小父母对其要求严格，晓丽也养成了事事追求完美的个性。从小学到初中，晓丽一直担任班委，成绩也名列前茅，她对自己充满信心。但初二那年发生的一件事改变了这一切。那天早上是班主任的语文课，按照惯例班主任是要抽查背诵的，由于前一天作业太多，晓丽来不及背诵，想等第二天中午再补背。虽然她的内心有一丝的焦虑与忐忑，但她仍怀着侥幸的心理，在心中反复默念"千万别抽到我，千万别抽到我……"，结果那天班主任抽到的几名同学都不会背，班主任有些生气，并把最后期待的眼光投向了晓丽。晓丽当时心跳加快，紧张得满脸通红，支支吾吾半天说不出话来，同学们顿时哄堂大笑。老师虽然没有说什么，但看到老师失望的眼神，晓丽当时羞得无地自容。

　　从那以后，晓丽就非常害怕语文老师提问，即使是会的问题也不敢回答。慢慢地，晓丽已经发展到上其他学科的课也害怕被老师提问。上了高中后，问题更严重了，晓丽因为担心老师上课提问，注意力很难集中，焦虑、烦躁，已严重到无法听课。晓丽妈妈看到晓丽的状况越来越糟，决定和班主任沟通晓丽的问题，但她不知道该如何与老师沟通。

【原理分析】

　　晓丽在上课时总担心被老师提问，已严重到无法听课，问题源于她从小的成长环境和经历。一方面是认知不合理，认为"错"是绝对不好的，看不到其积极的一面；另一方面是逃避心理，曾经的不愉快经历让她害怕再次面对，没有想办法去改善，导致恶性循环。

我们知道，学习是一个理解、掌握、积累和运用知识的过程，也是一个不断发现问题并解决问题的过程。老师提问的目的是想了解学生对知识的掌握情况，无论答错答对，都是对老师提问的正常反馈，老师会通过学生的回答来了解学生的学习状况以及班级整体的学习状况。通过这次提问，班主任也许发现全班同学基本没有人会背诵，他因此会意识到可能昨晚各科布置的作业量过大，导致学生没有时间背诵、消化与总结，事后班主任也许会去和各科老师协商调整作业的布置方案，使之更加合理。晓丽也可以在事后反思一下，是否在学习时间的安排上出现问题，比如不会利用黄金时间，不会合理地分配时间，不懂得劳逸结合，造成学习上过多的无效劳动等，从而获得学习上的成长。

由于晓丽从小追求完美，导致她的认知中存在着这样一种错误观念，即只有每次都能正确完整地回答老师的问题，她的形象才是完美的，老师和同学才会喜欢、欣赏她，她才是值得肯定的。初二遭受的受挫经历使她非常害怕再次回答错误而受到老师和同学的嘲笑，因为她特别在意老师和同学对自己的评价以及自己在老师和同学心目中的形象，不想因为回答不好问题而破坏这种完美的形象。由于晓丽对自己没有足够的信心，她想表现自己但又害怕表现自己，想给老师和同学留下好印象，但又怕自己出错。在这种矛盾的心理状态下，遇到老师提问时她的心里就很容易紧张，越紧张就越害怕被提问，渐渐地形成了恶性循环。

【操作指导】

作为家长和老师，要看到晓丽问题背后的正向功能，即晓丽想获得认同、想"正常"回答老师提问的正向期望；以往回答老师问题时的精彩表现也证明了晓丽固有的能力和潜质。可以通过以下几个方法帮助晓丽。

首先，接纳自己的不完美。晓丽太看重老师或同学对自己发言的评价，一边发言一边琢磨别人怎么看自己，这样做不但会因为走神而出错，更容易因为担心而紧张。遇到这种情况，晓丽不妨先通过深呼吸等方法让自己放松下来，然后试一试自我安慰法："别看我紧张，别的同学其实也这样！"这样想的好处是把自己和别人拉到平等地位，也就缓解了因顾盼他人导致的过度紧张。只有允许并接纳自己的不完美，以平常心对待"问题"，做真实的自己，才能走出内心的困扰。

其次，关注发言内容。当你对回答问题的效果有过高的期望，就会使心思向回答的效果转移。可是越关注回答的效果，用在发言内容上的精力就越不足，更加容易疲惫紧张。为了解决这个问题，最好的办法是把注意力用在要讲的内容上。这样做看起来是不追求发言效果，事实上好的效果往往寓于不求之中。因此建议晓丽发言时把注意力放在问题本身，不过多顾及自己或他人的感觉。要知道，其实别人并不像你自己想的那样关注你。

最后，尽量做好充分准备。对自己掌握的知识没有信心，或者掌握得不全，也就是通常所说的没有底气，就容易造成发言紧张。而一旦有了充足的准备，或者十足的把握，自然胸有成竹，就不会那么紧张了。因此与其总害怕老师的提问，不如先将自己的实力提升，该做的要做到位，让自己尽量跟着老师的上课节奏，认真做笔记，课后及时复习，就算提问到你，也能成竹在胸。

【教育提升】

教育路上，最完美的关系是：家长信任老师，老师全力以赴。家长可以让班主任了解孩子曾经遭受的受挫经历以及现在所承受的痛苦，相信班主任会理解、关注并帮助孩子。

作为家长，不仅要鼓励孩子平时有意识地锻炼自己，树立信心，更要看到孩子问题背后的原因，理解与接纳孩子的问题。家长要意识到晓丽做事犹豫不决，谨小慎微，对自己总是不满意，常常因为过分重视事物的细节而忽视全局，这主要源于她的性格特质上过于追求完美。家长要反思是否自身的教育方式给孩子造成了不良影响，比如对孩子要求较高，事事追求完美，导致孩子总是害怕犯错，过于在意他人，很多时候都只能表现出一副谨小慎微的样子。

过于追求完美心理的背后往往隐藏着焦虑与恐惧。建议家长可以引导孩子用反躬自问的方式来抗拒过于追求完美的思想，例如："我从错误中可以学到什么？"想想曾经犯过的一个错误，然后把从中得到的经验和教训详列出来，这样便可促使她去学习新事物，并获得在人生道路上前进的动力。

 问题2：孩子常说老师偏心，不喜欢自己，怎么办？

案例

小美的妈妈最近非常苦恼。女儿在初中的学习成绩挺好的，但是进入高一后成绩有所下降。最近，女儿常常闷闷不乐，总抱怨说班主任偏心，不喜欢自己，不关注自己，只喜欢那些成绩好的、家庭条件好的或者爱表现的同学。女儿自尊心强，觉得班主任喜爱的同学问问题，老师笑脸相迎，而如果她去问问题，老师总板着一张脸。还有竞选班委或学校组织的一些活动，老师总让他看重的那几名同学参加，像女儿这样的从来都没有机会……

小美的妈妈听了孩子的抱怨，其实也很担心孩子是否真的在学校受了委屈。

但是孩子抱怨的内容又不好意思去和老师沟通，担心老师因此又对孩子留下不好的印象，让孩子受到更多委屈，这样的情况真让她左右为难。小美的妈妈只好开导她，给她讲道理，希望她能体谅老师。可是，小美听不进去，也不愿意再和父母交流了。小美现在对这位数学老师的抵触情绪越来越明显，都有点不想上这位数学老

师的课，连数学作业也不想做了，随便应付了事，这样下去如何是好？

【原理分析】

学生时代，教师的一言一行对学生的影响是不言而喻的。学生在意教师的态度，教师的态度也必然会对学生的学习产生积极或消极影响。好的老师可以让学生对学习充满兴趣，学生会因为喜欢一位教师而喜欢一门功课。而如果老师偏心、小瞧学生或打击学生，也会影响学生的学习积极性。

在孩子的眼中，老师可能有很多不公平的行为，或许正是因为这些误会，孩子开始不喜欢某个老师，甚至会讨厌这个老师所教的科目，也会抵触这个老师布置的作业。

一般情况下，孩子觉得老师偏心，有可能是因为老师对学生的教育态度有亲疏之别。比如，有的老师对一部分学生严厉些，对另一部分学生亲切些，又或者有的老师对一部分学生缺乏关心，对另一部分学生却格外关注。老师对不同学生的区别对待，有的是偶然的，有的是孩子的错觉，有的则是老师采用的一种教育手段，公然偏向哪一个学生的情况很少见。一个班级有几十个学生，老师很难做到对每一个学生"一碗水端平"。老师欣赏某个学生的才能，喜欢某一类孩子的性格或者喜欢那几个特别优秀的孩子，也是理所当然的事情。偏爱而不偏袒，是可以接受的。只要不是过分的偏心，那么我们也要给予一定的理解。

某些孩子觉得老师偏心，有可能是对老师存有不合理的期望，希望老师关注到自己的一举一动，回应自己的每一个需要。尤其是在初中阶段因为成绩优异或表现突出受到老师较多关注的，当上了高中觉得自己不被老师关注，形成巨大的反差，会因为自己被老师忽视而产生愤怒，觉得老师偏心他人。

当然也不排除有些老师确实素质不太高，只根据自己的偏好来对待学生等。作为父母要尽可能了解老师偏心的原因，试着和孩子作好沟通，解开孩子的心结。

【操作指导】

当孩子觉得老师偏心时,父母不应该在孩子一有情绪时就质疑老师,更不能在孩子面前指责老师,而应该讲究技巧,具体可以这样做:

首先,理解与尊重孩子的感受。当孩子觉得老师偏心、不喜欢自己,为此感到委屈与愤怒时,父母需要理解孩子的情绪。孩子有这种情绪和观点,一定有他们的原因,要尊重孩子的感受。父母切忌简单粗暴地批评孩子或者第一时间为老师辩解说"老师才不会错,肯定是你理解错了""老师这样对你,肯定是你不好"……而站在了孩子的对立面。这样会让孩子感到不被理解和尊重,觉得父母是站在老师那边的,久而久之就不愿意跟父母说心里话。面对师生关系中的冲突,父母不妨先询问孩子一些细节,鼓励孩子把内心真实的感受说出来。

其次,不要简单地对老师表示不满。父母通常是从孩子口中得知孩子在学校的种种情况,假如孩子对父母抱怨"我不管怎么努力,老师就是不喜欢我""老师就是很偏心""无论我上课举手多么积极,老师都看不到我",等等,建议父母在这种情况下要保持冷静,千万不能火上浇油,在没搞清楚事情真相之前,切忌对老师表示不满,以免加重孩子对老师的抵触情绪。一旦孩子觉得连父母都讨厌那位老师,可能会更加理直气壮地排斥老师,不利于孩子今后的学习。

最后,客观面对老师的偏心。如果父母觉得这个老师对孩子没有什么不好,但孩子还是觉得老师偏心其他同学,这就需要父母在了解情况的时候,引导孩子去看到他自己被"偏爱"的情况,比如,孩子说老师这次怎么偏心某同学,父母也可以引导孩子看到上一次老师是怎么"偏爱"他的。当孩子看到老师原来也是喜欢自己的,就不会再嫉妒老师对其他同学好。当然对于个别老师素质不高,有明显偏心现象时,父母也可以引导孩子说:"我们是为自己学的,不能因为老师的个人原因而毁了自己的学习。相反,越是这种情况,我们越不能依赖老师,而要靠自己,自强自立。"这种用"化悲愤为力量"来面对人生困境的方法,能够让人发生意想不到的改变。

【教育提升】

一个人只有在亲近、尊敬自己的师长时,才会相信、学习师长所传授的知识和道理。因此,建议家长要多帮孩子挖掘老师的优点,如为人处世方面的、讲课方面的、教学成绩方面的、荣誉方面的、班级管理方面的,等等。家长要在孩子面前多夸奖老师,让孩子对自己的老师有崇拜感,有利于孩子的学习与健康成长。当然,每个老师在教育管理与教学过程中,肯定也有不完美之处,当孩子把不良情绪传递给家长的时候,家长要有意识地为老师补台,这样才能给孩子树立教育者的形象，这也是对孩子的正面教育。同时也让孩子意识到每个人都是有缺点的，人无完人，要学会正确处理他人的缺点。正如世上没有完美的学生，同样，也没有完美的老师。教育是一名不完美的老师带领着一群不完美的学生不断追寻完美的过程。

 问题3：孩子不敢问老师问题，怎么办？

【案例】

小丽是重点高中的高一学生，性格较内向。初中的她学习成绩优秀，但上了高中，与来自各校的优秀生相比，她的成绩显得不那么突出了。再加上高中学习难度加大，小丽感觉学习起来很吃力。特别是数学这门薄弱科目，即使小丽上课前已做好充分的预习，上课时仍听不太懂，很多知识点都  无法理解透。小丽对目前的数学学习状态感到着急。个性较胆怯的她有一次鼓起勇气向数学老师问问题，没想到数学老师看了一眼题目后，随口说了一句："这道题上课已经讲过几遍了，你到底有没有认真听课？这么简单的题都不会。"小丽听了老师的这句话后感到非常羞愧，满脸通红。虽然数学老师仍然很耐心地向她讲解题目，但她感到大脑空白，一句话都没有听进去就落荒而逃了。

从那以后，小丽再也不敢问数学老师问题，现在甚至连其他学科的老师也开始畏惧，害怕老师说这么简单都不会。于是，小丽累积的问题越来越多，学习成绩也不断下滑。小丽的父母为小丽的现状感到着急，不知该怎么帮助小丽克服这个问题。

【原理分析】

高中生对老师的评价和老师平时的言语是非常在意的。小丽不敢向老师问问题，源于数学老师一句无意的批评，挫伤了她的自尊心。而小丽敏感而脆弱的心又源于她的不自信。不少高中生因为对自我认识不足、承受挫折能力差、本身的个性等因素，对自己信心不足。比如，有的高中生从小学到初中一直是班里的佼佼者，进入高中后由于课程难度加大，同伴之间的竞争激烈，再加上家长和老师的期望值高、学业压力增大等，对自己在高中的学习能力产生不确定感，具体表现为重视与他人比较，过于在意他人的评价，学习中遇到问题不敢请教老师和同学，生怕老师和同学认为这个问题太简单而伤了自尊心。

作为高中生，要认识到学习过程中不能积累过多不理解的内容。高中各学科知识量大、难度大，老师的教学进度也比较快，如果学生跟不上进度，往往会出现"消化不良"或"负债"现象，因此，高中知识需要及时消化。教育家陶行知指出："做学问就是要学要问。光学不问，只做到一半。光问不学，也只是一半。又学又问，才是完整的学问。"如果仅仅怕问简单了被老师批评，不敢主动问问题，当学习上的问题积累得越来越多，学习困难就会越来越大，成绩就会受到影响，最终形成恶性循环，得不偿失。

《礼记·学记》："学然后知不足，教然后知困。知不足，然后能自反也；知困，然后能自强也。故曰：教学相长也。"意思是说，学的人通过学习知道自己的不足，教的人通过教别人知道自己还有难点，然后都再去进一步钻研，所以无论学的人还是教的人都能通过教学过程得到提高，这就是所谓的教学相长。作为教师，在讲授知识的时候，学生不懂的问题，往往是教学中的重点问题，有助于教师发现教学中哪些知识没有讲透彻，哪些地方需要重点强调，从而巩固和提高教学成绩。一般情况下，老师都很欢迎学生问问题，会问问题说明学生有学习的愿望，想解决学习中的困惑，因此都会尽量耐心指导，听不懂的地方也会多角度去解释，直到学生理解为止。

【操作指导】

针对小丽的困惑，作为老师和家长可以帮助她转变思维，充分挖掘自身的潜能，保持坦然心境和乐观的心态，从而克服学习与生活中的困难。

首先，独立思考与求师问疑相结合。先独立思考后请教他人是高中有效的学习方法之一。学生在学习过程中总会遇到一些自己还未掌握的内容，应该先尝试独立思考，在独立思考的基础上再与老师或同学探讨，对知识的理解与记忆会更深刻，可以使大脑变得更灵活，从而开拓思路。

其次，学习切勿不懂装懂。不懂就问，不掉身份；不懂装懂，自欺欺人。有的学生因为问问题被老师批评后，会改变策略，只问稍微有些难度的题，以显示自己没有那么差，从而保护自己的自尊心。但这也导致很多基础的应该要掌握的题没有弄懂，一知半解，为之后的学习埋下隐患。我们要真实地承认自己所存在的不足，不妄自菲薄，用积极的态度去对待眼前的困难。

最后，克服胆怯心理，大胆请教。学生主动求师问疑，这没有什么丢人的，这样做有助于个人成长和进步。作为学生，要相信老师，老师是欢迎你来请教问题的。老师并不可怕，你向老师请教问题的时候就会发现老师是多么耐心，他们是愿意帮助学生解答疑惑的。所以，有问题就大胆地向老师请教，相信自己，鼓起勇气，多和老师交流，这种胆怯的心理一定会克服。

【教育提升】

美国诗人爱默生说："自信是成功的第一秘诀。"作为家长，在孩子的成长过程中，帮助孩子树立信心是非常重要的事情。自信心的建立是一个长期的过程，不能急于求成。父母要做到不过度打击、比较、否定孩子，给予孩子充足的信任和鼓励，让孩子在困难面前不惧怕、不畏缩，培养孩子战胜困难的信心和勇气。

同时，家长可针对孩子害怕的场合寻求一些技术性的方法，降低孩子的心理压力。比如孩子一个人不敢向老师请教问题，可以让她约同学一起去，从而降低她的心理压力。当孩子因为完成某件事而感到喜悦时，哪怕家长认为是微不足道的成功，也应该表现出跟孩子一样的喜悦，最大限度地使孩子体验到成功的愉悦，并鼓励她去争取新的成功。

总之，最大的信任与鼓励、必要的指导，是家长帮助孩子树立自信心的最佳方式。拥有自信，孩子才会在学习和生活中有积极向上的精神，勇于迎接挑战。

问题4：孩子嫌弃家长知道的新东西太少，怎么办？

案例

一位高中生的母亲最近非常烦恼："我和孩子的爸爸文化水平都不高，孩子上学后，经常需要在电脑上查题目、听听力、完成各种网络知识答题、打卡、听网课等。家里的电脑基本都是孩子用，我和孩子的爸爸基本不会用，也就上网淘淘宝，账号还是孩子帮忙申请的，有时退换货也需要孩子与商家沟通。孩子上高中后要求使用电脑的频率更高了，总说要完成老师布置的任务，每次他一坐在电脑前就半天下不来，也不知道在电脑上折腾些什么。有时我实在看不下去就问他：'还没用好吗，你不会在做与学习无关的事吧？'这时，他就会用不耐烦甚至很嫌弃的语气对我喊：'哪里有，就是老师布置的任务，不信你自己来看，看了你也不懂。'这时候，我感到既气愤又尴尬。我确实不太懂得网络知识，连孩子在做什么都看不懂，我也感到很无奈，不知道该如何与时俱进，才不会被孩子看不起。"

【原理分析】

青少年有着天然的、自发的积极探索外部世界的心理倾向，喜欢新事物。孩子对电脑网络等新媒介的兴趣与接受能力远远超过大人，所以，新媒介的"新"主要是针对大人而言的，对于孩子不过是自然接受，无所谓新旧。

我国未成年人互联网使用已相当普及。2019年我国未成年网民规模为1.75亿，未成年人互联网普及率达到93.1%，32.9%的小学生网民在学龄前就开始使用互联网。互联网不是"洪水猛兽"，只是一种工具，它本身是中性的，并不可怕。究竟是为我所用发展自己，还是沉迷其中毁掉自己，取决于自身的选择。父母如果没有因势利导，只是一味地指责与限制，其实是剥夺了孩子利用互联网获取有益的信息和资料、掌握现代社会技能和享受现代生活方式的权利，对孩子的发展是不利的。

互联网虽然是中小学生学习生活中的重要部分，然而随着互联网和手机终端的发展，成瘾性网络游戏、邪恶动漫、不良小说等不断出现，造成一些中小学生沉迷网络，严重影响了学习和身心健康。不少家长自己不会上网，看着孩子每天在网上聊天、打游戏、浏览不良网站，想管却无方。《中国未成年人互联网运用状况调查报告（2009—2010）》显示，在询问家长"认为在正确引导孩子上网方面存在的最大问题"时，家长回答"不是很懂上网方面的知识"比例最高，占32.8%，而在回答"您的孩子是否和您谈论上网情况"这一问题上，选择"从不""偶尔"的人数超过了55.2%。多数家长对孩子上网情况了解不多，特别是家长对孩子网上聊天的朋友列表、孩子在网上的ID以及孩子喜欢在网上玩什么游戏等方面知之不多。可见，不懂上网知识成为家长引导孩子的最大困难。想改变这种状况，家长要学会上网，这样才能指导孩子合理使用网络。

【操作指导】

家庭是未成年人使用互联网的主要场所，作为家长，应该正确引导孩子的上网行为，重视对孩子的上网管理和教育，帮助孩子从触网之初就养成良好的网络使用习惯，让网络成为孩子成长道路上的好帮手。

首先，家长需保持开放的心态，多了解信息互联网技术。要想让孩子网上生活安全，且不被孩子嫌弃网络知识水平低，最有效的方法就是家长勇于接受信息时代的挑战，不断了解电脑、网络的一般常识，学习电脑知识和上网技术，学习如何利用网络工具有效地监督和规范孩子的网络使用，如一些互联网公司开发的家长监控平台、电子产品系统里设置的家长控制模式等。

其次，家长需了解孩子的真正需求，与孩子就上网问题进行有效交流。在日常生活中家长要主动关注孩子喜欢的网络文化，比如流行的社交平台、游戏、应用、网络用语等，这样才能更好地理解孩子的网络生活体验。父母应经常与孩子交流网络方面的信息、知识，虚心向孩子请教，关注孩子如何上网，以及在网上做什么，通过观察、倾听和交流，理解孩子相关行为背后的需求。家长也可陪同孩子一起上网浏览、聊天、玩游戏、做网页，一起感受网络所带来的便利与快捷，也能对孩子进行有针对性的规范和引导。

最后，共同制定并遵守家庭上网规则。家长是陪伴孩子探索网络的最佳人选，家长不仅要多参与孩子在网上进行的活动，和孩子一起提高网络技能和素养，而且还要和孩子尽早共同制定一份上网规则，包括在什么情况下可以上网，上网时可以浏览的内容、参与的活动有哪些，双方如何共同执行并遵守约定等，并随着孩子的年龄增长与需求改变，对每周上网的次数和时间作出相应的调整，并慢慢地把掌握上网时间的权利交给孩子，从而培养孩子的规则意识。

【教育提升】

互联网是虚拟空间，它方便、快捷、灵活的优点给予了孩子们极大的遨游空间，但一些孩子无休止地玩网络游戏、上网聊天、盲目交友，且极易受不健康的网站和游戏的诱惑而不能自拔。这对传统的家庭教育方式提出了挑战，也令家长们遇到了在子女教育中前所未有的新问题。

对此，家长应积极与孩子进行平等的交流沟通，去了解孩子的内心世界，了解孩子所需所想，给予孩子精神上的关怀、理解与安慰。如家长可经常与孩子聊孩子感兴趣的事情，共同参与孩子感兴趣的有意义的活动，满足孩子的精神需求，减少孩子上网的欲望。

家长还应创造良好的家庭环境，以缓解孩子在沉重的课业负担下产生的紧张、压抑情绪，在受到不良社会因素的影响时能够在家庭中得以及时纠正。如果现实的家庭生活让孩子感受到温暖、宽松和快乐，就会减少他们对虚拟网络的过度依赖和沉迷。

总之，家长要行动起来，和孩子一起学习探索。但要注意的是，在这个过程中，家长要起表率作用，如果家长自己沉迷于网络游戏、网络聊天等活动，孩子必然"看在眼里、记在心里"，一旦有机会便会效仿。相信通过家长的正向引导和教育，孩子能够学会健康上网，充分发挥互联网的积极作用。

 ## 问题5：与孩子交流时常忍不住发火，怎么办？

【案例】

在结婚前我是一个性格很温和的人，可自从有了孩子之后，在面对孩子的时候，我变得比较暴躁，周围的朋友对我的变化也感到诧异。现在女儿上高中了，我们之间的矛盾越来越多。我每天都想好好地和她交流，可是看到她乱七八糟的房间、做作业磨磨蹭蹭、玩手机叫都不听的时候，我总是忍不住大声斥责她。以前说这些时她还能听进去，现在都是和我辩论，说我天天逼她做这做那，说她自己有安排。我也觉得这样下去不对，一直在思考要怎么改进，是不是可以由着她的想法来。可我们看到的结果和她说的并不一致，所以下次遇到一些问题的时候忍不住又要说她，特别是有些关于价值观的问题我觉得不能这么放任着，必须好好地沟通，可是两个人经常说到最后都以吵架收尾，对她那种态度我实在忍不住发火，不知道该如何做才能和孩子平静地交流。

【原理分析】

心理学家李玫瑾曾形象地说：父母发火时，孩子的那种害怕，就像被几只老虎逼到了墙角。父母大吼大叫时，孩子为了保护自己，会在周围竖起厚厚的盾牌，只想躲在背后等暴风雨过去，什么都不想听，什么也听不进去。短期之内吼叫可能管用，但长期下来孩子可能会出现以下情况：一种孩子，脾气很容易暴躁，常和父母对吼；另一种孩子，会缺乏自主性，特别害怕困难，干什么都不自信、拖拉磨蹭，成绩怎么努力都提不上去；还有一种孩子，直接把父母的话当耳旁风，只有大吼大叫甚至打骂，才能让他们有反应。于是，无奈的父母只能越吼越大声，孩子的心扉却越关越紧。长此以往，再先进的教育理念、再高明的人生道理，统统都会失效！

父母常常控制不住自己的脾气，总能被孩子的言行轻而易举地激怒，却又责怪孩子让他们生气。表面上来看，孩子才是导致父母发脾气的"罪魁祸首"，其实，对孩子发火的根源，常常就是家长自己。心理学家张璐说："心理学上，专业的情绪管理中，愤怒是一种次级情绪，也就是这种情绪是由其他的根源情绪引起的。"家长生气的原因其实不是孩子的行为，而是家长心里深处的这三种感受：

1. 羞愧感。当孩子任性、不听话或成绩差时，家长的羞耻感容易引起愤怒。羞耻感是一种"自我评价情绪"：孩子是什么样的人，代表了我是什么样的人；孩子的成功与失败，意味着我的成功和失败；孩子成绩不好，我会很没有面子、很丢人。一感觉到丢脸，家长的火就上来了。

2. 恐惧感。现代家长都焦虑，焦虑的本质就是恐惧，害怕孩子不如别人、自己不如别人的父母。家长心底担心孩子不能对自己负责，对孩子未来的担心、着急、焦虑，使他们对孩子发脾气。

3. 愧疚感。当孩子想要买什么东西、做什么事情，家长可能因为自己能力不足办不到难过，进而无法处理自己的愧疚感，就极力否定孩子的需求，认为孩子提这样的要求是不对的，甚至认为孩子无理取闹，把孩子指责一番。

所以父母需要学习控制情绪的技巧。当父母受到不满、焦虑、失望、冷漠、批评、困惑或者内疚等情绪困扰时，可以通过审视自己的内心来控制自己的情绪。

【操作指导】

在孩子的成长过程中，犯错误是难免的，但是有些家长在孩子犯错之后控制不好自己的脾气，就会对孩子"怒吼"。这样对教育孩子起不到任何作用，反而会伤害孩子的心灵，那我们家长要怎样去控制情绪呢？

1. 积极暂停。

正面管教里有一个工具，叫作积极暂停。什么叫积极暂停，就是暂停的时候感觉是好的，而不是差的。我们可以设置一个角落，把它布置成孩子喜欢的样子，并且给这个角落起个名字，比如冷静太空、秘密花园、魔法城堡等，一旦孩子有负面情绪，可以邀请孩子到那里休息一下，冷静一下。大人也可以为自己找一个冷静角，布置成自己喜欢的样子，忍不住要发脾气的时候，去那里站一站或者坐一坐，让自己平复下来。不好找的话，卫生间就是一个不错的选择。平时我们可以在卫生间放一本自己喜欢的书，感觉不好的时候，可以躲到卫生间看看书，或者刷刷手机。

2. 愤怒选择轮。

我们常说，情绪没有好坏，但是行为有恰不恰当之分，比如你很生气的时候，你可以去冷静角，但是不能摔东西、打孩子。不管我们有什么样的情绪，但对由此而引发的行为要作一些约束。当我们很生气的时候，除了去冷静，我们还可以做一个选择轮。把我们想到的能缓解愤怒的事情，选一些合理的行为，写在选择轮上。下次再发脾气的时候，可以转一转选择轮，选一件事情去做。比如把自己关在房间里大喊几声，可以打沙袋、捶枕头，或者在走廊里蹦几下，也可以看看书、听听音乐、出门跑步、找人倾诉，等等。

3. 284呼吸法。

我们都知道，深呼吸对我们平复情绪很有用。因为在我们做深呼吸这个动作时，我们的身体会得到放松。284呼吸法就是在做深呼吸的时候打拍子，数数：2拍吸气，8拍屏气，4拍吐气。

4. 降低期待。

父母需要认识到孩子在青春期的特点，接纳常见的问题，允许孩子适当犯错，不要苛求孩子做一个完美小孩。当孩子犯错时，可以问问自己："我小时候是否也可能这么做过？我是不是完美父母？"

【教育提升】

家长们想要自己的孩子变得优秀，家庭教育是关键，但是家庭教育离不开亲子之间的交流。而亲子之间的交流最忌讳家长冲孩子发脾气，这样会使孩子受到伤害，所以在与孩子进行交流的时候请家长们收起情绪。父母是孩子成长中的示范者，他会学习到父母的情绪失控，容易与他人发生冲突，性格也会孤僻冷漠。我们的教育目标是让孩子成为更好的自己，而不是打压他，让他失去自信，产生自卑，我们要和孩子一起来找到错在哪里，下一次我们如何改进才可以做得更好，而不只是批评他、指责他，不告诉他什么是对的。在不会控制情绪的父母身边长大的孩子，往往很难获得幸福。情绪管理关系到幸福度的高低，做自己和孩子的情绪管理师，就是送给孩子最好的礼物。只有父母调节好情绪，亲子双方才能放下盾牌。

亚里士多德说：任何人都可以变得愤怒，这是很容易的。但是要向对的人、以适当的程度、在对的时间、为了正确的目的、使用有效的方法来表达愤怒，这是很不容易的。大人应该对自己的情绪负责，想要发火的时候，不妨先审视内心，有没有察觉到没面子、焦虑、悲伤，这些情绪是来自于自己，而不是孩子。当我们能分清情绪来源，学会克制，也就能够心平气和地跟孩子沟通了。

 **问题6：老师爱跟家长告状，怎么办？**

案例

小军，高二男生，从小到大是一个让人操心的孩子：上课不认真听讲、爱说话，经常不完成家庭作业，甚至与老师顶嘴。小军被班主任请到办公室已经成为家常便饭。小军的父母文化水平都不高，两人经营一家大排档，平时基本不管也没有时间管小军。每天小军放学回家的时候，父母已经出门工作了。第二天一早父母还在熟睡中，小军就已经上学去了。虽然住在同一个家，但小军和父母见面聊天的机会比较少。

由于小军经常在校惹事，班主任常常打电话给小军爸爸，指责孩子在学校的不当表现，有时还会请小军爸爸去学校。小军爸爸接到不少老师的"告状"电话，他很生气，也很无奈。他不知道该如何管教孩子，每次一听老师说孩子在学校表现不好就火冒三丈，回到家中不问青红皂白就把孩子打骂一顿。可是每次打骂过后，孩子在学校的表现依然如故，散漫不求上进，而且性格越来越叛逆，父子隔阂越来越深。现在只要一看到班主任的来电显示，小军爸爸就紧张得心惊胆战，生怕孩子又犯了什么事。小军的爸爸不理解为什么老师这么爱告状，也不知道该怎么办？

【原理分析】

现阶段不少家长仍然缺乏与学校、老师一同对孩子负责的态度，在他们的意识中存在这样一个认识误区，认为孩子只要上了学，一切教育的责任包括孩子的安全问题、成绩问题、早恋问题以及各种教育问题都应由老师全权负责。实际上，家长也应该参与对学生的管理，不能做"甩手掌柜"。有的家长很反感老师把自己请到学校，认为这样很丢脸，觉得老师喜欢小题大做，有着明显的抵触心理。如果家长并不支持也不配合老师，那么很显然会出现矛盾，这种情况很不利于学生的健康成长和后续发展。

作为家长，首先要明确老师为什么会跟你告状。当孩子在学校里发生一些状况，比如打架、扰乱课堂秩序、破坏学校公物、拿同学物品、经常不交作业等，这些行为或习惯会对孩子的成长造成不良的影响。老师给家长打电话的目的并不是"告状"，只是希望通过与家长的沟通，获得家长的理解与支持，在家长的配合下想办法共同教育好孩子。

其次，家长要意识到孩子犯错父母应承担首要责任。美国著名心理学家马文·马歇尔曾说过这样一句话："当我们种下的花没有我们预期的长得那么好时，我们不会怪花，而是从自己的种植等方面寻找原因。可是，当我们的孩子犯错时，我们却总是用管教的口气责怪他们，而且夹杂着批评和辱骂。"面对孩子的行为问题，父母需承担起责任。小军的父母由于工作忙碌，缺少对孩子学习的关心与心灵的呵护，导致小军养成了学习懒散、不完成作业的坏习惯。当老师打电话给家长时，作为父母，应意识到自己存在着教育的责任，而不是抱怨老师多事，或者把所有的怨气都发泄在孩子的身上，认为"棍棒底下出孝子"，导致问题没有解决，亲子关系反而越来越僵。

【操作指导】

如果遇到老师向你"告状"，家长有智慧的做法有以下几点。

首先，彼此信任与相互理解。家长和老师其实是站在同样立场，为了同样的目标，因此彼此信任很重要。在接到老师的电话和反馈的时候，当老师反映孩子有明显进步时，家长要向孩子表示祝贺；如果老师向家长反映孩子在校表现不好时，家长一定要冷静，要相信老师的动机是为了孩子学习进步与健康成长，才向家长主动联系的，要发自内心地感谢老师对孩子的真诚帮助。有时候由于角色不同，家长和老师面对同一个问题会采取不同的处理方式，应达成相互理解，才能够把一个问题解决到尽可能完美的程度。

其次，定期主动地与老师沟通。很多家长认为如果孩子有问题，老师就会主动去联系家长了，所以他们从不主动去和老师沟通。但是这些家长也要意识到当老师主动联系家长时，多半是因为你的孩子可能已经出现问题了。而家长经常与老师沟通的目的是动态了解孩子的学习和成长，对于孩子的心理与行为变化能够做到及时调整策略。所以，家长应主动多向老师反映孩子在家中的具体表现，让老师更加了解孩子，同时家长也要诚恳听取老师对孩子在校存在问题的反映。家长对老师反映的情况要认真对待，心平气和地找出自己在家庭教育上存在的失误，和老师共同探讨帮助孩子改正缺点的对策。

最后，家校互动，积极配合。家长一定要积极配合老师及时纠正孩子的不良习惯，从行动上真正关心孩子。比如，家长对孩子的家庭作业和课外学习要多付出、常辅导、重检查、勤监督，并且对孩子学习的督促一定要做到持之以恒，一个好习惯的养成绝非一朝一夕，需要一个长期不断巩固内化的过程；对孩子的品德教育要做到言传身教，特别注重自己的言行举止对孩子的影响与示范作用。

【教育提升】

作为家长，应该营造一个良好、健康、积极的家庭氛围，并注重自身的素质建设，在家庭生活中潜移默化地影响孩子。

对于家长来说，不要求每个人都成为教育专家，但需要家长们了解孩子的心理成长规律。比如，孩子调皮捣蛋是很正常的事情，作为父母最不提倡的就是采取粗暴教育，因为这样会适得其反，加重孩子的逆反心理；最好的办法是家长能够经常与老师沟通，一起帮助孩子改正缺点。家长也要找出家庭教育中的漏洞，及时查漏补缺，帮助孩子进步。

家长不要只关心孩子的学习成绩，更应关注他的品德修养和心理健康。家长在平时要细心观察孩子的喜怒哀乐，了解孩子的心理，关注孩子的心灵成长。我们的教育不应该以批评为主，应该以赞美为主、批评为辅。当家长从老师那里听到孩子在学校良好的表现时，家长可以用"放大镜"，把老师对孩子的肯定与赞美转达给孩子，让孩子体验到成功的快乐，激发孩子学习的动力。

相信在家校的努力下，老师、孩子和家长之间能够形成一致、和谐的氛围，共同帮助孩子健康成长，同时也要给孩子机会对自己存在的不足进行反思与提升。

 **问题7：孩子不喜欢学校或老师的某些做法，怎么办？**

案例

小芹考上了当地的一所重点高中，这所学校的教学资源与学习氛围相对都较好，小芹的父母为女儿能考上这么好的学校而自豪。可刚入学不久，小芹的父母就为小芹的事烦恼不已。原来对高中新环境充满了激动与兴奋的小芹很快就消退了热情，常常回家抱怨学校和老师的某些做法，尤其是最近学校要求

女生统一剪齐耳短发，刘海不能超过眉毛。从小就爱美且追求个性的小芹觉得这种发型太丑了，无法接受这个要求。由于发型不规范，小芹被班主任批评教育了好多次，班级评比的分数也被扣了不少，家长甚至还被班主任请到学校面谈。小芹的父母只好回家做女儿的思想工作，可执拗的小芹无论怎样都不接受。这段时间小芹因为发型事件闷闷不乐，没有心思学习，甚至赌气地说："我的初中同学虽然考入普通高中，但那所学校就对发型没有要求，早知道我就考差点，不进这所重点高中。"

小芹的父母从小比较宠爱女儿，他们也认为学校和老师未免太小题大做了，孩子去学校是学习知识的，对于发型有必要这么较真吗？对于女儿的哭诉，他们也感到无奈，不知该怎么办。

【原理分析】

孩子在求学阶段会进入不同的学校，遇到不同的老师。有不少家长对学校或某些老师的做法感到不满，比如抱怨学校里布置的作业太多或太少，抱怨某个老师的教学方式不适合自家的孩子，抱怨班主任的管理方式过于严苛等，这种现象比较常见。班级人数众多，教师不可能照顾到所有人的想法，在管理与教育方法上不可能面面俱到、尽善尽美，作为家长，首先应认识到这一点，对学校与某些老师的做法才会更加包容与尊重。

其次，家长应意识到我们对学校或某些老师的认知，很多是通过孩子的描述，而有的孩子看问题比较片面、不够客观，甚至爱用挑剔的眼光来看待周围的世界和事物，他们关注的点和成人存在一定的差异。理智的家长会客观冷静地分析孩子所描述的事件：同一所学校、同一个班级，每个孩子面对的老师、教育方式和学习任务都是一样的，为什么有人适应能力强，有人相对适应较差呢？

有的家长对孩子的教育有自己的独到见解，当学校与某些老师的做法与自己期望的教育差别较大时，内心对孩子的成长充满了担忧。如果家长因为自己的不适应而抵触学校或某些老师的教育方式，或寄希望于学校或老师改变，会导致孩子更难适应学校，很容易影响孩子对学校和某些老师的看法。如果家长自己也有负面情绪，孩子必然会在潜意识中抵触或排斥学校教育，在学校里不好好听课，不遵守课堂和学校纪律，甚至逃学、厌学等。因此，当孩子向你抱怨学校或某些老师的做法时，家长要做的不是义愤填膺，也不是和孩子一起抱怨，而是应该先处理好自己的情绪。家长有情绪是正常的，但这种焦虑、气愤等情绪很容易传染给孩子，让孩子也焦虑不安，产生压力和内疚感。而这样又会让孩子无法安心专注于学习，从而又加重了家长的焦虑，形成恶性循环。因此，家长只有处理好自己的情绪，理智分析问题，才能化解孩子的困惑与压力，让孩子轻松愉快地学习与成长。

【操作指导】

当孩子不喜欢学校或某些老师的做法时，家长要知道抱怨无济于事，冷静之后要分析问题是出在学校教育还是家庭教育，然后再想办法积极解决问题。

如果是家庭教育的问题，比如有的父母比较娇惯、溺爱孩子，导致孩子个性比较偏激，做事情很有自己的想法和主意，自己做错事的时候不愿意承认，很爱面子，喜欢推卸责任等。如果是这种情况，家长应提升自我觉察的能力，并想办法改善家庭环境，加强亲子沟通，让孩子意识到自己存在的问题，从而更好地适应学校的要求。

如果确实是学校教育的问题，家长可以开诚布公地与老师交流，只要是合理的建议，老师一般都会采纳。如果有些意见不便直接向老师或学校提出，也可以通过家委会向老师或学校提出。学校成立家委会是为了加强学校与家庭在学生教育工作中的沟通与配合。学校或老师面临的困难和对一些问题的处理可由家委会向家长做协调工作，同时家委会也会及时把家长对老师或学校的意见与建议向学校反馈，进行双向沟通。比如经过协商沟通，家长会发现学校要求统一学生的发型，是为学生的学习考虑的，首先可以节省时间，有的同学每天会花很多时间来整理头发，做造型，精心打扮，这样会浪费很多的休息和学习时间。其次穿校服、统一发型可以缩小学生之间的距离，减少攀比，保护学生的健康成长。总之，家长只有与学校或老师增进沟通，相互理解和信任，才能避免一些不必要的矛盾。

【教育提升】

孩子的教育应当是家校教育双线并行、缺一不可的，但很多家长却把老师、学校的关系搞得人心惶惶，让老师对孩子管也不是不管也不是，最后"放任自流"。某些家长缺乏对老师和学校教育的理解，导致矛盾的产生和激化。怎样解决家长和老师"对立"的局面呢？双方只有统一思想，才能达到教育目的。

由于教师需要面对形形色色的学生和家长，往往众口难调，很难满足所有人的要求，所以家长应该更加信任和配合老师的工作，即使认为老师的做法不合理，也应该换个方式去和老师沟通，而不是带着对抗的情绪。家长对学校和老师的教育举措不要断然排斥，应给予足够的支持和理解。此外，家长和老师之间的交流不能只限于微信群，还应当多一些面对面的沟通交流。沟通时需换位思考，设身处地地理解对方的做法，少一些误解，多一分宽容与尊重。

总之，优秀的家长总是和老师统一战线，为孩子的成长保驾护航。老师跟家长有着相同的使命和责任，出发点和目标永远是一致的，那就是尽心尽力地教育好、引导好我们的孩子，使他们向着更高更远的方向发展。

问题8：家长如何帮助孩子合理选科？

案例

小雯是一名高一学生，最近因为选科而烦恼。小雯根据自己近一年的成绩与学科兴趣，做出3（语、数、英）＋1（历史）＋2（化、生）的选择。但通过上网查询，发现这样的学科组合，以后能报考的院校及专业有较大的局限性，很多前景好的专业都要求选物理。鉴于对未来的职业规划，父母建议小雯选择3（语、数、英）＋1（物理）＋2（化、生）的学科组合，但小雯的物理学得非常吃力——"简直烂透了，它就是我学习上的耻辱，自从上了高中，我的物理就没有及格过……"小雯及家人都很迷茫，不知道该选哪种学科组合，更害怕会作出令自己后悔的选择。

【原理分析】

福建省新高考改革实行"3＋1＋2"模式，"3"指语文、数学、外语三门必考科目；"1"指从物理、历史两门限选科目中二选一；"2"指从化学、生物、政治、地理四门选考科目中四选二。"3＋1＋2"模式下供学生自主选科的组合共有12种，与原来的文理分科两种选择相比，新高考无疑给予学生充分的兴趣与能力自主选择权，尊重学生的意愿，鼓励学生勤学乐学。然而，选择多了却让很多学生和家长陷入左右为难的境地。

根据福建省教育厅高考综合改革网站公布的2021年选课走班指南统计，对高考选科不设限制的院校专业有12378个，约占所有院校专业的48%，大部分为艺术、管理、教育、文学、哲学、经济、法学等门类的专业。对首选科目限制为历史的院校专业有745个，大部分为文学、历史、考古、法学等专业。除了首选科目限制为历史外，对再选科目要求最多的组合是历史＋政治，有111个院校专业。对首选科目限制为物理的院校专业有12350个，占48%，其中理学、工学、农学、医学等门类的专业对物理的要求较高。有8542个院校专业要求首选为物理即可，另一部分院校专业对再选科目仍有要求，其中物理＋化学或物理＋生物的组合比较普遍。由此可见，高校招生的专业设置是非常多的，可以充分满足家长和学生的选择需要。在选科前，家长和学生不妨登录教育厅或大学的官网，查询理想专业的招生目录，综合考虑专业限制科目、自身特长及兴趣，最终找到满意的科目组合。

"3＋1＋2"模式中的一些热门学科组合如下。

1. 选报历史学科的组合。

(1) 历史＋政治＋地理

该组合注重知识的记忆和理解，适合理科类科目不太好的同学。致力于考取汉语言文学、新闻学、社会学、国际政治等专业的考生几乎都选择这个传统的文科综合。

(2) 历史＋政治＋生物

这三门课都偏向于知识的记忆和理解，适合生物成绩在3门理科当中更为优秀的学生选择。这一组合的专业选择更偏向于传统文科，生物的加入还可以拓宽专业选择范围。除去生物系以及生物工程类的专业对生物有明确限制要求以外，其他大部分专业很少对生物科目有较高要求。

(3) 历史＋化学＋地理

这个组合是比较偏理的选择，适合对物理不感兴趣或物理成绩很差，而逻辑思维较好的学生。

(4) 历史＋地理＋生物

地理、生物在科目学习上以记忆为主，方法有关联性，学习起来相对简单。该组合适合不擅长物理和政治的同学。但因科目简单，选择人数较多，竞争很大。

2. 选报物理学科的组合。

(1) 物理＋化学＋生物

传统的理科组合，可以覆盖绝大部分专业，这种组合的相互关联较多，可以共同学习、相互促进。不过，这种组合所选人群基本都是学霸级的学生，毕竟每一科都不简单，花费的时间和精力都比较多。

(2) 物理＋化学＋政治

该组合可报专业非常多，但是由于物理、化学和政治之间的关联度不高，学科跨度大，学起来比较困难。不过政治的加入对学生长远的发展比较有利。由于大学之后参加考研甚至考公的必要科目之一就是政治。如果高中阶段选择政治，会对以后的考研考公有所助益。

(3) 物理＋政治＋地理

这个科目组合更像是理科成绩不错的文科生，为了不浪费物理的高分以及填报志愿时的选择范围，而做出的一个不得已的选择。这个组合比较适合此类考生：物理成绩突出，或者理科偏科的学生（数学、物理较好，化学、生物较差）。这个组合是最具挑战性的，由于学校师资和场地的限制，大部分学校很难单独为人数少的组合设计走班课程时间表。不过，选择这个组合的人数较少，同组合的竞争压力小。

(4) 物理+生物+地理

选择者往往是物理成绩优异（成绩上），而其他科目成绩一般，且对未来无明确目标的学生。其他科目中以传统理科的生物和传统文科的地理科目相对最为简单且不需要大量背诵（相比于历史和政治）而且物理+地理的组合也有不小的发展空间。所以这种组合一般适合于具有以下两个特点的学生：

①物理成绩优异，逻辑思维能力强；

②其他科目成绩一般，无明确的未来职业发展方向规划。

【操作指导】

家长帮助孩子选科时可以参照三个选科标准：其一，结合孩子的能力以及新高考赋分制计算方法，在保证自己孩子科目优势的情况下，尽量选择排名最靠前的档次科目。其二，根据孩子的兴趣选择适合自己的科目。都说兴趣是最好的老师，如果对所选科目了无兴趣，想必也是难以学好的。其三，尽量选择将来志愿填报以及就业面较宽的学科。

具体参考因素有以下七种。

1. 学科基础。基础好，相当于一个好的起点。家长可以结合孩子自身的优势进行选科。学习基础的考量可以结合分数、排名来综合判断。

2. 提升空间。学科基础代表的是现实状况，提升空间则代表未来可能，它是选科后到高考前影响学科成绩变化的关键因素。有些孩子由于某些原因在某些学科暂时成绩不理想，但仍有可能在一年或两年后超过其他人。

3. 个人兴趣。兴趣是学习的原动力。六门学科几乎涉及了生活的方方面面，家长要帮助孩子找到感兴趣的内容。这不是一件容易的事情，对于兴趣倾向的评定不能太过主观。家长可以借助一些专业的测评软件来综合评判孩子的兴趣倾向。

4. 生涯规划。孩子未来想过什么样的生活？想从事什么样的职业？想上哪所大学，学习什么专业？这些都可以先落脚于选科组合。

在设定职业目标之前，有条件的家长可以带领孩子多参与社会实践，接触不同的职业，通过多种途径对职业情况进行了解，身体力行的职业体验能够帮助孩子更好地认识职业，规划自己的未来。

5. 高校专业招生要求。新高考政策下高校专业有不同的选科要求，一般分为不限科目、必选1门/2门、2门任选1门。高校专业录取直接与选考科目挂钩。家长在选择学科组合时，也可以参考高校的招生专业要求。

6. 学科学习难度差异。在满足其他主要因素的同时，可以适当考虑自家孩子的学科学习难易搭配。六门科目中物理、化学是普遍认为学习难度较大的科目，如果同时选考则建议搭配一个学习相对容易的科目，不要人为地给孩子增加难度。当然各学科的学习难度也是因人而异的。

7. 学校客观情况。由于师资力量、历史传统等因素，每个学校都有自己的优势和劣势科目。学生在各科成绩差不多的情况下，也可选择自己所在学校的优势科目。

【教育提升】

1. 对于大部分学生来说，"选科"实际上只是"偏好"上的选择。因为学习策略好的学生，往往每个学科都会很好；而那些尚未适应高中学习节奏的学生，往往很多科目都一塌糊涂。所以"选科"的最基本前提是：你的孩子已经熟悉高中的学习节奏，并已经逐步掌握适合自己的学习方法。

2. 选得好的真正意义在于学得好，如果不努力学习，选得再好，一切都是徒劳。从这个意义上说，家长帮孩子选科时应避免武断替孩子作决定，毕竟学习还得靠孩子自己的行动。

3. 既然作出选择，就要坚信自己，不要摇摆不定，避免过度自责后悔。任何选择都没有最好，只有适合不适合。

 **问题 9：孩子在学校容易被欺负，怎么办？**

案例

小 A 是一名腼腆的女生，高一入学第一天，班上同学很快找到各自的同桌。小 A 是从农村中学考上来的，在新班级没有一个认识的同学，因此自己单独坐一桌。繁重的学业和紧张的课堂，使小 A 没办法快速适应紧张的高中节奏，成绩一直下滑。突然有一天，小 A 开始闹情绪不愿回学校了。父母亲很着急，可小 A 不愿意和父母亲沟通。班主任家访后，终于找到小 A 害怕来学校的原因。

成绩不理想的小 A 越来越自卑，和同学基本零交流。由于同宿舍的其他三位同学都是

"二次元"人群，小A也融不进集体生活。每次洗澡，都要等到其他三个人洗完才轮到她；每次晒衣服，小A的衣服总是被移到最角落。有一次刚从厕所出来，就听到宿舍三位女生阴阳怪气地抱怨"怎么这么臭啊""真是恶心""怎么这么不自觉啊"……

孤独感、排斥感、被侮辱感，让小A害怕回到学校，想要逃离这一切。

【原理分析】

近年来，校园欺凌事件时常被报道出来，其中还有一些性质相当恶劣的案件。案件中那些孩子行为之残忍，令人触目惊心。校园欺凌已经变成一个严重的社会问题，不仅引发孩子的校园恐惧情绪，部分学生甚至因不堪忍受而自杀。

任何欺凌行为（包括肢体、言语等）都是不被接受的，因为欺凌不但对"受害者"造成伤害，对"欺凌者"和"旁观者"同样造成伤害。受欺凌的学生通常在身体和心灵上受到双重创伤，并且留下难以平复的心理阴影；而"欺凌者"由于长期欺负别人，内心得到极大满足，以自我为中心，对同学缺少同情心，长此以往，形成冷漠的性格特征；而部分"旁观者"则会因为帮不到受害者而感到内疚、不安，甚至惶恐。

【操作指导】

如果家长发现孩子突然不喜欢去学校了，或者话越来越少，也越来越不爱笑了，这种时候就需要注意了，很可能并不是学习压力导致的，而是孩子在学校被欺负了。遇到这种情况，家长可以从以下几方面帮助孩子。

1. 重视亲子沟通，及时了解孩子的人际交往情况。

孩子每天是否按时上学、放学，在校园里遇到了什么事，和孩子在一起玩的都有谁……都需要父母加强与孩子沟通，及时了解情况。

（1）孩子放学回家后，如果不开心，家长不妨放下手上不紧要的事与孩子聊聊天，了解孩子所遭遇的事情。

（2）发现孩子身上有伤或者衣物被扯破之类的情况，要及时询问孩子发生了什么。不管对与错，先控制好自己的情绪，然后安抚孩子的情绪，引导孩子倾诉自己的委屈、不安及愤怒，等到孩子情绪平复后再慢慢引导其说出事情的详细过程。

（3）如果孩子排斥正式的面对面交流，家长不妨边做事边与孩子沟通，一方面可以解除孩子的防备心理，另一方面也表现出对孩子的尊重。

2. 分析原因，鼓励孩子自己解决人际问题。

孩子将来要在社会上生存，很多困难需要他自己去面对。因此，遇到孩子被排挤欺负时，可以鼓励孩子自己想办法解决，提高孩子的自信心。

（1）家长与孩子一起分析受欺负的原因，探讨解决问题的方法。

（2）鼓励孩子寻求伙伴的帮助。同伴的力量可以有效震慑那些欺负弱小的同学，因此，家长可以鼓励孩子寻求友谊的帮助。

3. 家校协作，与老师沟通协调。

虽说让孩子自己去面对，但适当的监护与保护是必要的。家长可以先跟孩子的班主任通气，让他关注孩子对整个事件的处理，避免孩子再次受到伤害。

4. 双方家长、班主任三方面对面会谈交流。

情节比较严重的，家长在与老师沟通后，可以通过班主任的协调，双方家长进行约谈。把具体事件说清楚，让对方家长了解自己孩子的行为并及时进行正确的引导。

5. 如有可能，试着让两个孩子握手言和。

校园欺凌，不能只停留在家长层面上的调解介入，其最终目的是让双方孩子都消除内心的不满、恐惧与戒备心，这就需要孩子们自己当面有效沟通协商。如果不是特别恶劣的事件，比如欺凌行为与一些误会有关，欺凌者也确实认识到自己的错误，家长可以为孩子营造一个仪式，尝试让两个孩子握手言和。如果孩子不同意，家长回去后应该多与孩子沟通，看看是否哪里触及了孩子最后的心理防线。针对问题，慢慢进行心理压力的疏解，如果孩子有行动，要及时鼓励与肯定，引导孩子健康成长。

【教育提升】

任何事情都不可能是单方面原因造成的。当孩子在人际交往中经常性地被冷落欺凌时，家长应该帮助孩子看到自身的不足，鼓励孩子完善提升自我，学会人际交往的技巧。孩子只有自强自立，拥有自己独特的人格魅力，才不容易遭遇排挤。

鉴于此，家长在帮助孩子的过程中，切记不能强势介入，在做任何决定之前，应先和孩子沟通协商，取得孩子同意后再进行家校联系、三方会谈等。否则，不仅不利于事情的解决，还会伤害孩子的自尊，剥夺孩子独立解决问题的能力。

 ## 问题10：孩子犯错被老师批评处分后心理不平衡，怎么办？

案例

一位家长接到学校老师的电话，说他孩子在上课期间电话手表响起，被班主任发现，老师要求孩子上交电话手表。孩子不肯，认为他没错，是同桌故意发恶心的表情包给他，目的是让他被老师批评，以此报复课前小测不给他看的行为。孩子坚持过错在同桌，老师应该没收同桌的手表，而不是自己的，并且向老师表态，自己在课上从来不玩手表。老师很生气，当堂打电话给家长，说孩子态度恶劣，公然挑战老师权威，要求家长将孩子带回家管教。

【原理分析】

近年来，越来越多的师生冲突事件被报道，究其原因，主要有以下几个原因。

1. 个别学生纪律观念不强，尊师观念淡薄。随着时代的变迁，传统教育中的"师道尊严""一日为师，终身为父"早已风光不再。在市场经济大潮中，知识贬值、金钱至上的观念冲击着很多人的大脑，有些学生也受此影响，认为教师无权无势，位卑清贫，不是自己膜拜的人物，自然很难产生尊师之情，甚至还会以轻蔑的态度来对待，这就难免给师生关系造成损害。

2. 个性心理偏差。随着我国经济发展与生活水平的提高，家庭对孩子产生过分爱护的行为，使孩子缺乏生活磨炼，对人、对事经常以自我为中心，性格敏感固执，稍有批评或冲突便容易激化。

3. 个别教师业务水平和修养亟待提升。部分教师工作繁重琐碎，既要忙于"充电"，提升学历，又要忙于自己的家庭生活，投入到备课等教学工作的时间和精力会打折扣。如果教师的课堂不够精彩，学生可能会不自觉地表现出排斥、逆反、捣乱等心理与行为。当学生的言行严重偏离常规要求时，教师有时会控制不住自己的情绪，惩罚学生，引发学生更加不满的情绪。

【操作指导】

当孩子在学校被老师批评后,心理不平衡,家长应该如何引导孩子呢?

1. 疏导孩子和老师的情绪。

当孩子跟老师发生"冲突",向家长"控诉"某老师不公正或不好的时候,家长一定要理智,应该先耐心听孩子的抱怨,让孩子把心中的不满释放出来。不要讲大道理,而要结合一些真实可信的案例,帮助孩子理解——老师今天的评价不影响你的将来,成功依然靠自己来把握。除此之外,家长还要倾听老师的声音,做好孩子与老师之间沟通交流的纽带和桥梁,了解问题的症结所在才能有的放矢。家长要先明白:老师受时间、精力和视角等限制,不可能对每个孩子了如指掌。找个时间和老师面对面沟通,不仅能了解孩子在校的表现,也让老师了解孩子内心的渴望,有利于更快化解矛盾。

2. 帮助孩子冷静分析,宽容待人。

平心静气地跟孩子分析老师这样做的原因以及对与错。如果老师做得对,那么家长就应该引导孩子反思自己;如果老师做得不对,则要让孩子以平常心看待老师,承认老师身上也存在着缺点和不足,也会有说话、办事不妥帖的地方,和其他人一样,也有着自己的快乐幸福和烦恼痛苦,让孩子懂得宽容。

同时,找适当的机会和老师沟通一下,尽量消除彼此的不愉快。

3. 催化孩子情感,学会尊师重道。

(1) 家长可以有意地通过与老师和其他同学的沟通,了解该老师的可敬事实。将这些信息适时详细地讲给孩子听,引导孩子换位思考,创造机会让孩子亲自体验老师的工作,改善师生关系,增进师生友谊。

(2) 家长可以多给孩子讲述尊师重道的名人名事,言传身教,有时间多与自己的老师沟通交流,节假日主动问候、看望自己的恩师。这会对孩子感情变化起催化作用。指导孩子主动向老师表达自己的心意,老师有困难或身体不适,要主动关心老师,和老师多多沟通交流。对老师要有礼貌,尊重老师的劳动。

(3) 引导孩子正确对待老师的表扬和批评。老师的表扬是肯定,是鼓励,是期待;老师的批评是爱护,是鞭策,也是期待。如果孩子觉得被老师误解,可以引导孩子向老师作出解释,但解释一定要建立在真实的基础之上,并且是为了更好地沟通，而不是逃避自己的责任。

【教育提升】

对孩子而言，学会处理师生关系是至关重要的，更是成长过程中不可回避的事情。因为孩子在校学习，学习内容不仅包括理论知识和实践知识，还包括社会知识（人际交往与沟通）和人格养成（心理及精神维护）。这些知识的获得与老师有着不可分割的联系，获取这些知识的途径、数量、快慢、正误等又将极大影响孩子在校期间的收获和结果，进而直接或间接影响孩子以后的人生轨迹。

所以，当孩子与老师发生矛盾冲突时，家长要有长远发展意识，将此作为锻炼并提升孩子人际沟通与交往能力的机会。接纳孩子的情绪，鼓励孩子主动化解矛盾，引导孩子站在老师的立场思考问题，理解包容，尽可能在老师与孩子间架设桥梁，增进他们彼此的了解，消除误会与隔阂，使师生能和谐愉悦地相处。

 ## 问题 11：孩子转入新班级被人排挤，怎么办？

案例

我是一名高三女生，由于爸爸工作调动，我转到了这个新的班级。因为高三学业压力比较大，要在现有班级朋友圈子已经较固定的情况下融进去太浪费精力，所以到新班级之后，我一直属于比较冷的那种，不跟同学有更多交流，上体育课溜进教室，要么看书要么看剧，那时候脑袋里只有一个想法：我不需要朋友。

但枯燥的高三生活让班级的氛围特别沉闷，大家都喜欢找新鲜的话题、新鲜的事物，所以不合群就显得特别新鲜，会被课余饭后讨论。于是班里就开始有了各种关于我为何转校的传闻：

她是不是在原来学校犯了什么错误被开除了？

是不是因为怀孕打了胎被学校劝退了？

我刚开始以为事情总会平息，她们聊累了就会换新话题。后来班里的人对我的歧视已经严重到直接在我面前指指点点了。

我很生气。在一节语文课上，坐我前桌的男生转过来问我："你是不是打过胎啊？"我感觉到胸中有一股怒气，我很生气，但是我不说，我看着他慢慢地说了句："我打过你妈。"后来我就被罚写了检讨书，后来还被请了家长。我实在不想在这个班级待了，却不知道该怎么办？我更不想放弃我的学习。

【原理分析】

中国传统的家庭教育很重视孩子的外部学习条件，诸如学校、饮食、交通等，为了给孩子提供更好的教育环境，很多父母会不遗余力给孩子转学，却常常忽略了孩子在新学校新班级中可能面临的诸多问题，例如案例中的女生，因为父亲工作调动转到新班级，却因各种原因被同学排挤。

孩子刚接触新环境，对周围的人和事情都不熟悉，会产生一种不安全感和本能的抗拒，使得他们无法快速适应新环境，遇到突发情况不会合理地调适自己。比如：孩子可能面临教材改变、老师教学风格改变和课堂要求侧重点不同等诸多问题。除此之外，人际关系的改变也让孩子紧张彷徨甚至害怕。孩子在原来的学校里有一群要好的同学，来到新班级却发现找不到朋友，或是感觉自己无法融入班级。这种人际关系挫败感很可能导致孩子抗拒新班级、厌学逃避等行为发生。

【操作指导】

1. 给予孩子更多的心理支持与思想准备。

家长可以提前告诉孩子，新环境有什么好的地方，有什么跟以前环境不一样的地方；新环境里有哪些他以前就认识和熟悉的人，还会有哪些他不认识的人；他会在新环境中受到怎样的关注，会获得什么有用的东西……这些都可以帮助孩子对新环境产生好的印象，做好必要的心理准备，从而有助于他适应新的环境。

2. 引导孩子认识到"暂时被排挤"是正常的，给孩子适应的时间。

转校生在新的班级里需要一定的时间来适应。去了新的学校，自然是没有办法和以前的朋友一起玩了，肯定需要时间去适应新环境、交新朋友，但是新的学校和新的班级已经成为一个彼此非常熟悉的集体，转校生作为一个新人要想加入这个集体肯定会有一些困难，集体里面的成员对转校

生不了解，一般不希望有新人来破坏集体已经平衡下来的关系。转校生在刚开始的时候被同学排挤是正常的事情。

3. 引导孩子积极主动融入新集体。

只要新同学没有实质上欺负、孤立孩子，就要引导孩子积极主动融入新集体。去一个新环境，会感到孤单，有被排挤的感受是正常的，家长要引导孩子花一些时间来适应新环境，和新同学熟悉起来，尽快成为集体中的一员。

如果新班级对孩子的排挤已经不只是不主动、不接纳，而是对孩子造成实质伤害，那么家长可以适当介入，并且求助于学校与老师。（参考校园欺凌做法）

4. 多教给孩子与人交往和相处的技巧，提高孩子的社交能力。

培养孩子与人交往的能力有助于孩子适应新环境。因此，我们平时要注意培养孩子在人际交往中所需要注意的礼节，教给他倾听以及与人谈话的技巧，要他学习一些交友的技巧，掌握交友的原则，教他学会幽默和赞美他人，等等。当孩子在新的环境中得到他人的好感与认可，很快交上了新的朋友时，他也就顺利地适应新的环境了。

【教育提升】

1. 每个人一生都要不断地经历环境变化、接触新事物、放弃或改变旧事物的心理适应过程。而所谓心理适应（或社会适应），是个体为适应社会环境而改变自己行为习惯或态度的过程，并且与社会环境之间形成相适相宜的状态。

新环境对每个人来说都是陌生和孤独的开始，这期间是结束旧行为开始新行为的适应过程，是个人心理健康发展的重要里程碑，特别是青少年，适应能力的培养必不可少。

2. 如何帮助孩子适应新环境，要尊重个体的差异，切不可照搬照抄，依样画葫芦，否则会适得其反。家长应该根据孩子的性格特点、生活环境、家庭情况、成长经历、学校教育、社会环境等诸多因素的综合联系来作相应的调整，给予孩子所需要的帮助。

同时，家长也必须及时完善和补充自己，增加见识和知识面，这样帮助孩子时就能够更为主动。家长也必须同时掌握帮助孩子的过程中出现的新情况。

总而言之，不断与孩子共同学习与进步，发现问题解决问题。这不仅是孩子获得能力的过程，也是家长的成长历程。

问题 12：高中家长学习家庭教育知识，还有用吗？

案例

张女士的女儿今年上高二，近段时间孩子的学习状态不对，做作业经常分心，成绩也退步很多。开家长会时，她从班主任口中了解到女儿有谈恋爱的迹象，于是偷偷登录女儿QQ查看她的聊天记录，发现女儿确实与一男生交流密切，而且他还向女儿表白了。张女士严厉指责女儿，并且告诫她不准再和该男生联系。女儿因为妈妈偷看自己的聊天记录非常生气，母女大吵一架，冷战好几天没有讲话。在班主任的介绍下，张女士找到学校的心理老师，通过交谈了解女儿谈恋爱的心理原因以及有效的沟通引导技巧。此后，张女士与女儿进行一次深入的交谈，母女关系和好。至此，张女士觉得在教育孩子的过程中很有必要运用一些心理学和家庭教育知识，但却担心现在开始学已经来不及，因为孩子已经上高二了。

【原理分析】

如何理解家庭教育？目前，很多家长都将其简单理解为"父母教育子女"的单向输出活动，这种理念带有极大的局限性与片面性。在终身学习理念之下，家庭教育的内涵也得到更新与拓展。

终身学习理念强调"人人皆学、处处能学、时时可学"，家庭教育亦如此。

首先，要突出家庭教育的终身性，将家庭教育与家庭的生命周期和人的生命全程联系起来。

每个人都是独特的存在，个体的身心发展具有阶段性与不平衡性，开展家庭教育应在尊重个体独特性的基础上，关注人在不同生命发展阶段的特殊性。比如孩子在不同的受教育阶段，家庭教育的内容、方法、载体都在随之发生变化。因此，家庭教育不是静止不变的，而是随着家庭成员的生命成长一同变化，进而持续人的终生。

其次，要改变将家庭教育视为"父母教育子女"这一狭隘的理解，进而丰富对教育主体的认识，看到家长向子女学习的可能性。

年轻一代可以对年长一代进行文化反哺，不仅能更新家庭成员对于彼此的认知，更可以促成家庭成员共学互学的实现，家庭的所有成员可以建立起相互教育的关系。

【操作指导】

1. 努力做学习型父母。

把"做学习型父母"摆在第一位的原因很简单，没有谁一开始就懂得做父母，更何况大部分父母并非家庭教育专业人士，对家庭教育只是停留在个人有限的经验上，谈不上给孩子专业的教育引领。即便  是家庭教育专业人士，也要随着孩子生理、心理特质的不断变化与时俱进地学习成长，才能在家庭教育之路上不掉队、不脱节。

在家庭教育的学习之路上，可以涉及以下内容：

（1）学习最新的家庭教育理念，提升家庭教育能力。

（2）了解孩子的成长规律与心理需求。

（3）学习亲子沟通的有效方法。

（4）如何维系亲子间的亲密感。

（5）如何陪伴与支持。

（6）如何接纳孩子的不完美。

（7）如何有效化解亲子矛盾与冲突。

……

特别强调，家长在学习过程中应侧重在教育理念的转变与良好亲子关系的维护上。很多家长往往急切想要解决一些具体问题，比如：孩子不爱做作业怎么办？孩子做事磨蹭拖拉怎么办？孩子早晨不爱起床怎么办？即使在专家指导下，家长照本宣科取得一定效果，但往往按下葫芦浮起瓢，下次又会出现新的问题，这是家庭教育的一个误区，也是治标不治本的教育行为。家长了解了孩子生长发育的规律及心理需求等，就能更大程度地去了解孩子、理解孩子，进而鼓励支持孩子，给他们提供一个安全的港湾，孩子就有勇气和力量去经历风雨，实现自我的成长。

2. 转变成长观，明确孩子培养方向。

将孩子培养成为一个什么样的人，是每个家庭都关注的问题。有些家长过早"定向培养"，不惜工本，强制孩子学这学那，根本不尊重孩子的兴趣，使个别孩子害怕学习、讨厌学习，这也是当前家庭教育的一个误区，不但不利于孩子全面发展，甚至适得其反，严重影响孩子的身心健康。

家长应该尊重孩子的选择，并且根据孩子的特点特长和年龄特征，不断调整、适应孩子的前进目标和发展方向。

家庭教育的本质，不是要把孩子培养成各科学习必得第一的"学霸"，而是要根据孩子的身心发展规律、气质及性格特点，促进孩子德智体美劳心全面发展，"六育"并举，做最好的自己。

3. 坚持"正向教育为主"的行为导向。

教育孩子无外乎两种教育手段：一是正向教育，二是负向教育。

所谓"正向教育"，是指父母通过引导、赞美、鼓励、表扬、肯定和欣赏孩子的方式，让孩子真正理解自己正在做什么、面对的是什么，以及找到解决问题的正确途径。反之，诸如批评、指责、挖苦和惩罚等方式，就是负向教育。

在教育孩子的过程中，正向教育要多于80%，负向教育要少于20%，这种比例分配才是合理的。这是因为正向教育更加符合孩子的天性，更有利于孩子的健康成长，促使孩子潜能的发挥；而负向教育对孩子的负面影响最大，不仅伤害孩子的自尊，还可能限制孩子潜能的发挥。

但我们很遗憾地看到，在不少家庭中正向教育往往是"全面沦陷"，而负向教育却成为主流。"人无完人，金无足赤"，每个人都有缺点，孩子也不例外，很多父母在发现孩子身上有缺点时甚至表现出了无法忍受的态度，斥责孩子变成家常便饭，孩子因此极度缺乏安全感。在这种情况下，孩子既没有勇气，也没有信心对周边的世界进行各种探索和尝试，无形之中扼杀了孩子的天分，让孩子以为自己真的是一无是处。

父母要不断告诉孩子"你能行"，让孩子学会和自己对比，比如考试成绩不理想，可以耐心告诉孩子"只要继续努力，你下次就一定能做得更好"，然后和孩子一起订个小目标，阶梯式进步，这样孩子就能不断体会到成功的喜悦，变成一种成长内驱力。

4. 在不危及安全前提下做一名"放手型"家长。

孩子的实际能力和父母是否放手有很大关系。父母越是放手，孩子就越有机会得到体验和实践的机会，实际能力也就随之越强；反之，孩子缺乏实践机会，实际能力也就随之越弱。孩子在成长中的亲身体验和实践是父母包办所代替不了的。

尽管这个道理大家都懂，但出于爱孩子、怕孩子做不好或嫌麻烦等各种原因，现实中还是有不少父母习惯于包办代替孩子的一切。长期在这种家庭环境中长大的孩子，最终将一事无成。

【教育提升】

1. 营造良好的家庭情感氛围。

家庭情感气氛对孩子有着强烈的情感影响。如果情感上受到冷遇，孩子会因为缺乏安全感而产生畏惧和焦虑情绪，好奇心和求知欲也因此变淡；反之，在慈爱热情的父母关心下生活的孩子，能愉快健康地成长。

如果夫妻之间经常吵架，婆媳关系紧张，家庭动荡不安，孩子不仅在生活上遇到困难，在心理上更容易受到伤害。在这种家庭生活的孩子，大多数性格孤僻、冷漠、暴躁、凶狠。

2. 家长提升自我修养。

随着孩子的成长，他们的活动能力迅速增强，视野也日益开阔，观察辨别能力不断提高。父母不再是他们崇拜的偶像，其形象在他们心目中也不再那么高大，对父母自身素质、修养有了更高层次的要求。

父母是孩子的一面镜子，父母要更注意自己的言行举止、生活小节，用自己的行动潜移默化地影响子女，用自己谦虚、诚恳、豁达、开朗的性格去感染子女，用自己强烈的责任感、事业心、自主、自强的毅力去熏陶子女，用自己锲而不舍、孜孜不倦的好学精神去激励子女。